Bodo Ramelow (Hrsg.)
Schreddern, Spitzeln, Staatsversagen

Bodo Ramelow (Hrsg.)

Schreddern, Spitzeln, Staatsversagen

Wie rechter Terror, Behördenkumpanei und Rassismus aus der Mitte zusammengehen

VSA: Verlag Hamburg

www.vsa-verlag.de

Die Veröffentlichung erfolgt mit freundlicher Unterstützung
der Rosa-Luxemburg-Stiftung, Berlin.

Redaktionsschluss: 31. März 2013
Titelfoto: Wenige Tage nach dem Auffliegen des NSU demonstrierten
am 15. Dezember 2011 AntifaschistInnen vor der Zentrale des Thüringer
Geheimdienstes, um Licht ins Dunkel des Amtes zu bringen.
(Foto: Peter Lahn / Fraktion DIE LINKE im Thüringer Landtag)
Druck und Buchbindearbeiten: Beltz Druckpartner GmbH & Co. KG, Hemsbach
ISBN Print 978-3-89965-550-6
ISBN ePub 978-3-89965-812-5
ISBN pdf 978-3-89965-813-2

Inhalt

Zwei Schlussworte

Anhang

Bodo Ramelow

Vorwort

129 Unterstützerinnen und Unterstützer sowie Kontaktpersonen soll der »Nationalsozialistische Untergrund« (NSU) gehabt haben. Diese Meldung läuft in diesen Tagen über die Ticker, als wäre sie eine Neuigkeit und eine Sensation. Dass sich diese braune Truppe, die 13 Jahre lang unbehelligt morden und Bomben legen konnte, auf ein festes Netz von Neonazis – und darunter nicht wenige staatlich bezahlte Spitzel – stützen konnte, das ist doch schon lange klar.

Der NSU, das waren eben nicht nur drei 1998 in Jena abgetauchte Neonazis aus dem »Thüringer Heimatschutz«. Uwe Böhnhardt, Uwe Mundlos und Beate Zschäpe waren vielleicht der Kern, doch das Netzwerk aus alten und jungen »Kameraden« formte sich über Jahre unter den Augen des Staates. Die internationalen Nazi-Netzwerke »Blood & Honour« und »Combat 18«, die in Thüringen ein und aus gingen, die Szene aus »Kameradschaften« und Neonazi-Bands, die Ausläufer der »Gesinnungsgemeinschaft der Neuen Front« oder die bis heute kaum beobachteten internationalen Strukturen der Nazi-Szene mit Alt- und Neonazis – das war das Milieu, in dem in den frühen 1990er Jahren die Ideen für Mord und Totschlag geboren wurden, und in dem die späteren Täter Hilfe für ihr Leben im Untergrund finden konnten. Das war auch das Milieu, das die Bewaffnung und den militärischen Drill systematisch betrieb – bis in die Weiten Südafrikas, wo deutsche Neonazis – vom »Militärischen Abschirmdienst« ordentlich erfasst – an Waffen trainierten. Gewarnt hatten viele davor, gehört wurden sie nicht.

Der Rassismus aus der Mitte der Gesellschaft, angetrieben auch durch die unerträglichen Debatten der Politik um die Abschaffung des Asylrechts und die Abschottung Deutschlands gegen Flüchtlinge, bereitete den Boden. Rassismus – das ist neben all den offenen Fragen um das Agieren des Staates das eigentliche Thema im Fall des NSU. Denn auch der Rassismus, der Antisemitismus, der Antiziganismus und die Islamophobie in der Gesellschaft sowie in Behörden führten dazu, dass zuerst die Opfer des braunen Terrors und ihre Angehörigen in den Fokus der

Fahndungen gerieten und nie ernsthaft Rassismus als Tatmotiv und Neonazis als Täter erkannt wurden.

Vor einem Jahr haben wir – noch ganz unter dem Eindruck des ersten Erschreckens über die Morde des NSU – unter dem Titel »Made in Thüringen? Nazi-Terror und Verfassungsschutz-Skandal« eine erste Wissenssammlung und erste vorsichtige Einschätzungen zum Thema vorgelegt. Dabei richtete sich der Blick vor allem auf die 1990er Jahre in Sachsen und Thüringen. Mit zahlreichen Diskussionsveranstaltungen und Vorträgen waren wir seitdem quer durch die Bundesrepublik unterwegs. Auch dieses Jahr haben wir wieder den 8. Mai, den Tag der Befreiung vom deutschen Faschismus, als Erscheinungsdatum für unser neues Buch gewählt. Denn mit diesem Datum verbinden wir ein klares Bekenntnis zum Antifaschismus. Blockaden gegen Naziaufmärsche wie in Dresden, antirassistische Bildung oder Initiativen gegen Naziläden – all das ist wichtig und notwendig. Doch der Kampf gegen Rechts darf nicht allein die Sache der »Anständigen« sein. Auch die »Zuständigen« in Ämtern, Behörden und Rathäusern haben die Pflicht, die Wiederbelebung von nationalsozialistischem und faschistischem Denken und Handeln zurückzudrängen. Angesichts gesellschaftlicher Verschiebungen nach rechts halten wir es daher für notwendig, dem Antifaschismus durch eine Verankerung in den Landesverfassungen und dem Grundgesetz Verfassungsrang zu geben. Ob bei der Gesetzgebung, der Rechtsprechung, bei Verwaltungstätigkeiten oder der Vergabe öffentlicher Räume – neonazistischer und faschistischer Ideologie müssen auch hier Riegel vorgeschoben werden. Bis heute, auch nach dem Auffliegen des NSU, erleben wir nicht nur in Thüringen immer wieder, dass sich Neonazis in der Gesellschaft breitmachen – und dabei oft zu spät oder gar nicht auf Widerstand stoßen. Sportvereine oder Feuerwehren werden immer wieder Ziel von Unterwanderungs- und Vereinnahmungsstrategien. Aber auch Gewerkschaften, Vereine, Parteien und Abgeordnete geraten ins Visier von Neonazis – das mussten wir in den vergangenen Jahren immer wieder leidvoll erleben. Um dagegen vorzugehen, braucht es Handwerkszeug, Kompetenzen und politischen Willen.

Schreddern, Spitzeln, Staatsversagen – unter diesem Titel wollen wir unsere bisherigen Erkenntnisse und Thesen zur Diskussion stellen. 15 Monate sind nun seit dem Auffliegen des NSU vergangen. Seit gut einem

Jahr arbeitet der Untersuchungsausschuss im Thüringer Landtag. Ein erster Zwischenbericht liegt vor, mehr als 550 Seiten stark. Auch aus den Ausschüssen im Bundestag und den Landtagen von Bayern und Sachsen wissen wir mittlerweile viel über das Entstehen der Neonazi-Szene in den 1990er Jahren und das Agieren des Staates. Er reagierte nicht nur völlig falsch auf die Bedrohung von rechts, sondern finanzierte über sein System der Spitzel (»V-Leute«) den Aufbau der Szene sogar noch mit. Und wer einmal auf der Gehaltsliste der Ämter stand, erhielt offenbar obendrein auch Schutz vor Polizei und Justiz. Warnungen vor Razzien und eine schützende Hand bei Verfahren, davon berichten Kripo-Beamte in den Ausschüssen, die gegen neonazistische Gewalt- und Straftäter vorgehen wollten. Dabei ist doch ein Versprechen des bürgerlichen Rechtsstaates, die Menschen in seinem Wirkungsbereich vor Straftaten, vor Mord und Unrecht zu schützen. Im Falle des NSU wurde dieses Versprechen nicht gehalten. Der Staat hat versagt.

Ob es auch aktives oder gar gezieltes Mitwirken staatlicher Stellen an den Morden des NSU gegeben hat, dafür haben wir bisher keine belastbaren Beweise. Doch das offenbar zielgenaue Vernichten und Schreddern von relevanten Akten gibt uns Hinweise, dass ordnende Hände an der einen oder anderen Stelle zumindest nachjustiert haben. Ob das ein Schutzmechanismus zur Vertuschung von aus dem Ruder gelaufenen Geheimdienstaktionen ist oder ob Mittäterschaft zu unterstellen ist, das muss vorerst offenbleiben. Auffällig ist aber die scheinbar endlose Aneinanderreihung von »Fehlern« und »Versagen« der deutschen Sicherheitsbehörden in diesem Fall. Ebenso auffällig ist, dass es um die Rolle des Auslandsgeheimdienstes »Bundesnachrichtendienst« (BND) so ohrenbetäubend still ist – ganz so, als ob Trainingslager mit Waffen und Sprengstoff in anderen Staaten Ruhezonen für deutsche Nazis wären. Dass trotz all der bisher bereits gefundenen Verstrickungen deutscher mit ausländischen Nazistrukturen und anderen Diensten der BND vollkommen unbeteiligt gewesen sein soll, halte ich für unglaubwürdig.

Werden wir, wenn die Untersuchungsausschüsse ihre Arbeit beendet haben, die Wahrheit kennen? Vermutlich nicht. Doch dass staatliche Stellen – allen voran die Geheimdienste – im Fall der rassistischen Mordserie des NSU Schuld auf sich geladen haben, ist bereits jetzt offensichtlich. Daher geht es nicht mehr allein um Aufklärung und Transparenz. Es geht auch um Verantwortung und um die Frage, wer sie trägt. Und es geht um die Zukunft der Geheimdienste. Wenn die Dienste nichts verhindern, nichts aufklären und nicht Leben schützen konnten, dann sind sie überflüssig und gehören abgeschafft. Wenn sie von den Taten wussten und trotzdem nichts taten, sind sie unfähig und gehören abgeschafft. Wenn sie aber sogar mit dabei waren, dann sind sie lebensgefährlich und müssen sofort abgeschaltet und zur Rechenschaft gezogen werden. Es ist der nicht-transparente und unkontrollierbare Charakter der Geheimdienste – gekoppelt mit ihren Wurzeln im deutschen Faschismus –, der sie zu völlig untauglichen und grundsätzlich falschen Instrumenten macht. Unsere Vorschläge zur Auflösung des »Verfassungsschutzes« und zur Einrichtung von öffentlichen und transparenten Demokratie-Zentren haben bisher leider weder im Bundestag noch in den Landtagen Mehrheiten gefunden. Stattdessen laufen die Planungen zum Umbau der Sicherheitsarchitektur, wie sie von allen anderen Parteien im Bundestag und dem Thüringer Landtag vertreten werden, auf eine Erweiterung der Kompetenzen der Geheimen und eine Zentralisierung ihrer Arbeit hinaus. Ein Modell, dem wir uns allein aus demokratischen Erwägungen widersetzen müssen.

Ebenso wie für unser erstes Buch zum NSU (»Made in Thüringen?«, Hamburg: VSA 2012) haben wir auch für diesen neuen Sammelband Expertinnen und Experten aus antifaschistischen Initiativen, aus Medien und der Politik als Autorinnen und Autoren gewinnen können. Uns ist es wichtig, dass gerade auch jene, die seit vielen Jahren kontinuierlich und unabhängig von politischen Konjunkturen gegen Rechts arbeiten, zu Wort kommen. Ihre Analysen und ihr Wissen sind wertvoller als jeder »Verfassungsschutzbericht« oder jede Schrift so genannter Extremismus-Experten. Unser Dank gebührt ihnen, ebenso wie den engagierten Abgeordneten verschiedener Fraktionen in den Untersuchungsausschüssen, den investigativen Journalistinnen und Journalisten sowie den antifaschistischen Initiativen, die seit 15 Monaten mit Hochdruck an der Aufklärung des NSU arbeiten. Ohne sie wüssten wir heute weitaus weniger über Neonazis, die Verstrickungen der Geheimdienste und das Agieren der staatlichen Institutionen.

Mit Spannung schaue ich auf den Prozess gegen Zschäpe und einige mutmaßliche NSU-Helfer, der in diesen Tagen in München beginnt. Ich wünsche den Angehörigen und den Familien der Mordopfer und den Opfern der Bombenanschläge, die dort als Nebenklägerinnen und -kläger auftreten, viel Kraft und Erfolg in ihrem Kampf um ein wenig nachträgliche Gerechtigkeit! Und ich hoffe, dass durch den Prozess noch viel mehr über die Hintergründe des NSU ans Licht kommt. Zu klären ist vor allem, ob es eine ordnende Hand gab. Denn bis heute haben wir mehr Fragen als Antworten.

Bodo Ramelow
Vorsitzender der Fraktion DIE LINKE im Thüringer Landtag
Erfurt, 27. März 2013

Bodo Ramelow

Staatsgeheimnisse um den NSU

Über das Zusammengehen von rechtem Terror, Behördenkumpanei und Rassismus aus der Mitte

Eine Spur braunen Terrors zog sich durch Deutschland. Neun rassistische Morde mit derselben Waffe und die rätselhafte Hinrichtung einer Polizistin. Den neun ermordeten Gewerbetreibenden versagte man jede Ehre, ihnen und ihren Angehörigen schob man Mitschuld in die Schuhe. Die Beamtin starb im Dienst, ihr gewährte man ein Staatsbegräbnis. Die Gewerbetreibenden stammten aus der Türkei und aus Griechenland. Der Umgang des deutschen Staates mit den Opfern und ihren Angehörigen machte den Unterschied. Ausgangspunkt der Betrachtung zum »Nationalsozialistischen Untergrund« (NSU) ist die ausländerfeindliche Grundhaltung in Deutschland und das teils rassistische Handeln staatlicher Stellen. Rassismus hat in einer Gesellschaft, in der soziale Brüche immer größer und dynamischer werden, eine Funktion. Man kann Feindbilder schaffen. Nach oben buckeln, nach unten treten – die alte deutsche Verhaltensweise wurde mit der »Vereinigung« wieder nationales Kulturgut.

Die Quellen des braunen Terrors sind vielfältig, es gibt keine einfache und monokausale Antwort. Nach der Öffnung der DDR-Grenzen kamen hochgefährliche Neonazis aus Westdeutschland auch nach Thüringen. Der frühere »Wehrsportgruppen«-Chef Karl-Heinz Hoffmann, der Rechtsterrorist Manfred Roeder oder der Nazimusik-Händler Thorsten Heise. Die Prediger der Nazi-Ideologie kamen bei jungen Leuten an, deren Orientierung verloren gegangen war. Das traditionelle Zusammenspiel zwischen Elternhaus, Schule, Jugend- und Freizeiteinrichtungen funktionierte nicht mehr. »Das Boot ist voll, Scheinasylanten raus« oder »Die Ausländer nehmen uns die Arbeitsplätze weg« – solche Parolen fanden dankbare Zuhörer. Wenn man den Entstehungsort des Kerns des späteren NSU aus Uwe Böhnhardt, Uwe Mundlos und Beate Zschäpe sucht, stößt man auf einen Jugendklub in Jena, den »Winzerklub«. Heute erinnern sich Sozialarbeiter, dass sie die Radikalisierung spürten. Seinerzeit wurde geschwiegen. Das Konzept der »national befreiten Zone« zeigte Wirkung, Feindbilder wurden zentrales Element des Zusammengehörigkeitsgefühls. Aus Jugendlichen, die in ihrer Perspektivlosigkeit geschunden und getreten worden waren, entwickelten sich Schinder und Treter. Die Neonazi-Szene in der Region Jena, Saalfeld, Rudolstadt und Kahla hatte bundesweit gute Kontakte. Nahe Saalfeld wurde Mitte der 1990er Jahre in einer Gaststätte, die als brauner Sammelpunkt fungierte, der größte Thüringer Waffenfund seit 1945 ausgehoben. Doch wer gegen braunen Ungeist demonstrierte, bekam unter dem damaligen Innenminister Richard Dewes (SPD) Knüppel zwischen die Beine geworfen.

Eine Quelle war der Staat, der »Verfassungsschützer«, Justizangehörige und Polizeikräfte nach Ostdeutschland versetzte. Dabei stand nicht unbedingt die A-Liga auf der Transferliste. Hier konnte man ungehemmt und unkontrolliert mit V-Leuten auf ganz besonders enge Art arbeiten und Spitzel gratifizieren, die ihren Lohn in die Neonazi-Szene brachten. Im NSU-Untersuchungsausschuss sagten die damaligen Bediensteten interessante Dinge. Wenn sie sich noch an etwas erinnern, dann an die Strategie »Nichts hören, nichts sehen, nichts wissen«. Der Beamte, der im Innenministerium von 1995 bis 2000 die Verantwortung für das Landeskriminalamt, die Polizei und den »Verfassungsschutz« trug, nennt sich eine »Primadonna«, die damaligen Amtsleiter von LKA und »Verfassungsschutz« gelten als Exzentriker. Die Thüringer Sicherheit lag also in den Händen einer Primadonna und zweier Exzentriker – niemand mag sich heute erinnern, warum.

Der NSU war ein Netzwerk, eingebettet in ein braunes Umfeld. Gesichert ist, dass die Neonazi-Organisation »Blood and Honour« (B&H) und deren Nachfolgestrukturen Bestandteil des Netzes waren. Der »Thüringer Heimatschutz« (THS) unter ihrem Gründer und V-Mann Tino Brandt war militantes Sammelbecken und Turbolader für den NSU. Karl-Heinz Hoffmann, Exchef der nach ihm benannten »Wehrsportgruppe«, tat seit der Wende so, als sei er nur der nette Unternehmer von nebenan. Kontakte nach Italien und in die Schweiz finden sich. Auch von dem in Thüringen aktiven Claus Nordbruch und dessen Farm in Südafrika gibt es Legendäres zu berichten. Der »Militärische Abschirmdienst« (MAD) hat in seinen Akten Berichte, dass Bundeswehrsoldaten dort Schießübungen absolvierten. Immer wieder treffen wir auf MAD-Akten, die zeigen, dass der THS vom Militärgeheimdienst ausgeforscht wurde. Es gibt Belege beim MAD, dass der stellvertretende Präsident des Thüringer »Verfassungsschutzes«, Peter-Jörg Nocken, regelmäßig informiert wurde. Doch beim Landesamt finden sich kaum Eingangsbelege. Auch Vertreter der internationalen Neonazi-Organisationen »Combat 18« und der »Ku Klux Klan« (KKK) waren in Thüringen aktiv. An einer Kreuzverbrennung – Kennzeichen des Klans – nahe dem Saaleort Kahla nahmen auch spätere NSU-Mitglieder teil. Ein früherer KKK-Führer sagt, man hatte bundesweit mehrere Polizisten unter den Mitgliedern. Auch in der Einheit der ermordeten Beamtin Michèle Kiesewetter gab es sie. Heute sagt man, sie hätten nur unter einer ideologischen Verirrung gelitten, tatsächlich aber soll einer aus ihrem Einsatzzug in Führungsfunktionen eingebunden gewesen, ein weiterer eine Zeit lang in Libyen als Ausbilder gewesen sein, was er bestreitet. Hier besteht der Verdacht der Verstrickung ins internationale Söldnerwesen.

Drei Arbeitshypothesen haben wir in den Untersuchungsausschüssen verfolgt:

Erstens Schlamperei: Das ist die Geschichte, die der Öffentlichkeit vorgeführt wird. Dazu findet sich zentnerweise Material. Jeden Tag tauchen neue Belege auf, dass die »Verfassungsschutz«-Ämter sich wechselseitig hintergangen haben, die Polizei ausgetrickst wurde und die Justiz entweder dumm gehalten, dumm gemacht oder zum Teil des Problems wurde. Manche Nationalkonservative in staatlichen Funktionen verharmlosten die Taten als »Dummejungenstreiche«. In Thüringen hat die Landesregierung die »Schäfer-Kommission«[1] eingesetzt, um das Abtauchen der NSU-Terroristen und den Polizeieinsatz zur Verhaftung der Drei zu untersuchen. Dadurch kam einiges zutage, was als »Schlamperei« abzuhandeln ist. Ein totales Organisationsversagen des Staates ist zu konstatieren.

---

[1] Im November 2011 setzte der Thüringer Innenminister Jörg Geibert (CDU) eine unabhängige Kommission zur Untersuchung von Versäumnissen der Thüringer Sicherheits- und Justizbehörden ein. Der frühere Bundesrichter Gerhard Schäfer leitete sie. Der Bericht der Kommission ist vollständig im Internet abrufbar: www.thueringen.de/imperia/md/.../120515_schaefer_gutachten.pdf (21.3.2013).

Zweitens finden sich Hinweise der wechselseitigen Durchdringung organisierter Kriminalität mit der Neonazi-Szene. Bei Razzien in Motorradklubs in Berlin fanden sich beispielsweise Spuren, die bis zu Mundlos, Böhnhardt und Zschäpe reichen. Außerdem soll die Polizeibeamtin Kiesewetter an Rauschgiftermittlungen beteiligt gewesen sein. Unklar bleibt, warum ihr Patenonkel nach ihrer Hinrichtung davon sprach, dass es sich auch hier um die Serie der »Türkenmorde« handeln müsse. Weiteres konnten wir nicht erhellen.

Drittens steht die Frage nach einer »ordnenden Hand« in den Behörden, die Frage nach dem »tiefen Staat« im Raume. Dabei tauchen die Stichworte »Stay behind« und »Gladio« auf. Schnell landet man bei Verschwörungstheorien. Doch seriöse Recherche bringt Erstaunliches ans Licht. Dazu gehört die Behauptung eines Zuträgers, während der Hinrichtung von Kiesewetter sei ein US-Geheimdienst in der Nähe gewesen. Diese anfangs spektakuläre Meldung verschwand aus den Medien und wurde mit Hinweisen auf die Unglaubwürdigkeit des Zeugen gekontert. Doch in einer Vernehmung des letzten Sonderkommissionsleiters, der den Fall Kiesewetter untersuchte, kommt ans Licht, dass ein Fahrzeug eines ausländischen Dienstes in der Nähe war.

Immer wieder kommt das Schreddern sensibler Akten ans Licht. Warum gibt es Wellen von Schredderaktionen, die fast gleichzeitig in mehreren Diensten stattfinden? Hinterher erklären Beamte, dass es sich um abgelaufene Aufbewahrungsfristen oder Datenschutz gehandelt habe. Soweit die Untersuchungsausschüsse Duplo-Akten fanden oder auf Deckblätter geschredderter Akten stießen, wurde erkennbar, dass sie häufig internationale Bezüge hatten.

In Bad Homburg wurde am 30. November 1989 Alfred Herrhausen ermordet. Der Bankmanager hatte seltsame Dinge vorgeschlagen, darunter einen Schuldenerlass für Entwicklungsländer. Er forderte mehr Transparenz und Offenheit. Von Banken verlangte er einen verantwortungsvollen Umgang mit Macht. Er soll von der RAF der dritten Generation ermordet worden sein. Bei der Beschäftigung mit dem Thema trifft man schnell auch auf einen Bekannten, Herrn Nocken, den späteren Vizepräsidenten des Thüringer »Verfassungsschutzes«. An ihn sollen damals Informationen des MAD gegangen sein, die sich in den Akten des Amtes nicht finden. Nocken soll Kontaktperson zu dem V-Mann Siegfried N. gewesen sein, der als Kronzeuge die RAF für den Herrhausen-Mord belastete, die Aussage widerrief und sagte, er sei vom »Verfassungsschutz« zur Falschaussage genötigt worden. Nocken und weitere Beamte aus Hessen wechselten später als geschlossene Gruppe nach Thüringen. Die Frage im Untersuchungsausschuss, ob er seinerzeit V-Mann-Führer des Kronzeugen war, verneinte er. Er habe den V-Mann aber öfter gesprochen. Das führte zur Prüfung, ob Nocken eventuell V-Mann-Führer eines Marcel D. aus Gera war, bis zum Verbot von B&H deren Kassenwart und Sektionschef. Auch hier sagt Nocken, V-Mann-Führer sei er nicht gewesen, aber Gespräche habe es gegeben.

Die Gruppe aus Hessen muss von jemandem angefordert und von jemandem versetzt worden sein. Irgendwer muss dafür gesorgt haben, dass sie in Thüringen ungestört arbeiten konnte. Nocken war es, der nach der Amtsenthebung des Geheimdienstchefs Helmut Roewer den NPD- und THS-Funktionär Brandt als V-Mann reaktivierte. Brandt hatte nach eigenen Aussagen 200.000 DM vom »Verfassungsschutz« erhalten und das Geld in den Aufbau des THS investiert. Er betont, seine Stellung im THS sei durch das Eingreifen des Geheimdienstes gestärkt worden. Er erzählt, bei Observationen durch die Polizei sei hinter deren Observationswagen stets ein Fahrzeug des »Verfassungsschutzes« gefahren – um die Polizei zu observieren und ihn notfalls zu schützen. Fast alle Strafverfahren gegen ihn endeten ohne Konsequenzen. Was für eine Kumpanei hatte sich da aufgebaut?

In einem Film des ZDF zum Überfall auf die israelische Olympiamannschaft 1972 in München äußerte ein früherer Beamter, dass seinerzeit – vor der Gründung der GSG 9 – eine Scharfschützeneinheit in Pullach wartete. Die Truppe soll zur geheimen NATO-Struktur »Stay Behind« gehört haben, die im Fall eines Krieges hinter den feindlichen Linien operieren sollte. Wenn es 1972 so eine Truppe gab, wer hatte dafür die Verantwortung, wo sind die Entscheidungsstellen, die derartige Geheimoperation koordinieren? Und gibt es eventuell nicht nur eine zufällige Liaison mit internationalen Söldnergruppen, sondern Interessenlagen, bei denen V-Leute in solche Strukturen eingeschleust werden? Das »Celler Loch« 1978 lässt grüßen. Erwähnt sei, dass die frühere graue Eminenz des Thüringer Sicherheitsapparates, der Staatssekretär Michael Lippert, direkt aus dem Bundesinnenministerium kam. Aus diesem Amt wurde auch der geheimnisvolle Roewer geholt, der die »Nocken-Brigade« kommandierte. Ist es wirklich so weit hergeholt, beim NSU Verbindungen zwischen rechtem Terror und internationalen Söldnerstrukturen zu sehen?

Wenn man Böhnhardt, Mundlos und Zschäpe spektakulär untertauchen ließ, dann erklärt sich auch, warum die gesamten späteren Polizeimaßnahmen ziellos und hilflos waren, warum die vielen V-Männer eingesetzt waren, warum sich Polizisten und Geheimdienstler wechselseitig lahmlegten und warum Zielfahnder Aktennotizen mit der Bemerkung angefertigt haben, sie seien zwar immer am richtigen Ort gewesen, aber immer zur falschen Zeit. Im »Schäfer-Bericht«[2] wird zitiert, wie ein V-Mann per SMS die Frage gestellt bekommt: »Was ist denn mit dem Bums?« Der Absender sei ein bekannter Neonazi gewesen. Benutzt wurde ein Handy, das auf das Innenministerium eines anderen Bundeslandes zugelassen war. Hat es sich hier um den Versuch gehandelt, aktiv Leute in solche Szenen abtauchen zu lassen, um mit ihnen Aufklärungsarbeit zu betreiben? Oder machte man gemeinsame Sachen mit internationalen Nazi- und Söldnerstrukturen, um ideologisch gefestigte Kader unter Waffen zu halten, die man – für was auch immer – einsetzen kann?

Zum Ende des NSU gibt es unterschiedliche Sichtweisen. Die Generalbundesanwaltschaft hat Polizeiprotokolle, Ermittlungsstände und Obduktionsberichte zum 4. November 2011 unter Verschluss genommen. Jetzt tröpfeln Informationen über die Medien, anderes kennen wir vom Hörensagen. Mir wurde nach dem 4. November durch Polizisten mitgeteilt, dass ihnen in Gotha und Eisenach Leute von MAD und Bundesnachrichtendienst (BND) auf den Füßen herumtrampelten. Auch zum ausgebrannten Wohnmobil ist Verblüffendes zu lesen. Auf Fotos vom Fahrzeuginneren sollen geschmolzene Spuren der Plexiglasfenster und Schmutz auf der Matratze zu erkennen sein sowie darauf ein nagelneuer, sauberer Rucksack. Dieser Rucksack war mit 23.000 Euro aus einem Banküberfall gefüllt. Einen Monat später fand man dann »zusätzlich« im gleichen Rucksack auch Bekenner-DVDs des NSU – das ist mehr

---

2 Am 15.2.2012 stellte die Kommission ihren Abschlussbericht vor, vgl. www.thueringen.de/imperia/md/.../120515_schaefer_gutachten.pdf (25.3.2013).

als nur eine kleine Sensation. Es gibt weitere Fragen. Warum war der Leiter der Polizeidirektion Gotha sehr früh der Meinung, dass alle Beteiligten noch sehr lange an den Erkenntnissen kauen würden? Warum hatte die Polizei Gotha Informationen zu allen heute vom NSU-Ermittlungsverfahren Betroffenen schon am Tag nach dem Wohnmobilbrand an die Whiteboards pinnen können? Warum sind alle Bombenspuren, alle Sprengstofffunde, alle Asservate – sowohl in Köln als auch in Thüringen – nicht mehr existent? Die Herkunft von Sprengstoff kann man prüfen. Hätte das Ergebnis auf staatliche Stellen hingewiesen?

Das politische Konzept der Thüringer Landesregierung lautete: »Links gleich Rechts«. So konnte man Linke delegitimieren und Rechte verharmlosen. In der Mitte stand die sich bürgerlich gebende CDU. Doch tatsächlich stoßen wir in den Untersuchungsausschüssen auf Kumpanei der Sicherheitsbehörden mit Neonazis und den Gebrauch dieser Strukturen im politischen Kampf – und zwar bis in den parlamentarischen Raum. Der langjährige Vorsitzende der jüdischen Landesgemeinde in Thüringen, Wolfgang Nossen, hat einen bemerkenswerten Satz geprägt. Das eigentliche Problem in Deutschland bestehe darin, dass als Staatsräson gelte: Der Feind steht links, und Feinde werden mit allen zulässigen und sonstigen Mitteln bekämpft. Rechts sei die »buckelige Verwandtschaft«, die könne man sich nun einmal nicht aussuchen – mit ihr gehe man etwas pfleglicher um. Der Thüringer Nazi und V-Mann Thomas Dienel brüstete sich, er habe Geld vom Amt bekommen, um Flugblätter gegen die Gewerkschaft »Handel, Banken und Versicherungen« (HBV) zu produzieren, deren Landesvorsitzender ich war. Man habe sogar beim Schreiben geholfen. An die Flugblätter erinnere ich mich gut, auch an die Verunglimpfung meines Stellvertreters Angelo Lucifero, der oft von Nazis bedroht wurde. In allen Briefkästen in Erfurt steckten diese Schmutzblätter, bezahlt mit Steuergeldern – eine staatlich finanzierte braune Kampagne. Und in Akten der NSU-Untersuchungsausschüsse finden sich Belege, dass der THS-Chef Brandt Störaktionen gegen die damalige PDS mit dem »Verfassungsschutz« abgesprochen habe.

Als Zeuge im Prozess gegen den Nazi Roeder, der in Erfurt die Ausstellung »Verbrechen der Wehrmacht« überfallen hatte, erlebte ich Böhnhardt und Mundlos, die im Gerichtssaal saßen. Bis heute vergesse ich ihre Blicke nicht. Die Botschaft hieß: Wir wissen, wer du bist. Das erlebten wir immer wieder. Lucifero wurden am Auto die Bremsschläuche durchschnitten, ich bekam Besuch von Nazis, in unserer Geschäftsstelle brannte der Keller. Wenig später brach man in unser Gewerkschaftsbüro ein, gestohlen wurde nur mein Adressbuch. Einer der Täter war wegen NS-Propagandadelikten schon polizeilich registriert. Trotzdem hieß es, dass es ein normaler Einbruch gewesen sei. Und beim Brandanschlag auf die Erfurter Synagoge gab es eine Nachricht auf meinem Anrufbeantworter, wo mir jemand mitteilt, dass ich mit meiner Ermordung zu rechnen habe. Der Täter war der gleiche, der den Brandsatz warf. Zur selben Zeit druckte die Thüringer CDU eine Broschüre gegen die »Erfurter Erklärung«, für die ich mich engagierte. Material dafür stammte aus Akten des »Verfassungsschutzes«. Herausgeber war der damalige CDU-Landesvorsitzende Bernhard Vogel. Kurz darauf gab die CDU-Gliederung »Christlich Demokratische Arbeitnehmerschaft« eine Broschüre gegen linke Gewerkschafter heraus. Auch da wurden Lucifero, der damalige Thüringer DGB-Vorsitzende Frank Spieth und ich verunglimpft. Wer denkt, das sei der letzte Furz des Kalten Krieges in Thüringen gewesen, täuscht sich. 2007 gab es eine Neuauflage.

Der frühere Vorsitzende der NPD Erfurt/Sömmerda Kai-Uwe Trinkaus[3] inszenierte in den Jahren 2006 bis 2008 Zersetzungskampagnen gegen Gewerkschaften, gegen Vereine und gegen Politiker der Partei DIE LINKE in Thüringen. Über den Landesvorsitzenden Knut Korschewsky wurde behauptet, er sei ein mit Neonazis kooperierender Querfrontler. Das Magazin »Der Stern« sowie die Thüringer Tageszeitung »Freies Wort« und die »Südthüringer Zeitung« druckten willfährig die falschen Behauptungen des NPD-Funktionärs ab. Gegen die Landtagsabgeordnete Susanne Hennig versuchte der Neonazi Stalking zu betreiben. Auf Anraten der Polizei erstattete sie Anzeige, das Verfahren wurde nun – fünf Jahre später! – Ende 2012 still und leise eingestellt. Im Herbst 2007 wurde dann der Abgeordnete Frank Kuschel Opfer der Machenschaften. Über die Jusos wurde ein bis dato unbekannter Nazi als Praktikant in unsere Landtagsfraktion eingeschleust. Ein Fernsehjournalist enttarnte den Neonazi schnell. Assistiert von Trinkaus log er, der Ab-

---

[3] Seit Dezember 2012 trägt er den Doppelnamen Trinkaus-Siemokat und agiert z.T. auch nur unter dem Namen Siemokat.

geordnete sei zudringlich geworden. Trinkaus ließ die Katze aus dem Sack: Erst im Landtagswahlkampf 2009 wollte die NPD die Unterwanderung öffentlich machen. Seit Dezember 2012 wissen wir, dass Trinkaus in dieser Zeit bezahlter Spitzel des »Verfassungsschutzes« war. Er gibt an, seine Aktionen mit dem Amt verabredet zu haben. Trotz zahlreicher Ermittlungsverfahren wurde er nur in zwei Fällen zu geringen Geldstrafen verurteilt.

Wir gehen davon aus, dass die Behörde mindestens von den Aktionen wusste, denn sie waren immer in den Medien präsent, wurden durch Anfragen Thema im Landtag und wurden Gegenstand juristischer Auseinandersetzungen. Ich weiß, dass am 22. Januar 2007 der damalige Präsident des Thüringer »Verfassungsschutzes« Thomas Sippel den damaligen Innenminister Karl-Heinz Gasser (CDU) über die Anwerbung von Trinkaus informierte. Am 14. Dezember 2012 wurde auf Antrag der LINKEN ein parlamentarischer Untersuchungsausschuss eingesetzt.[4] Bündnis90/Die Grünen und die SPD unterstützten den Antrag, die FDP lehnte ihn ab und die CDU enthielt sich der Stimme. Seit Anfang März haben wir nun Zugriff auf die ersten Akten zu dem Fall aus den Ministerien, der Polizei und dem Thüringer Geheimdienst. Schon beim ersten Blick wurde klar: Der »Verfassungsschutz« war dank seiner V-Leute frühzeitig und gut über die Aktionen der Erfurter Szene informiert: dass Neonazi-Schläger in einem eigens gegründeten Verein Kampfsport üben oder dass militante Rechte einen Brandanschlag auf ein alternatives Zentrum in Erfurt geplant hätten. In dem Haus und auf dem Gelände lebten damals zahlreiche Menschen. Später brannte es dort tatsächlich, Täter konnten nie ermittelt werden.

Am Beispiel von Thüringen lässt sich zeigen, wie »linke Verfassungsfeinde« von »Verfassungsschützern« konstruiert wurden, um sie anschließend bekämpfen zu können. Die eigentliche Gefahr für die Demokratie und den Rechtsstaat sind solche unkontrollierbaren geheimen Strukturen. Wir sagen daher Nein zu jedem Geheimdienst. Was wäre passiert, hätte man in Deutschland mit ein und derselben Waffe drei

---

[4] Informationen zur Arbeit des Untersuchungsausschusses laufend aktualisiert unter www.die-linke-thl.de/themen/themen_a_z/u_z/v_mann_skandal/ (22.3.2013).

Manager aus den USA oder Großbritannien erschossen? Ich bin davon überzeugt, dass es einen Aufstand der Mehrheitsgesellschaft gegeben hätte, der Sicherheitsapparat aufgebläht worden wäre und die Zeitung mit den vier großen Buchstaben den Kopf aller Innenminister gefordert hätte. Aber es waren ja »nur« acht türkische und ein griechischer Kleingewerbetreibender. Deshalb geht es auch um mehr als nur um Aufklärung. Es geht um die Verantwortung dafür, dass Islamophobie, Antisemitismus und Rassismus bekämpft werden. Gegen braunen Ungeist Gesicht zu zeigen, muss Staatsräson werden. Das sind wir den Opfern rassistischer und rechter Gewalt schuldig.

Steffen Dittes / Katharina König / Martina Renner /
Christian Schaft / Steffen Trostorff / Paul Wellsow

Was war der NSU?

Thesen zum rechten Terror und dem systembedingten »Versagen« der Behörden

Im November 2011 flog auf, dass eine Gruppe Thüringer Neonazis unter dem Namen »Nationalsozialistischer Untergrund« (NSU) jahrelang unerkannt gemordet und gebombt hatte. Zehn Tote und zahlreiche Schwerverletzte hinterließ die Gruppe, die sich offenbar auf ein breites Unterstützungsnetzwerk stützen konnte. Seit 15 Monaten bemühen sich nun zahlreiche JournalistInnen, antifaschistische Initiativen und vier parlamentarische Untersuchungsausschüsse um Aufklärung der Fragen: Was war der NSU und warum wurde die Gruppe nie erkannt und gestoppt? Trotz intensiver Arbeit in den Ausschüssen, Info-Lecks in Behörden und guten Recherchen von Medien und Initiativen ist eine abschließende Bewertung des NSU, des rechten Terrors und vor allem des Agierens des Staates bisher nicht möglich. Um uns aber einer Erklärung des Geschehenen zu nähern, wollen wir Thesen zur Diskussion stellen:

1. Das Problem heißt Rassismus: Nicht allein der mörderische Rassismus der Neonazis, sondern auch der in der Gesellschaft verbreitete Rassismus haben die Morde und Anschläge des NSU befördert. Immer wieder berichten Neonazis, dass sie sich als »Vollstrecker« einer »Volksmeinung« fühlten und von den rassistischen und nationalistischen Einstellungen in der Gesellschaft beflügelt wurden. Der – in Ost und West vorhandene – Alltagsrassismus endete in Anschlägen auf Heimen für AsylbewerberInnen, der faktischen Abschaffung des Grundrechts auf Asyl und dem Tod zahlreicher Menschen durch rechte und rassistische Gewalt. Aber auch der Staat und die Gesellschaft waren unfähig oder unwillig, die rassistischen Motive hinter den Morden und Anschlägen des NSU zu erkennen. Dass bei den Ermittlungen vor allem die Opfer, ihre Familien, ihre Angehörigen und ihr Umfeld grundlos ins Visier gerieten, ist Ausdruck von Rassismus in den Behörden. Medien übernahmen die Darstellungen der Behörden im Fall der so genannten »Döner-Morde« damals ungeprüft.

2. Rechter Terror ist in Deutschland nicht neu: In der Geschichte der Bundesrepublik gab es immer wieder rassistische und rechte Gewalt. Bis zu 180 Tote und ungezählte Verletzte allein seit 1990 zeigen in aller Deutlichkeit die Dimension des Problems. Eine Reihe von Taten und Tatplanungen seit den 1950er Jahren – Morde, Anschläge, Attentatsplanungen oder Waffen- und Sprengstoffsammlungen – müssen als rechter Terror bezeichnet werden. Das Attentat auf das Münchener »Oktoberfest« 1980 durch einen Neonazi ist dabei wohl das bekannteste Beispiel. Auch die Vorgehensweise und die Strategie des NSU waren nicht neu. Taten ohne Bekennerschreiben, gezielte Morde an (männlichen) MigrantInnen oder der Einsatz von verheerenden Nagelbomben waren – auch international – wiederholt Tatmuster von Neonazis.

3. Neonazis propagierten offen den »Rassenkrieg«: Schon zu Beginn der 1990er Jahre hatte sich im Umfeld des Neonazi-Netzwerkes »Blood & Honour« (B&H) mit »Combat 18« eine Terrorstruktur gebildet, die in Schriften wie »Der politische Soldat« den »bewaffneten Rassekrieg«, also den vermeintlichen Kampf um das Überleben der »weißen Rasse« gegen »Überfremdung« und »Multikulti«, in kleinen Zellen propagierten. Sie wollten »Furcht und Terror unter den Feinden« verbreiten. Auch in anderen Medien, Foren und Strukturen der Neonazi-Szene wurden immer wieder – auch öffentlich bekannt – der Gang in den Untergrund, politische Morde und Anschläge diskutiert, beworben, vorbereitet und zum Teil sogar praktiziert.

4. Die Gefahr des Neonazismus wurde verharmlost: Trotz der bekannten Planungen und Taten wurde kontinuierlich die Gefahr von rechts verharmlost. Das zeigte sich unter anderem in einem Thesenpapier des Thüringer Geheimdienstes, in dem zur Frage des richtigen politischen Umgangs mit Neonazis »Gelassenheit und Akzeptanz« empfohlen wurde: »Empfehlung zur Gelassenheit und Akzeptanz der Ränder in vertretbarem Maße, ohne die eigenen Ziele aus den Augen zu verlieren. Aufrufe an die Öffentlichkeit, Zivilcourage nützen nichts, führen maximal zu einer Hypersensibilisierung, die zum ›Hexenjagdklima‹ führt und gegebenenfalls nicht existente Probleme im Sinne einer ›self fulfilling prophecy‹ herbeibetet.« Die von den Thüringer Behörden geforderte »Gelassenheit« im Umgang mit Neonazis endete für viele MigrantInnen, alternative Jugendliche und Linke mit dem Verlust der körperlichen Unversehrtheit und in einigen Fällen mit dem Tod. Annahmen von Behörden und politisch Verantwortlichen, es würde sich bei Neonazi-Überfällen allein um Gewalt zwischen rivalisierenden Jugendgruppen, um Taten unter Alkoholeinfluss oder von EinzeltäterInnen handeln, waren grobe Fehleinschätzungen und führten zu einer Entpolitisierung und Verharmlosung von Taten und TäterInnen.

5. Rechter Terror wurde geleugnet: Die Existenz von organisierten Terrorstrukturen wurde durch Geheimdienste, konservative PolitikerInnen und »Extremismus-Experten« bis zum November 2011 – mit wenigen Ausnahmen – durchgängig und trotz besseren Wissens geleugnet. Allein die Möglichkeit organisierten rechten Terrors in der Bundesrepublik wurde regelmäßig in das Reich der braunen Fabeln verbannt. In »Verfassungsschutzberichten«, Studien und öffentlichen Stellungnahmen wurde Entwarnung gegeben und so die Bedrohung verharmlost.

6. Braune Kontinuitäten: Eine Ursache dafür, dass in den Sicherheitsbehörden der Bundesrepublik und in Teilen der Politik die Gefahr von rechts tendenziell verharmlost und eine Bedrohung von links dagegen aufgebauscht wurde, mag auch in personellen Kontinuitäten nach 1945 aus dem Nationalsozialismus begründet sein. Die Netzwerke der »Alten Kameraden« konnten hier oftmals effektiv und lange wirken. Die braun durchsetzte Gründungsgeschichte von »Verfassungsschutz«, »Bundesnachrichtendienst« und »Militärischem Abschirmdienst« geben deutliche Hinweise.

7. Neonazi-Szene der 1990er Jahre: Aufbauhilfe aus dem Westen, Wurzeln in der DDR: Anfang der 1990er Jahre entstanden in den neuen Bundesländern – so auch in Thüringen – Vorläuferorganisationen der heute als »Freie Kameradschaften« bekannten Neonazi-Gruppen. Aufbauhilfe erhielten sie über Jahre von bundesweit bekannten Neonazis.

Andocken konnten die bundesweit aktiven Neonazi-Größen aus dem Westen (Michael Kühnen, Christian Worch, Manfred Roeder, Friedhelm Busse etc.) an bereits in der DDR vorhandenen rechten Gruppen. Kühnen entwickelte 1990 das Papier »Arbeitsplan Ost«, in dem beschrieben wurde, wie militante Neonazi-Strukturen in Ostdeutschland aufgebaut werden sollten. Aufbauend auf ersten Organisationserfolgen folgte die zunehmende Strukturierung der Szene. Sie wurde unter anderem auch durch falsche Ansätze in der Jugendarbeit befördert. Die Zurverfügungstellung von Räumen für die Neonazi-Szene und Rechtsrock-Bands in Jugendclubs ermöglichte oftmals erst Treff- und Anlaufpunkte.

8. Festigung militanter Neonazi-Strukturen: In Thüringen trat ab 1994 die »Anti-Antifa Ostthüringen« in Erscheinung, ein Sammelbecken diverser Neonazi-Gruppen unter anderem aus Jena, Saalfeld-Rudolstadt, Gera und Sonneberg. Verstärkt kam es zu rechten Gewalttaten, Aufmärschen und Aktionen der Szene. Der 1996 gegründete »Thüringer Heimatschutz« (THS) führte zu einer weiteren Strukturierung und Vernetzung der Neonazi-Szene in Thüringen. In fast allen größeren Städten entstanden Sektionen des THS, nahm die Vernetzung der Szene, die Anzahl der AktivistInnen und die Zahl der Straf- und Gewalttaten deutlich zu. Der THS bot mit Aufmärschen, Kundgebungen, Konzerten und Gewalt all das, was das braune Herz begehrte. Die »Anti-Antifa-Ostthüringen« sowie der THS waren das direkte politische Umfeld, in dem die späteren NSU-Mitglieder Uwe Böhnhardt, Uwe Mundlos und Beate Zschäpe bis zu ihrem Untertauchen 1998 aktiv waren. Der überregional organisierte und bundesweit vernetzte, aktivistische und militante Zusammenschluss von Neonazis war nicht nur die politische Heimat des späteren NSU, sondern Quellorganisation und Geburtsort der mörderischen Ideologie der Terrorstruktur.

9. Die Entwicklung der militanten Thüringer Neonazi-Szene war eng mit dem V-Mann Tino Brandt verknüpft: Zwei Monate nach der Anwerbung von Tino Brandt als Spitzel des Thüringer Geheimdienstes im Sommer 1994 trat erstmals die von Brandt mit aufgebaute »Anti-Antifa-Ostthüringen«, die Vorläuferorganisation des »Thüringer Heimatschutzes« (THS) öffentlich in Erscheinung. Brandt war bis zu seiner Enttarnung de facto wichtigster Aktivist und Chef des THS. Der Aufbau neonazistischer Strukturen geschah in Thüringen mit Wissen und Duldung des »Thüringer Landesamts für Verfassungsschutz« (TLfV). Seinen hohen Spitzellohn will Brandt in die politische Arbeit gesteckt haben. Die Frage, ob der Thüringer Geheimdienst die Bildung des THS über seine »Topquelle« auch direkt befördert hat, ist noch offen. Dennoch gilt der THS als »Kind des Verfassungsschutzes«.

10. Der Thüringer Geheimdienst verstieß gegen Regeln der Verfassungsschutzbehörden: Die Arbeit eines Nachrichtendienstes darf – laut eigenen Regularien – nicht durch die Beteiligung von V-Personen am Aufbau und der Leitung »extremistischer Organisationen« ins Gegenteil verkehrt werden. Nicht nur in Thüringen standen aber Führungskader der Neonazi-Szene – auch StraftäterInnen – kontinuierlich und nicht nur in Einzelfällen als V-Leute im Dienst des Geheimdienstes. Das Amt verstieß mit seinem Handeln so gegen Regeln der »Verfassungsschutzbehörden«. Der Fall des früheren NPD-Funktionärs und Spitzels Kai-Uwe Trinkaus zeigt, dass dieses Agieren offenbar bis in die Gegenwart praktiziert wurde.

11. Strafverfolgung wurde behindert: Mindestens in einem Fall wurden Strafverfolgungsmaßnahmen der Polizei durch den Thüringer Geheimdienst be- oder sogar verhindert. Der Neonazi-Spitzel Brandt erhielt mindestens in einem Fall Informationen über bevorstehende Durchsuchungsmaßnahmen. Die Polizei fand bei der Razzia nur noch eine von möglichem belastenden Material »aufgeräumte« Wohnung vor. Insgesamt wurden gegen Brandt 35 Ermittlungsverfahren angestrengt, verurteilt wurde er nie. Auch in weiteren Fällen hatten in Thüringen und bundesweit Polizeibeamte den begründeten Verdacht, dass V-Leute durch den Geheimdienst vor Repressionen gewarnt wurden. Bei Ermittlungen und Strafverfahren hätte oftmals eine »schützende Hand« über ihnen geschwebt, kritisierten sie.

12. Behörden agierten als Aufbauhelfer des Neonazismus: Durch die Alimentierung von Funktionären durch Spitzelhonorare, die auch in die Szene flossen und Neonazis erst ermöglichten, politische Arbeit zu leisten, und durch die Be- oder gar Verhinderung von Strafverfolgung haben Geheimdienste zumindest in den 1990er Jahren militante Neonazi-Strukturen gestützt, die sie in der Logik eines als Nachrichtendienst institutionalisierten »Verfassungsschutzes« eigentlich als Gefahr hätten bekämpfen sollen. Der Fall Trinkaus lässt es als wahrscheinlich erscheinen, dass an dieser Praxis wenig bis nichts verändert wurde.

13. Das Umfeld des NSU war von Spitzeln durchsetzt: Der THS und das spätere UnterstützerInnen-Umfeld des NSU war mit mehreren V-Leuten verschiedener Geheimdienste durchsetzt. Bis zu 24 Personen werden heute in diesem Zusammenhang genannt. Mehrere V-Leute hatten Kontakt zu den Abgetauchten und berichteten darüber auch den Ämtern. Angesichts der daraus zwangsläufig folgenden Informationsdichte ist die Erfolglosigkeit der Behörden kaum mehr als fehlerhaft zu bezeichnen, sondern offenbar Folge des absichtsvoll falschen Umgangs mit Informationen.

14. Das »Versagen« der Geheimdienste war systemimmanent: Es ist falsch, im Fall des NSU und des Umgangs mit militanten Neonazi-Organisationen von »Fehlern« oder dem »Versagen« des Geheimdienstes und einzelnen (prominenten) Mitarbeitern der Dienste zu sprechen. Das in weiten Teilen kontrollfreie und verselbstständigte Agieren der Dienste, das Selbstverständnis eines geheimen Nachrichtendienstes, die enge und vertrauensvolle Zusammenarbeit mit Neonazis als InformantInnen und ein »heiliger« Schutz von Quellen (»V-Leute«) sind wichtige Gründe für die Unfähigkeit eines Nachrichtendienstes zur Auseinandersetzung und Bekämpfung des Neonazismus. Somit ist das »Versagen« der Behörden dem System eines Geheimdienstes immanent.

15. Der NSU ist keine »Zelle«, sondern ein Netzwerk: Der NSU hatte zwar in Böhnhardt, Mundlos und Zschäpe seinen Kern. Doch die große Zahl bekannter UnterstützerInnen des NSU zeigt, dass er keine von der übrigen Neonazi-Szene abgeschottete »Zelle« war oder ist. Es gab einen größeren, offenbar mehr als 100 Personen zählenden Kreis von direkten oder indirekten UnterstützerInnen und Kontaktpersonen, die das Leben der drei im Untergrund abgesichert oder unterstützt haben und selbst auf vielfältige Weise in legale Strukturen der Szene und neonazistischen Parteien, wie der NPD, eingebunden sind oder waren. Ob mit dem Tod zweier Personen und der Verhaftung des engsten Kreises der NSU vollständig zerschlagen ist, bleibt unklar.

16. Die Behauptung, der NSU hatte keine Unterstützung vor Ort, scheint unglaubwürdig: Die von Behörden als Tatsache dargestellte Behauptung, die Täter des NSU hätten vor Ort an den Tatorten keine HelferInnen gehabt, ist aufgrund der lange bestehenden engen und guten Verbindungen der späteren NSU-Mitglieder, zum Beispiel zu Städten ihrer Taten wie Nürnberg oder Stuttgart/Heilbronn, unglaubwürdig. Das belegt allein die bei der Razzia 1998 gefundene Telefonliste. Dass sich die Täter dieser Kontakte bei ihren Mord- und Überfall-Touren nicht bedient haben, um Tatorte auszukundschaften, Opfer auszuwählen und sichere Fluchtwege und Rückzugsräume zu organisieren, ist kaum wahrscheinlich.

17. Die Gefährlichkeit der drei Rechtsterroristen war früh erkennbar: Die drei späteren Mitglieder des NSU Böhnhardt, Mundlos und Zschäpe waren alle frühzeitig als gewalttätige Neonazis in der Öffentlichkeit und bei den Behörden bekannt und zum Teil einschlägig verurteilt. Der Grund für ihr Untertauchen 1998 war der Fund ihrer Bombenwerkstatt inklusive fertig gebauter Sprengsätze. Sie waren prononcierte AktivistInnen des THS sowie der »Kameradschaft Jena« und galten als AnhängerInnen von B&H. Die Neonazi-Strukturen, in denen sie jahrelang in der Legalität agierten, waren für ihre Militanz und ihre Gewaltbereitschaft sowie für den Umgang mit Waffen bekannt. Zschäpe war dabei nicht lediglich Mitläuferin, die in die Szene hineingezogen wurde. Sie war bereits in den 1990er Jahren überzeugte und in der Szene eigenständig aktive und gewalttätige Neonazistin.

18. Kontakte des Trios wurden von den Behörden nicht beachtet: Zu den ersten HelferInnen der drei Abgetauchten gehörten »Kameraden« der Sächsischen Sektion von »Blood & Honour«. Die Organisation warb für den »Rassenkrieg« und baute rechtsterroristische Strukturen auf. Gute Kontakte unterhielten sie zu Personen, die sich in der

Tradition des rassistischen und gewalttätigen »Ku-Klux-Klans« sahen, der mit Gewalt und Mord den vermeintlichen Untergang der »weißen Rasse« abwenden will. Diese Kontakte waren frühzeitig und problemlos unter anderem durch Erkenntnisse aus der Durchsuchung der Bombenwerkstatt 1998 in Jena erkennbar. Eine damals gefundene Telefonliste von Mundlos liest sich aus heutiger Sicht wie das Who-is-Who des NSU-Netzwerkes. Konsequenzen für die Ermittlungen wurden aus der seit 1998 bekannten Kontaktliste nie gezogen.

19. Die Sicherheitsbehörden hätten von der Bedrohung wissen können: Die verschiedenen Sicherheitsbehörden hätte von den Vorgängen in der Neonazi-Szene wissen können und waren sich der Bedrohung zumindest partiell bewusst: Der damalige Thüringer Präsident des Thüringer Landeskriminalamtes warnte 1997 beispielsweise öffentlich: »Die Rechte löst sich ganz bewusst in eine Art brauner Zellen auf. Sie schotten sich ab und sind dabei, Befehls- und Kommandostrukturen aufzubauen.« Es scheint weder in der Politik noch in den Behörden den Willen gegeben zu haben, die Gefahr des Rechtsterrorismus ernst zu nehmen und auf solche Entwicklungen angemessen zu reagieren.

20. Ungeklärt ist, warum die Fahndung nie Erfolg hatte: Obwohl die drei Flüchtigen umfangreiche Spuren hinterlassen haben, konnten sie angeblich von den Behörden nie gefunden werden. Auch die so genannten »Döner-Morde«, die Bombenanschläge und die Banküberfälle konnten trotz zahlreicher Spuren weder geklärt noch den drei 1998 abgetauchten Neonazis zugeordnet werden. Den Behörden lagen zahlreiche Informationen zum Aufenthalt, zu Unterstützerstrukturen sowie zur Lebenssituation der Drei vor. Man wusste, dass sie sich bewaffnen, man wusste von Waffen, man wusste von (illegalen) Geldbeschaffungen und man wusste, dass sie ab einem gewissen Zeitpunkt im Untergrund keine Geldsorgen mehr hatten. Zusammengeführt wurden diese Informationen angeblich nie.

21. »Pleiten, Pech und Pannen« als Erklärung greifen zu kurz: In Bezug auf die Ermittlungen zu den Verbrechen des NSU ist oft die Rede von »Pleiten, Pech und Pannen«. Diese Erklärung greift jedoch angesichts der Vielzahl von »Fehlern«, »Versäumnissen«, der auffälligen Häufung von »Fehleinschätzungen« und der offenbar gezielten Vernichtung von Akten nach dem Auffliegen des NSU zu kurz. Bisher ist eine bewusste Unterstützung des NSU durch Teile der Sicherheitsbehörden nicht bewiesen. Doch allein mit dem Verweis auf »Fehler« und »Pannen« lassen sich die Vorgänge und vor allem der Versuch mancher Sicherheitsbehörden des Bundes und der Länder, sich der Aufklärung zu entziehen, nicht erklären.

22. Keine Alternative zur ersatzlosen Abschaffung des »Verfassungsschutzes«: Der als Konsequenz aus dem NSU-Skandal gegenwärtig diskutierte Umbau der Sicherheitsarchitektur hin zu mehr Zentralisierung, mehr Kompetenzen für die Behörden und der Aufhebung des Trennungsgebotes zwischen Geheimdienst und Polizei geht in die falsche Richtung und steht demokratischen und rechtsstaatlichen Vorstellungen entgegen. Die einzige Antwort auf die systemimmanenten »Fehlleistungen« und Skandale der Geheimdienste kann nur dessen ersatzlose Abschaffung sein. Ein Geheimdienst ist bei der Auseinandersetzung mit Neonazismus kontraproduktiv und selbst Teil des Problems.

23. Antifa und Zivilgesellschaft statt »Geheimdienst«: Antifaschistische Initiativen, zivilgesellschaftliche Akteure, Bündnisse gegen Rechts, engagierte PolitikerInnen und WissenschaftlerInnen sowie fundiert recherchierende JournalistInnen informieren die Öffentlichkeit umfassender und kompetenter über rechte Einstellungen, die Bildung extrem rechter Strukturen oder neonazistische Aktivitäten, als es der »Verfassungsschutz« tut. Sie entwickeln die notwendigen Impulse zum Kampf gegen Rechts. Um die Grundlage für die notwendige Auseinandersetzung mit Neonazismus und mit den in der Gesellschaft verbreiteten rechten Einstellungsmustern (Antisemitismus, Antiziganismus, Homophobie, Islamophobie, Nationalismus, Rassismus ...) zu schaffen, leisten (zivil-)gesellschaftliche Akteure unverzichtbare Arbeit. Statt antifaschistische Initiativen mit »Extremismusklauseln« oder der »Extremismustheorie« zu bekämpfen, müssen sie gezielt gefördert werden.

Gerd Wiegel

Abgründe des Staatsversagens

Ein Jahr NSU-Untersuchungsausschuss im Bundestag

Der Untersuchungsausschuss des Bundestages zur Mordserie des »Nationalsozialistischen Untergrundes« (NSU) befindet sich auf der Zielgeraden. Die letzten Vernehmungen von ZeugInnen werden im Mai 2013 stattfinden, der Bericht des Ausschusses soll in der Sommerpause zwischen den Fraktionen abgestimmt und am 3. September 2013 im Bundestag debattiert werden. In etwa 34 Sitzungen wurden mehr als 90 ZeugInnen vernommen, darunter Dutzende aus den Bereichen Polizei, Verfassungsschutz und Staatsanwaltschaft der Tatortländer, dazu die Spitzen und Fachabteilungen des »Bundesamtes für Verfassungsschutz« (BfV), des »Bundeskriminalamtes« (BKA), des »Militärischen Abschirmdienstes« (MAD), des »Bundesnachrichtendienstes« (BND) sowie die früheren Innenminister aus Bayern Günther Beckstein (CSU), aus Hessen Volker Bouffier (CDU), aus Nordrhein-Westfalen Fritz Behrens (SPD) sowie die beiden Bundesinnenminister Wolfgang Schäuble (CDU) und Otto Schily (SPD). Nachdem sich der Ausschuss 2012 mit allen Tatorten der Mordserie, den Bombenanschlägen und den Bankrauben befasst hat, ging es seit Jahresbeginn 2013 um das Abtauchen und die erfolglose Suche nach dem Neonazi-Trio in den Jahren 1998 bis 2000 in Thüringen und Sachsen. Dabei wurde vor allem das Umfeld der Nazi-Szene in den Blick genommen. Immer wieder musste der Ausschuss sein selbst gestecktes Programm durch die Aufdeckung anderer Tatbestände erweitern. So spielten die im Sommer 2012 bekannt gewordenen Akten-Schreddereien im BfV, die zum Rücktritt ihres Präsidenten Heinz Fromm führten, in einer ganzen Reihe von Sitzungen eine zentrale Rolle.

Die dem Ausschuss vielfach attestierte erfolgreiche Arbeit hat ihren Grund im einheitlichen Agieren der Abgeordneten aller Fraktionen, die dem Ausschuss eine relativ große Durchsetzungsmacht gegenüber der Exekutive ermöglicht. Während in anderen Untersuchungsausschüssen zumeist die regierungstragenden Fraktionen zu einer systematischen Bremse der Aufklärung werden, ist das im NSU-Untersuchungsausschuss des Bundestages anders. Von der CDU/CSU bis zur Fraktion DIE LINKE gibt es ein starkes gemeinsames Interesse an der Frage, wie eine rechte Terrorgruppe 13 Jahre unerkannt im Land leben und dabei zehn Menschen ermorden konnte, ohne dass jemals der Gedanke, es könne sich um rechte Taten handeln, aufkam.

Will man sich die Ergebnisse nach einem Jahr Arbeit im Ausschuss vergegenwärtigen, dann sind drei Themenfelder zentral:

1. Eine strukturell rassistisch konnotierte Ermittlungsarbeit der Sicherheitsbehörden zur Mordserie und den Anschlägen, die vor allem die Opfer und ihre Angehörigen in den Blick nahm und somit systematisch alle Hinweise in Richtung Rassismus beziehungsweise der extremen Rechte ausblendete.

Nach sechs Jahren Ermittlungen in die falsche Richtung wurde in Bayern, wo die Ermittlungen aufgrund von fünf Morden der Serie schwerpunktmäßig geführt wurden, 2006 eine neue Fallanalyse in Auftrag gegeben. Nach dem achten und neunten Mord gab es keine ernstzunehmende Spur mehr, die in Richtung organisierte Kriminalität wies, wiewohl auch schon vorher – das zeigten die Befragungen im Ausschuss – die angeblichen Spuren in diese Richtung dem ethnisierenden Blick der Ermittler geschuldet waren. Die bayerischen Fallanalytiker kamen im Frühjahr 2006 zu der Einschätzung, es könne sich um einen oder zwei Einzeltäter – im Gegensatz zu einer Organisation – handeln, der oder die aus Hass auf Türken morde und eventuell Anhänger der extremen Rechten sein könnte. Damit kamen die Ermittler den Tätern so nahe wie niemals zuvor. Doch die Umsetzung dieser Theorie in konkrete Ermittlungen stellte sich als schwierig für die mit den Ermittlungen betraute Gruppe »Besondere Aufbauorganisation Bosporus« (BAO Bosporus) dar. Anfragen zur rechtsextremen Szene in Bayern wurden vom dortigen »Landesamt für Verfassungsschutz« (LfV) mit Verweis auf Quellenschutz erst gar nicht und dann mit einer Verzögerung von sieben Monaten beantwortet. Schließlich bekamen die Ermittler nur eine Liste mit Namen von Neonazis aus zwei Postleitzahlbezirken im Raum Nürnberg, weil man davon ausging, der oder die Täter müssten dort einen Ankerpunkt haben. Auf die Idee, nach gewaltbereiten und zu Beginn der Mordserie abgetauchten Nazis zu fahnden, kam den Ermittlern nicht. Und auch bundesweit haben sich die Bayern nie um Informationen über die Nazi-Szene bemüht. Eine dilettantische Mail ans BfV wurde rein formal beantwortet, danach wurde der Ansatz nicht weiter verfolgt. Ein Grund, warum aus dieser Spur nicht mehr wurde, war die vehemente Ablehnung, auf die dieser neue Ermittlungsansatz bei den Ermittlern in den anderen Bundesländern und vor allem beim BKA stieß. Hier hielt man eisern an der Theorie fest, die Opfer seien in dunkle Geschäfte verwickelt gewesen und hier liege der wahre Grund für die Mordserie. So verlief die einzig richtige Spur nach wenigen Monaten im Nichts. Die Täter konnten weitere vier Jahre unerkannt bleiben.

Aber auch schon früher gab es Hinweise und Spuren in Richtung Rechtsextremismus, die noch sehr viel deutlicher waren als bei der Mordserie. Am 9. Juni 2004 explodierte in der Keupstraße in Köln, einer vor allem von türkischen AnwohnerInnen und Geschäften gesäumten Straße, eine Nagelbombe und verletzte 22 Menschen zum Teil schwer. In den ersten Meldungen der Behörden nach dem Anschlag wurde von einem terroristischen Anschlag ausgegangen, eine Formulierung, die jedoch wenige Stunden später aus der Behördenkommunikation wieder verschwand. Nur einen Tag später verkündete der damalige Bundesinnenminister Schily, es gäbe keine Anzeichen für einen terroristischen Anschlag, die Hintergründe der Tat lägen eher im allgemein-kriminellen Bereich. Schily hat sich öffentlich und im Untersuchungsausschuss für diese fatale Fehleinschätzung entschuldigt, die damals von den Ermittlungsbehörden aus Nordrhein-Westfalen zur Leitlinie ihrer Ermittlungen gemacht wurde. Während im NSU-Ausschuss Zeugen des BKA sagten, dass ihr erster Gedanke beim Anschlag in der Keupstraße natürlich in Richtung extremer Rechter gegangen sei, sie jedoch an den Ermittlungen nicht beteiligt wurden, ermittelte das Landeskriminalamt (LKA) Nordrhein-Westfalen in Richtung organisierter Kriminalität beziehungsweise eines Anschlags der »Arbeiterpartei Kurdistans« (PKK). Dabei lagen hier die Hinweise auf eine rechte Tat so offensichtlich zutage wie bei sonst keiner Tat des NSU: Machart und Ziel des Anschlags gaben deutliche Hinweise auf das Vorbild der Taten von »Combat 18«, einer britischen Neonazi-Terrorgruppe. Selbst das BfV verglich den Anschlag mit rassistischen Anschlägen von »Combat 18« und fertigte dazu sogar ein Dossier an, das jedoch niemals von den Ermittlern aus Nordrhein-Westfalen zur

Kenntnis genommen wurde. Beim Deponieren der Bombe wurden die Täter von einer fest installierten Videokamera gefilmt. Auch wenn sie als Personen nicht konkret zu erkennen waren, so wurde aufgrund der Bilder zumindest deutlich, dass es sich wahrscheinlich nicht um Türken oder Kurden handelte. Die Täter aus Köln waren zudem mit Fahrrädern unterwegs und wurden von der Zeugin eines NSU-Mordes in Nürnberg als mögliche Radfahrer am Tatort dort identifiziert. Hinweise auf Radfahrer gab es an zahlreichen Tatorten, dennoch unterblieb ein systematischer Vergleich des Bombenanschlags mit der Mordserie. Fast nie kam es den Ermittlern in den Sinn, dass die Herkunft der Opfer das entscheidende Motiv für die Täter sein könnte – ein Ergebnis der Tabuisierung des Themas Rassismus in der deutschen Gesellschaft.

2. Pannen und Schlampereien bei der Ermittlungsarbeit und bei der Zusammenarbeit der Behörden, die eigentlich nicht zu erklären sind, außer man unterstellt einzelnen Behörden ein größeres Interesse an der Beobachtung einer Nazigruppe im »Untergrund« als an ihrer frühzeitigen Festnahme.

Entscheidende Voraussetzung des Terrors des NSU war das Versagen der Sicherheitsbehörden beim Abtauchen von Uwe Böhnhardt, Uwe Mundlos und Beate Zschäpe im Januar 1998 in Jena. Was sich im Untersuchungsausschuss an Fehlern und Pannen offenbarte, macht es schwer, nur an eine Verkettung unglücklicher Umstände zu glauben. Vergegenwärtigt man sich, wie gut die Nazi-Szene des »Thüringer Heimatschutzes« (THS), aus der das Trio stammte, mit Spitzeln des Verfassungsschutzes durchsetzt war, dann ist nicht erklärbar, warum die Dienste der Polizei keine Hinweise liefern konnten, die zur Festnahme des Trios führten. Wie schon in Thüringen, so wurde auch im Bundestagsausschuss die Verantwortung von den Zeugen aus Polizei und Verfassungsschutz hin und her geschoben. Zentral war dabei die Frage, inwieweit das »Thüringer Landesamt für Verfassungsschutz« (TLfV) die durch V-Leute, Telefonüberwachungen und Observationen erlangten Informationen zum Trio an die Polizei weitergegeben hat. Während die Zeugen des TLfV behaupteten, alle wichtigen Informationen seien an die Ermittler gelangt, wurde von den Zeugen des Thüringer LKA das Gegenteil ausgesagt. Zentrale Informationen seien ihnen gar nicht oder erst zu einem Zeitpunkt mitgeteilt worden, als es für konkrete Maßnahmen zu spät gewesen sei. Und in den Akten findet sich so gut wie keine Informationsweitergabe durch das TLfV an die Polizei. Die gewohnte Geheimhaltungspolitik der Dienste lässt auch solch einen großzügigen Umgang mit exklusiven Informationen als wenig wahrscheinlich erscheinen.

Exemplarisch für die Brisanz des Themas war der Umgang mit einer zentralen Quellenmeldung, die das TLfV und auch das LfV Sachsen vom LfV Brandenburg im September 1998 erhielt. Der V-Mann teilte mit, das Trio wolle sich über den Neonazi Jan W. »Waffen« beschaffen, plane einen »weiteren Überfall« und wolle sich dann nach »Südafrika« absetzen. Für die Einschätzung der Gefährlichkeit (»Waffen«) und der Art der Geldbeschaffung (»Überfall«) des Trios war diese Meldung von zentraler Bedeutung. Alle befragten Ermittler sagten jedoch aus, sie nie erhalten zu haben. Die Spitzen des TLfV behaupteten aber, sie direkt und mündlich an den damaligen Präsidenten des Thüringer LKA gegeben zu haben. Dieser bestreitet das vehement.

Versagt haben auch die Ermittler der Polizei, die entscheidenden Hinweisen auf die Gesuchten nicht nachgingen. Zentral war dabei der Umgang mit der so genannten Garagenliste, einer Mundlos zugeordneten und bei der Razzia in Jena 1998 aufgefundenen Adressliste. Aus heutiger Sicht liest sie sich wie das Who-is-Who der früheren Helfer und Kontakte des Trios. Auf der Liste finden sich unter anderem Tino Brandt, Kai Dalek und Thomas R., alle drei damals V-Personen der Geheimdienste. Weiter finden sich Personen, die heute auf der so genannten 129er Liste stehen, die also zum Unterstützer- oder Kontaktkreis des Trios zählen. Dort steht auch Thomas Starke, der – wie man heute weiß – die 1,4 Kilogramm TNT, die 1998 in der Garage des Trios gefunden wurden, und die erste Wohnung für das abgetauchte Trio besorgt hatte. Es finden sich zudem Holger Gerlach, einer der engsten Helfer des Trios, und zehn Adressen aus Chemnitz, dem ersten Wohnort nach dem Abtauchen des Trios. Dazu außerdem Anlaufpunkte in Nürnberg, Rostock und Ludwigsburg. Zu diesem zentralen Ermittlungsansatz für die Polizei findet sich in den Akten ein Vermerk aus dem Februar 1998, der die Liste als »für das hier geführte Ermittlungsverfahren ohne Bedeutung« einschätzte! Offenbar ein fataler Irrtum. Wie sich nun herausstellte, wurde die Einschätzung von einem BKA-Beamten getroffen, der zur Unterstützung der Thüringer Kollegen 1998 eingesetzt war. Ohne jeden Zweifel hätte mit Hilfe dieser Liste eine systematische Durchleuchtung des Umfelds des Trios durchgeführt werden können. Warum ein solcher Fund einfach liegengelassen wurde, lässt nur zwei Erklärungen zu: entweder eine systematische Unterschätzung der drei abgetauchten Nazis, für deren Suche man keinen größeren polizeilichen Aufwand betreiben wollte, oder die bewusste Relativierung der Kontaktliste, weil man Kenntnis über die aufgeführten Spitzel hatte und sie durch Ermittlungen nicht in Schwierigkeiten bringen wollte. Beide Erklärungen können zutreffen.

3. Ein Versagen des V-Leute-Systems des Verfassungsschutzes, das im NSU-Fall zu einer systematischen Behinderung der Ermittlungsarbeit führte und durch die Protektion von Nazispitzeln objektiv zu einer Stärkung der Nazi-Szene führte. Die zahlreichen Schredderaktionen in diversen Verfassungsschutzämtern stehen mit diesem Punkt im Zusammenhang und zeigen deutlich, dass die demokratische Kontrolle des Inlandsgeheimdienstes nicht möglich ist, weshalb seine Abwicklung eine logische Schlussfolgerung wäre.

Das V-Leute-System von Verfassungsschutz und Polizei hat breiten Raum in den Befragungen des Untersuchungsausschusses eingenommen. Immer wieder wurde bekannt, dass Nazis, die eine deutliche Nähe zum Trio aufwiesen, im Sold der Dienste oder der Polizei standen. Thomas Starke, der von 2000 bis 2011 V-Mann des LKA Berlin war, ist ein solcher Fall. Er war in den 1990er Jahren zeitweilig mit Zschäpe liiert, hatte dem Trio Sprengstoff und 1998 die erste Unterkunft nach der Flucht besorgt. Thomas R., besser bekannt unter dem Decknamen »Corelli«, ist ein weiterer Fall. Von 1997 bis 2007 soll er für den Verfassungsschutz Sachsen-Anhalt und dann für das BfV gespitzelt haben. Dem Ausschuss wollte die Bundesregierung die Einsicht in die Akten zu diesem V-Mann verwehren, konnte sich aber nicht durchsetzen. Auf der alten Adressliste von Mundlos findet sich auch der Name Thomas R. Und schließlich spielte immer wieder die schillernde Figur Tino Brandt eine Rolle. Er war die Top-Quelle des TLfV in der Thüringer Neonazi-Szene, die vom Dienst offenbar mit allen Mitteln vor Strafverfolgungsmaßnahmen geschützt werden sollte. Offensichtlich wurde er vor anstehenden Razzien der Polizei gewarnt und auch der Staatsanwaltschaft wurde vom TLfV signalisiert, dass sie sich bei der Strafverfolgung zurückhalten solle. Dass die Gelder des Verfassungsschutzes an Brandt von ihm zum Aufbau der Nazi-Szene beitrugen, wird vom TLfV zwar bestritten, liegt aber dennoch nahe. Ähnlich war es bei Kai Dalek, eine wichtige Nazigröße in den 1990er Jahren aus Bayern. Von 1994 bis 1998 soll er für das LfV Bayern gespitzelt haben, um in dieser Zeit – sicher auch unter Einsatz seines Spitzellohns – das digitale »Thule-Netz« für die Nazi-Szene aufzubauen. Auch Dalek findet sich auf der Adressliste von Mundlos. Er war der vierte V-Mann im direkten Umfeld des Trios. Alle diese Zugänge über V-Leute sollen aber keine Erkenntnisse zum Auffinden des Trios beigesteuert haben – auch das ist eine Aussage über die Qualität der V-Leute.

Der Schutz von »Quellen« und seine Gewichtung bei der Ermittlung gegen abgetauchte Nazis oder bei Mordermittlungen spielten immer wieder eine wichtige Rolle im Ausschuss. Das Thema verdeutlichte, dass die V-Leute generell zu einem Hindernis der Aufklärung wurden. Bei dem letzten Mord der rassistischen Serie an Halit Yozgat 2006 in Kassel war der Mitarbeiter des LfV Hessen Andreas T. am Tatort anwesend, ohne sich anschließend bei der Polizei zu melden. Für kurze Zeit war er Hauptverdächtiger. Für ihre Ermittlungen wollte die Polizei die Kontakte Ts., der unter anderem V-Mann-Führer im Bereich Rechtsextremismus war, überprüfen. Doch der Kontakt zu dem von T. geführten rechten V-Mann wurde den Ermittlern mit Verweis auf den Quellenschutz verweigert. Hessens damaliger Innenminister und heutiger Ministerpräsidenten Bouffier verteidigte das im Ausschuss. Quellenschutz war also wichtiger als Ermittlungen in einem Mordfall.

Schließlich zeigte sich das ganze Desaster der V-Leute und des Quellenschutzes bei einer Meldung durch die Quelle »Piato« des LfV Brandenburg. Der wichtige Hinweis aus dem Jahr 1998, dass das Trio dabei sei, sich Waffen zu verschaffen, um nach einem weiteren Überfall nach Südafrika zu gehen, erreichte die Ermittler nie. Dadurch konnte ein Zusammenhang zur Bankraubserie in Sachsen, die vom Trio ab 1999 verübt wurde, nie hergestellt werden. Auch die Gefährlichkeit des Trios wurde so falsch eingeschätzt. Der Grund für die Nichtweitergabe der Information lag wie immer im Quellenschutz begründet. Hinter »Piato«, der vom LfV Brandenburg zwischen 1994 und 2000 geführt wurde, verbirgt sich der Neonazi Carsten Szczepanski. An seiner Person wird deutlich, dass die Ämter beim Thema V-Leute keine Grenzen kennen. Szczepanski wurde 1995 wegen versuchten Mordes an Steve Erenhi, der 1992 aus rassistischen Motiven von Nazis fast totgeprügelt wurde, zu acht Jahren Haft verurteilt. Immer wieder stand Szczepanski wegen Gewalttaten und rassistischer Hetze vor Gericht. Aus der Haft heraus bewarb er sich beim LfV Brandenburg und wurde, obwohl als Gewalttäter bekannt, vom Amt als V-Mann in Dienst genommen. Ein Schelm, wer vermutet, dass die anschließenden Hafterleichterungen darin ihren Grund haben könnten. Doch Szczepanski konnte sogar aus dem Knast im Sinne der Nazis wirken. So stellte er das in der Szene beliebte Nazi-Fanzine »United Skins« her. Ein Kommentar seiner Nazikameraden damals: »Was der Carsten dort hinter Gittern vollbracht hat, grenzt schon an Zauberei.« Oder war diese Zauberei doch eher der Hilfe des LfV geschuldet, das seine Quelle in der Szene platzieren wollte? Als Freigänger hatte Szczepanski ab 1999 einen Job im rechten Szeneladen von Antje Probst in Sachsen – eben jener Probst, die Zschäpe später ihre Identität lieh. Der V-Mann des LfV saß also direkt im Umfeld des abgetauchten Trios. Seine vorzeitige Haftentlassung erlangte er, da er ja feste Arbeit hatte. Wie zum Hohn hieß es in den Auflagen des Gerichts, Szczepanski müsse sich glaubhaft aus der Szene lösen. Dass er im Gegenteil jetzt mittendrin war, verschwieg das LfV dem Gericht – ebenso die Tatsache, dass es sich bei dem festen Arbeitsplatz um einen Naziversand handelte.

Solche Ungeheuerlichkeiten im Umgang mit Nazis wurden in den Zeugenbefragungen des Untersuchungsausschusses des Bundestages ins Licht der Öffentlichkeit gerückt. Aufgrund des großen Zeitdrucks blieb dem Ausschuss aber nicht immer die nötige Zeit, um die zahlreichen Widersprüche in und zwischen den Aussagen der Zeugen zu klären. Die aufgedeckten Fehler, Mängel und Unzulänglichkeiten bieten jedoch genügend Stoff für nachhaltigen politischen Interventionsbedarf. Zentral sind der festgestellte strukturelle Rassismus der Ermittlungsbehörden, das V-Leute-System der Sicherheitsbehörden, das durch völlig andere Formen der zivilgesellschaftlichen Prävention ersetzt werden muss, und die generelle Unterschätzung der gewaltbereiten extremen Rechten, wie sie im Falle des NSU exemplarisch deutlich wurde. Ob und wie diese Schlussfolgerungen vom Untersuchungsausschuss gezogen und dann auch in Politik umgesetzt werden, hängt nicht zuletzt vom öffentlichen Druck ab.

Kerstin Köditz

»Jedem Rotlichtsünder wird mit mehr Akribie nachgegangen«

Die Polizei in Sachsen und der NSU

Irgendwann bekommt jeder seine 15 Minuten Ruhm. Ob er will oder nicht. Wolfgang Jehle hatte gleich mehr als drei Stunden die ungeteilte Aufmerksamkeit der Öffentlichkeit und besonders der Mitglieder des Untersuchungsausschusses des Bundestages zum Terrornetzwerk des »Nationalsozialistischen Untergrundes« (NSU). Doch angestrebt hatte er dies scheinbar nicht. Seine Mimik ließ darauf schließen, dass er sich nicht wohl in seiner Haut fühlte. Der erfahrene Kriminalist im Rang eines Ersten Kriminalhauptkommissars (EKHK) befand sich in einer ungewohnten Rolle: Anstatt selbst zu vernehmen, wurde er vernommen.

Jehle war vorgeladen als einer jener Polizeibeamten, die in einer frühen Phase des Untertauchens des NSU in Sachsen an verantwortlicher Stelle Dienst taten. Von direkter Verantwortung allerdings wollte der aus Baden-Württemberg stammende Beamte wenig wissen. 1994 war er vom damaligen Präsidenten des Sächsischen Landeskriminalamtes (LKA) Peter Raisch, ebenfalls ursprünglich aus Baden-Württemberg, in den Freistaat geholt worden. Damals eine durchaus übliche Verfahrensweise, Beamte für Leitungsfunktionen aus dem Westen zu holen. Das Misstrauen gegenüber den Eingeborenen war ausgeprägt. Jehle war seitdem im Bereich Staatsschutz tätig, in der damals mit gutem Ruf arbeitenden »Sonderkommission Rechtsextremismus« (Soko Rex). Zunächst als Dezernatsleiter und von 2000 bis 2004 als Leiter.

Zwar vermochte er an diesem 14. März 2013 vor dem NSU-Ausschuss des Bundestages, ebenso wie bereits zuvor bei jenem des Sächsischen Landtages, wenig zur Aufhellung des Komplexes NSU beizutragen, doch verstanden Abgeordnete wie Zuhörer danach besser, warum das Trio Beate Zschäpe, Uwe Mundlos und Uwe Böhnhardt nicht gefasst wurde. Nicht Komplizenschaft oder gar bewusste Förderung waren die Ursache, sondern schlicht das Arbeiten im Modus »Dienst nach Vorschrift«. Wer wollte, hatte zudem nach den drei Stunden eine Vorstellung davon, weshalb der einstmals gute Ruf der »Soko Rex« zu Beginn des neuen Jahrtausends schnell verspielt war. Aussichten auf Besserung? Im Prinzip ja, aber EKHK Jehle ist heute Leiter des Führungsstabes des »Operativen Abwehrzentrums Rechtsextremismus« (OAZ) im Freistaat.

Die Standardaussage aller sächsischen Beamten, dass bei den damaligen Ermittlungen Thüringen »federführend« gewesen sei, durchzog auch Jehles Ausführungen wie ein roter Faden. Man selbst sei dagegen nur »punktuell eingebunden« gewesen und sei nur »unterstützend tätig geworden«. Seine Abteilung habe die Thüringer Kollegen bei Observierungsmaßnahmen, Zeugenbefragungen und Routinefahndungen unterstützt. Das sei ein »übliches Verfahren«, sagte Jehle. Die Verantwortung habe Thüringen getragen. Immer und für alles. In Sachsen habe man routinemäßig abgearbeitet, was die Thüringer verlangt hätten. Mehr nicht. Und erst recht habe man sich keine eigenständigen Gedanken gemacht oder selbstständig Fahndungsansätze verfolgt. Warum auch? Es ging doch schließlich nur um drei als gewaltbereit bekannte Neonazis, bei denen 1,4 kg Sprengstoff gefunden worden waren. »Wir haben damals nicht nach Mördern gesucht«, so Jehles lapidare Erklärung. Ob es denn oft vorkomme, dass gewaltbereite Neonazis untertauchen, wollte die SPD-Abgeordnete Eva Högl wissen. Jehle verneinte, in keiner Weise verlegen, und ergänzte: »Aus heutiger Sicht hätte man manche Nachfrage energischer stellen sollen.«

Bernd Merbitz, ehemaliger Landespolizeipräsident und heutiger Leiter des OAZ, war einer der Vorgänger Jehles als Leiter der Soko Rex und ist heute wieder sein Chef. Auch er hatte vor dem Untersuchungsausschuss ausgesagt. Deutlich bitter antwortete er auf eine Frage des Ausschussvorsitzenden Patrick Schreiber (CDU): »Wenn Sie genau zugehört haben, dann haben Sie auch mitbekommen, dass die Soko Rex auch auf 18 Leute heruntergefahren wurde. (...) Damit kann man nicht effektiv Rechtsextremismus bekämpfen, und es war die vornehmlichste Aufgabe, die Soko Rex wieder zu stärken.« Die Sonderkommission war seit ihrer Gründung das Kind von Merbitz gewesen. Als er Landespolizeipräsident wurde, bemühte er sich, die politisch motivierten Fehlentwicklungen rückgängig zu machen. »Als sich im Jahr 2008 bei den politisch rechtsmotivierten Gewalttaten ein sprunghafter Anstieg abzeichnete, stockte Landespolizeipräsident Bernd Merbitz die Soko von 18 auf 30 Bedienstete auf. Die Gewalttaten gingen massiv zurück.« Dem ersten Schritt folgte der zweite: »Ein Jahr später veränderte sich das Gesicht des gewaltbereiten Rechtsextremismus erneut. Unangemeldete Hess-Aktionen, Ausschreitungen bei einer Demonstration in Leipzig und Krawalle bei einem Bezirksligaspiel in Brandis waren Ende 2009 für Staatsminister Ulbig der Anlass, die Soko Rex um weitere zehn Ermittler auf nun 40 Bedienstete zu verstärken«, sagte Merbitz im Untersuchungsausschuss. Jeder der Anwesenden wusste, dass Innenminister Ulbig keineswegs selbst auf diese Idee gekommen war.

Als besonders negativ in der Zeit nach Merbitz Weggang, aus der »Soko Rex« Anfang September 1998, hatte sich die Zerschlagung der »Mobilen Einsatz- und Fahndungsgruppen« (MFEG) erwiesen. Ihre Aufgabe war es, den Neonazis im Wortsinne auf den Füßen zu stehen. Merbitz wörtlich im Ausschuss: »Das Ziel der Einführung der MEFG war, nach Schwerpunkten des Rechtsextremismus Kontrollen an den Orten durchzuführen, dort, wo sich diese Gewalttäter auch aufhalten, also Kontrollen von Jugendklubs, Tankstellen, alles neuralgische Punkte, wo wir damals diese Gruppen auch gefunden haben, und das fand ausschließlich unter Einsatz des Landeskriminalamts statt, da das Landeskriminalamt in Form der Soko Rex auch über diese Schwerpunkte verfügte und natürlich auch zielgerichtet diese Einsätze vornahm.«

Bald nach der Ära Merbitz allerdings »wurde der Charakter der MEFG erweitert auf verschiedene Formen der Kriminalität. Es wurde noch die Jugendkriminalität, Straßenkriminalität, alles dem Spektrum der Mobilen Einsatz- und Fahndungsgruppen zugeschrieben.« Die Schlagkraft war genommen.

Jehle scheint von diesen negativen Entwicklungen nichts mitbekommen zu haben. Er beteuerte vor dem Bundestagsgremium, mangelndes Personal sei nicht das Problem gewesen. Während seiner Leitung der »Soko Rex« hätten 35 bis 40 Personen mitgearbeitet, erläuterte er auf Nachfrage des FPD-Abgeordneten Patrick Kurth. Von einer personellen Ausdünnung der Einheit sei ihm nichts bekannt. Man ahnt, wo der Schwerpunkt der Loyalität des Beamten liegt und dass seine Karriereplanung noch nicht abgeschlossen ist. Zwar habe sich, so Jehle, die »Soko Rex« auch mit den Strategien der Neonazis wie dem »Führerlosen Widerstand« (»Leaderless Resistance«) befasst, doch Aufgabe der Kommission sei es gewesen, sich mit konkreten Straftaten zu beschäftigen. Er sieht nach wie vor die Zuständigkeit der Polizei zuallererst im Repressionsbereich, erst zuletzt in der Prävention. Um präventiv zu wirken, hätte man sich tatsächlich intensiv mit den Strategiepapieren der Neonazis und ihrer Rezeption durch die regionale Szene beschäftigen müssen. Schriften wie »Eine Bewegung in Waffen« oder »The Way forward« von Max Hammer, die intensiv im Spektrum von »Blood &Honour« (B&H) diskutiert wurden, wurden von der zuständigen Spezialeinheit der Polizei bestenfalls am Rande wahrgenommen. Dass der »Soko Rex« auf diese Weise die Diskussionen – gerade in der sächsischen Szene – um die Notwendigkeit des bewaffneten Kampfes und die wachsende Faszination vom Agieren des »Combat 18« – faktisch des bewaffneten Arms von B&H – entgingen, liegt in der Natur der Sache. Noch heute taucht in den amtlichen Chronologien ein Nazikonzert in Chemnitz im Herbst 1996 nicht auf, bei dem auch Will Brownings Band »No-Remorse« spielte. Browning, Gründer und Führer von »Combat 18«, wollte sich dort mit den Chefs mehrerer ostdeutscher Neonazi-Plattenlabels sowie dem Szene-Versand »NS 88« treffen. Eine Zusammenkunft auf höchster Ebene. Durch einen Zwischenfall, bei dem ein Nazi aus Brownings Gefolge einem deutschen Gesinnungskumpan, den er als Polizeispitzel verdächtigte, eine Champagnerflasche durch das Gesicht zog und der einen Rettungswageneinsatz erforderlich machte, müsste der Vorgang polizeibekannt sein. Seit damals hätten Polizei und sächsischer Geheimdienst spätestens wissen können oder müssen, dass es Verbindungen zwischen der auf Chemnitz und den Erzgebirgsraum konzentrierten B&H-Szene und jenen Strukturen gab, die auf den bewaffneten Kampf setzten.

Polizist Jehle räumte in seiner Vernehmung ein, dass dieser Umstand bekannt gewesen sei. Ob bei ihm nicht die Alarmglocken geschrillt hätten, als dann das LKA Thüringen im Rahmen der Fahndung nach Zschäpe, Mundlos und Böhnhardt um die Überprüfung einzelner ehemaliger Mitglieder von B&H gebeten habe, wurde Jehle gefragt. »Der Zusammenhang ist von mir nicht hergestellt worden«, antwortete er. Wahrscheinlich ist es von einem leitenden Polizisten zu viel verlangt, die Mathematik des »1 + 1 = 2« zu beherrschen. »Jedem Rotlichtsünder wird mit mehr

Akribie nachgegangen«, fasste CDU-Obmann Clemens Binninger, selbst gelernter Polizist, im Untersuchungsausschuss des Bundestages zusammen. Doch den Höhepunkt hatte sich Jehle für den Schluss seiner Vernehmung aufgehoben. Ja, von der »Weißen Bruderschaft Erzgebirge« (WBE) habe er schon einmal etwas gehört, aber genau könne er das jetzt »so spontan« nicht einordnen. Und nein, die »14 words« seien ihm völlig unbekannt, damit könne er gar nichts anfangen.

Im Gründungsmanifest der WBE ist die Rede von einer »neuen Art des Kampfes, einer Untergrundbewegung«. Worte, die heute elektrisieren, die aber auch mit dem Wissen von damals zur Aufmerksamkeit der Behörden hätten führen müssen. In der Zeitschrift »The Aryan Law and Order« der WBE schwärmte ein anonymer Autor von der »Reinheit der wundervollsten Rasse«. Gemeint waren die Weißen. Nach dem kollektiven Austritt der sächsischen Sektion von B&H aus dem Bundesverband hatten sich die Akteure darauf verständigt, künftig auf kleinere, schwerer greifbare »Kameradschaften« zu setzen. Dies schien auch deshalb angebracht, weil es immer wieder deutliche Hinweise darauf gab, dass ein Verbot von B&H geplant sei. Im Jahr 2000, als dieses Verbot tatsächlich erfolgte, gründete sich die WBE. Eine Tarnung der Wesensverwandtschaft mit B&H wurde erst gar nicht versucht. Die Inhalte wie auch die Bildsprache verwiesen deutlich darauf, wie auch auf eine weitere Gruppierung, die im Zuge der NSU-Ermittlungen in den Fokus der Aufmerksamkeit rückte: den rassistischen »Ku Klux Klan« (KKK). Den sächsischen Ermittlern soll selbstverständlich nicht zum Vorwurf gemacht werden, dass sie nicht klüger waren als das »Bundesamt für Verfassungsschutz«. Das nämlich stufte den KKK, in der Bundesrepublik mit mehreren Gruppen seit Beginn der 1990er Jahre aktiv, erst seit Sommer 2001 als rechtsextrem ein.

Am 22. November 2011 berichtete das sächsische »Landesamt für Verfassungsschutz« der »BAO [Besondere Aufbauorganisation] Trio beim Generalbundesanwalt«, die WBE sei mindestens in den Jahren 2000 und 2001 aktiv gewesen. Wörtlich: »Dementsprechend werden Regeln aufgestellt, um das propagierte Ziel, die ›14 words‹, zu verwirklichen.« Die »Religion« der Gruppe laute nach eigener Aussage »White Pride«. Und in einer Fußnote erläutert das Landesamt auch, was hinter den »14 words« steckt: »Wir müssen die Existenz unserer Rasse und die

Zukunft für die weißen Kinder sichern.« André Eminger und Matthias Dienelt, heute Beschuldigte in Sachen NSU, gehörten damals der WBE an. Eminger wurde als »Organisator« einer observierten Veranstaltung am 29. Juli 2000 ausgemacht.

Diese Erkenntnisse hatte der sächsische Geheimdienst im Jahre 2000. Der damals verantwortliche Beamte des polizeilichen Staatsschutzes, EKHK Wolfgang Jehle, verfügt noch nicht einmal heute über sie. Dass er sie damals nicht hatte, liegt in der Verantwortung der Schlapphüte, die ihr Wissen über Nazistrukturen offenbar nicht teilen mochten. Das ist bei Geheimdiensten leider so üblich und wenig erstaunlich. Dass er sie heute noch immer nicht hat, liegt in seiner eigenen Verantwortung. Dieses anhaltende Nicht-Wissen ist aussagekräftig. Es zeigt seine Missachtung des Bundestagsuntersuchungsausschusses, der ihm noch nicht einmal eine gründliche Vorbereitung wert ist. Es zeigt seine Missachtung für die Opfer des Trios, wenn er noch nicht einmal jetzt um eine Analyse bemüht ist, warum die Spezialeinheit, die ihm unterstellt war, die Entwicklungen zum Terrorismus nicht bemerkte. Es zeigt eine Diensteinstellung, die in einem Obrigkeitsstaat angebracht sein mag: Ich handele nur auf Befehl.

Wolfgang Jehle ist Leiter des Führungsstabes des »Operativen Abwehrzentrums Rechtsextremismus«. Dieser Fakt reicht, die Probleme in Sachsen aufzuzeigen. Die Probleme, die in Sachen Analyse und Bekämpfung der extremen Rechten auch ein Jahr nach Aufdeckung des NSU weiterhin bestehen.

Steffen Trostorff

Thüringen: Keine lückenlose Aufklärung

Am 16. November 2011 versprach Thüringens Ministerpräsidentin Christine Lieberknecht (CDU) in ihrer Regierungserklärung anlässlich des Auffliegens des »Nationalsozialistischen Untergrundes« (NSU) umfassende und lückenlose Aufklärung.[1] Mehr als ein Jahr später ist unklar, ob dieses Versprechen gehalten wird.

Nachdem die Landesregierung in den Ausschüssen des Landtags nach dem Auffliegen Antworten auf die Fragen der Abgeordneten weitgehend verweigerte,[2] setzte das Parlament mit einstimmigem Beschluss am 26. Januar 2012 einen Untersuchungsausschuss ein.[3] Dessen Aufgabe ist es, unter Einbeziehung einer größtmöglichen Öffentlichkeit mögliches Fehlverhalten der Thüringer Behörden vor, während und nach dem Untertauchen des NSU-Trios aufzuklären.

Parallel dazu hatte am 23. November 2011 im Auftrag des Thüringer Innenministeriums (TIM) die »Schäfer-Kommission« ihre Arbeit aufgenommen. Sie sollte Defizite in der Zusammenarbeit der Behörden ermitteln und feststellen, welche Erkenntnisse sie zum Trio besaßen und welche Maßnahmen daraus folgten. Dabei lag der Schwerpunkt auf dem Untertauchen der späteren NSU-Mitglieder und der anschließenden Fahndung der Thüringer Behörden. Sie befragte aktive und ehemalige Mitarbeiter des »Thüringer Landesamtes für Verfassungsschutz« (TLfV), des Landeskriminalamtes (LKA), des TIM sowie der Staatsanwaltschaften. Außerdem sichtete sie Dutzende Akten aus Thüringer Behörden und Ministerien sowie aus Sachsen und dem »Bundesamt für Verfassungsschutz« (BfV).

---

[1] Thüringer Landtag (2011): Plenarprotokoll 5/69, 16.11.2011.

[2] Dittes, Steffen/Renner, Martina (2012): Unter den Augen des Staates, in: Ramelow, Bodo (Hrsg): Made in Thüringen. Hamburg: VSA: Verlag, S. 171ff.

[3] Thüringer Landtag (2012): Plenarprotokoll 5/76, 26.1.2012.

Am 15. Mai 2012 legte die »Schäfer-Kommission« ihren Abschlussbericht vor.[4] Darin beklagte sie vielfältige Versäumnisse. Angefangen von der Planung und Durchführung der Razzien im Januar 1998 über die anschließende Fahndung mit Zielfahndern ohne Kenntnisse der rechten Szene bis hin zum Agieren des TLfV, der vorhandene Hinweise weder zusammenführte noch analysierte oder an die Ermittler weitergab. Die »Schäfer-Kommission« kam außerdem zu dem Schluss, dass es Warnungen des TLfV an seinen damaligen V-Mann Tino Brandt vor polizeilichen Maßnahmen gegeben habe. Der Bericht spricht dabei von abstellbaren Mängeln, die bei Durchsetzung der Dienstaufsicht und Einhaltung der Vorschriften zu beheben gewesen wären.

Im Unterschied zur »Schäfer-Kommission« ist der Auftrag des Untersuchungsausschusses »Rechtsterrorismus und Behördenhandeln« breiter angelegt. Untersucht werden das Untertauchen des Trios, Fahndungsgeschehen und die Umstände des Auffliegens des NSU im November 2011. Überdies sollen die Entwicklungen in Thüringen in den 1990er Jahren unter die Lupe genommen werden, um zu ergründen, ob damals Fehlentwicklungen begonnen haben, die zum Erstarken von Neonazi-Strukturen und der Herausbildung rechtsterroristischer Netzwerke führten. Aus diesen Erkenntnissen soll der Ausschuss schließlich Vorschläge für eine Neuausrichtung der Politik und der Sicherheitsbehörden sowie zur Stärkung der Zivilgesellschaft und zum Schutz von Opfern rassistischer und neonazistischer Gewalt unterbreiten.

Das erste Jahr im Untersuchungsausschuss war von Zeugenanhörungen zum Entstehen neonazistischer Strukturen in Thüringen sowie dem Umgang von Behörden und Gesellschaft damit geprägt. Zuerst wurden 15 Sachverständige gehört. Sie zeichneten ein verheerendes Bild der Situation im Thüringen der 1990er Jahre.[5] Die politisch dominierenden Kräfte waren bemüht, das Problem der neonazistischen Gewalt zu verharmlosen und zu entpolitisieren. Dies ging soweit, dass diejenigen, die sich gegen rechte Gewalt und Fremdenfeindlichkeit wandten,

---

[4] Schäfer, Gerhard/Wache, Volkhard/Meiborg, Gerhard (2012): Gutachten zum Verhalten der Thüringer Behörden und Staatsanwaltschaften bei der Verfolgung des »Zwickauer Trios«, Erfurt, www.thueringen.de/imperia/md/content/tim/veranstaltungen/120515_schaefer_gutachten.pdf (18.3.2013).

[5] Thüringer Untersuchungsausschuss 5/1: Sitzung am 23. April 2012.

als das eigentliche Problem galten und als Nestbeschmutzer gebrandmarkt wurden. Dies war Grundlage für die anschließenden Anhörungen der Zeugen aus Behörden und Ministerien.

Dabei litt die Arbeit des Untersuchungsausschusses bis in den Sommer unter dem Fehlen maßgeblicher Unterlagen. Zwar waren dem Ausschuss früh 24 Akten des LKA zur Fahndung nach dem Trio, diverse Verfahrensakten der Staatsanwaltschaften sowie eine dreibändige Vorgangsakte aus dem TLfV vorgelegt worden. Aber eine Vielzahl von Beweisanträgen blieb lange durch die Landesregierung unbeantwortet. Auch enthielt die Regierung dem Ausschuss Akten vor, die der »Schäfer-Kommission« zur Verfügung gestanden hatten. Deren Übergabe erfolgte erst, nachdem deren Bericht vorlag.

Ein eklatanter Fall war die »Operation Rennsteig« des BfV, des »Militärischen Abschirmdienstes« (MAD) und der Verfassungsschutzämter der Länder Bayern und Thüringen. Weder die Bundes- noch die Thüringer Landesregierung hielten es für nötig, die Untersuchungsgremien von dieser »Operation« aus den Jahren 1997 bis 2003 gegen den »Thüringer Heimatschutz« (THS), trotz des direkten Bezugs zum Umfeld des Trios, in Kenntnis zu setzen. Erst die Recherche der Mitglieder der Untersuchungsausschüsse aus den Linksfraktionen, Petra Pau (Bundestag) und Martina Renner (Thüringer Landtag), machte das Ausmaß an Vertuschung und Aktenvernichtung im Kontext dieser Operation bekannt.

Die intensive Suche nach Unterlagen begann in Thüringen erst nach massivem Druck und sechs Monate nach Anforderung der Akten. Im August 2012 präsentierte Thüringens Innenminister Jörg Geibert (CDU) der Presse 150 dem Ausschuss unbekannte Ordner mit Polizeiakten. Danach erfolgte die Vorlage einer Fülle von Akten durch das TIM. Neben Hunderten polizeilichen Akten zum Umfeld des Trios und Verwaltungsakten aus Landratsämtern und ministeriellen Abteilungen gingen auch Akten des TLfV ein. Zudem wurde den Mitgliedern des Ausschusses die Möglichkeit eingeräumt, im Gebäude des TLfV Einsicht in die V-Mann-Akten der Neonazi-Szene zu nehmen.

Auch durch das Justizministerium wurde eine Vielzahl an Akten über Verfahren gegen Neonazis und das Umfeld des Trios vorgelegt. Dadurch hat sich die Situation für den Ausschuss komplett verändert. Bestand das Problem ursprünglich darin, über keine Akten zu verfügen, ist es jetzt kaum noch möglich, die Flut an Material zu bewältigen. Zumal oftmals nicht ersichtlich ist, welche Relevanz die vorgelegten Akten für den Untersuchungsgegenstand haben. Die Aufklärung droht, an der Materialfülle zu scheitern.

Obwohl seitens der Landesregierung nun offensiv Material vorgelegt wird, gewährleistet dies keineswegs Aktenvollständigkeit. Nach Befragungen von Zeugen aus dem LKA kann nicht ausgeschlossen werden, dass es im LKA Ende 2011 zu Aktenmanipulationen oder Vernichtungen gekommen ist. Der Aktenbestand wurde damals nicht dokumentiert.[6] Im TLfV sind eine Vielzahl von Vorgängen aus den 1990er Jahren angeblich nicht mehr vorhanden, sodass eine Überprüfung, welche Informationen das TLfV tatsächlich besaß, unmöglich ist. Noch gravierender ist das Fehlen der Treffberichte des ehemaligen Spitzels Marcel Degner. Er war in den 1990er Jahren führendes Mitglied des Neonazi-Netzwerkes »Blood & Honour« und persönlich mit dem Trio bekannt. Zugleich war er V-Mann des TLfV. Nach seiner Abschaltung 2001 verschwanden auch die Berichte seines V-Mannführers.

Beweisanträge an Behörden anderer Länder und des Bundes werden meist zögerlich oder gar nicht beantwortet.

Auch die Zeugenanhörungen waren nur bedingt zur Aufklärung geeignet. Viele mochten sich – insbesondere wenn es um ihre Verantwortung ging – nicht erinnern oder schoben Verantwortung auf andere. Zeugen, die sich ihrer Verantwortung stellten und Auskunft gaben, blieben die Ausnahme. Trauriger Höhepunkt war die umfassende Amnesie des ehemaligen Innenministers Richard Dewes (SPD). Seine Antwort auf fast alle Fragen lautete: »Das ist mir nicht erinnerlich.«[7]

Anhand der Akten und durch Zeugenvernehmungen gelang es jedoch, zahlreiche unglaubliche Vorgänge in den Behörden offenzulegen. So wurde eine im LKA zur Verfolgung von rechten Straftaten gegründete Sonderkommission (»Soko Rex«) aus sachfremden Erwägungen 1997 aufgelöst. Sie war 1995 gegründet worden, um ein Verfahren gegen den THS wegen Bildung einer kriminellen Vereinigung zu führen. In der damals aktivsten und gefährlichsten Neonazi-Gruppe Thüringens waren

---

[6] Thüringer Untersuchungsausschuss 5/1: Sitzung am 3. Dezember 2012.

[7] Thüringer Untersuchungsausschuss 5/1: Sitzung am 21. Mai 2012.

auch die drei NSU-Mitglieder aktiv. Im Sommer 1996 wurde der erste Soko-Leiter Günter Hollandt abgesetzt, als Grund wurde die Auflösung der Kommission genannt. Die jedoch erfolgte nicht. Vielmehr wurden unter seinem Nachfolger, Roland Meyer, Telefonüberwachungen durchgeführt. Doch statt deren Ergebnisse abzuwarten, wurden sämtliche Ermittlungsansätze über den Haufen geworfen und überstürzte Razzien angeordnet. Diese dienten jedoch mehr der politischen Profilierung des damaligen Innenministers als der Strafverfolgung. Der stellvertretende Soko-Leiter Uwe Hagemann bewertete die gegen seinen und den Willen des Soko-Leiters durchgeführten Durchsuchungen als Todesstoß für die Soko und das Verfahren gegen den THS. Anfang 1997 wurden Meyer und Hagemann ihrer Posten enthoben und die Soko in eine Ermittlungsgruppe (»EG TEX«) mit weniger Mitarbeitern und einem größeren Aufgabenfeld überführt. Weshalb es zur Auflösung der Soko kam und wer sie angeordnete hatte, blieb offen.

Die »EG TEX« bearbeitete zunächst vor allem die Serie von Bombenattrappen, die dem späteren NSU zugerechnet wird. Allerdings wurde keine Verbindung mehr zu dem Verfahren gegen den THS als kriminelle Vereinigung hergestellt. Ohne weitere Ermittlungen wurde dieses im Herbst 1997 auf der Grundlage eines Berichts der »EG TEX« von der Staatsanwaltschaft Gera eingestellt. Zur Begründung hieß es, die Straftaten einzelner Neonazis könnten dem THS nicht zugerechnet werden, er verfüge nicht über eine konkrete Mitgliederstruktur.[8] Dass nur neun Tage zuvor im wichtigsten Treffpunkt der Szene in Heilsberg 60 Neonazis in einem Haus voller Hieb- und Stichwaffen gefunden wurden, die einen Angriff auf eine antifaschistische Demonstration in Saalfeld vorbereiteten,[9] spielte für die Verfahrenseinstellung ebenso wenig eine Rolle wie der Fund einer sprengfähigen Rohrbombe wenige Tage zuvor in Jena, die der THS-Gliederung »Kameradschaft Jena« mit ihren Mitgliedern Uwe Mundlos, Uwe Böhnhardt und Beate Zschäpe, zugeschrieben wurde. Auch hier konnten die Hintergründe nicht aufgedeckt werden. Bemerkenswert erscheint jedoch, dass sich der Beginn der

---

8 Thüringer Untersuchungsausschuss 5/1: Sitzung am 3. Juli 2012.

9 Freistaat Thüringen/Thüringer Innenministerium (1997): Verfassungsschutzbericht Thüringen, S. 36.

Geheimdienstoperation »Rennsteig« auffällig mit der Auflösung der Soko Rex und der Abwicklung des Ermittlungsvorgangs gegen den THS deckt.

Noch katastrophaler erwies sich der Zustand im TLfV. Dort hielt man sich an keinerlei Vorgaben zur Führung von V-Leuten, sondern warb gezielt Straftäter und Führungspersonen der Neonazi-Szene an. Am Beispiel Tino Brandts zeigt sich die Widersinnigkeit des V-Mann-Unwesens. Angeblich sollen die Spitzel wichtige Informationen über die Szene liefern, um sie gegebenenfalls den Ermittlungsbehörden zur Verfügung zu stellen. Tatsächlich werden aber über die Spitzel Strukturen gestärkt, vernetzt und vor Strafverfolgung geschützt. Brandt erhielt neben hohen Geldbeträgen auch Handys, Computer, Faxgeräte, Reisekosten – also alles, was man als Funktionär braucht. Bis heute steht der Verdacht im Raum, dass der THS mittelbar über den V-Mann Brandt durch das TLfV gegründet wurde. Die Informationen der V-Leute waren zumeist auf Veranstaltungshinweise und Aktionen beschränkt, die für eine tiefgehende Analyse der Strukturen und die Aufdeckung von Straftaten unbrauchbar waren. Zudem ergaben sich aus Zeugenvernehmungen eindeutige Hinweise, dass das TLfV massiv Einfluss auf die Strafverfolgung genommen hat, wenn V-Leute betroffen waren. Mehrere Zeugen berichteten von Versuchen bei Staatsanwaltschaften und Gerichten, Einstellungen von Ermittlungen zu erwirken, oder wussten von Warnungen vor Razzien. Eine Kontrolle des Geheimdienstes durch das TIM gab es nicht. Der zuständige Abteilungsleiter sagte, man habe das Amt an der langen Leine geführt und sich mit der Kontrolle zurückgehalten.[10] Der Dienst agierte oftmals quasi im rechtsfreien Raum.

Absurd ist auch die Organisation der Kontrolle hinsichtlich Straffälligkeit und Nachrichtenehrlichkeit der V-Leute. Während allein die V-Mannführer die Identität ihrer Spitzel kennen, obliegt es der Auswertungsabteilung, die Berichte zu prüfen und Informationen zu Straftaten zusammenzutragen. Doch wie die Auswerter, ohne Kenntnis über die Identitäten, Straftaten den Spitzeln zuordnen sollen, konnte niemand erklären.

---

[10] Thüringer Untersuchungsausschuss 5/1: Sitzung am 12. November 2012.

Die Thüringer Behörden waren in den 1990er Jahren insgesamt von internen Streitereien und Auseinandersetzungen geprägt. Die damaligen Landesregierungen gaben eine ideologische Richtung vor, die zur Verharmlosung neonazistischer Umtriebe und einer Fokussierung der Sicherheitsbehörden auf linke und antifaschistische Strukturen führte.

Als nächstes wird sich der Untersuchungsausschuss mit dem Untertauchen des Trios 1998 und den Fehlern bei der Zielfahndung beschäftigen. Außerdem wird er den Vorwürfen nachgehen, dass die Geheimdienste in Thüringen und Sachsen die Zielfahnder unzureichend, zu spät oder gar nicht informierten. Der letzte Untersuchungsgegenstand wird das Auffliegen des NSU am 4. November 2011 sein.

Im März 2013 hat der Untersuchungsausschuss einen mehr als 550 Seiten starken Zwischenbericht vorgelegt.[11] Darin wurden die Ergebnisse des ersten Jahres öffentlich zusammengefasst und auch erste Wertungen vorgenommen. Von der CDU bis zur LINKEN war man sich einig, dass es in den 1990er Jahren ein Verharmlosen nazistischer Strukturen gegeben hat. Auch die teils katastrophalen Zustände in den Behörden wurden parteiübergreifend gesehen und missbilligt. Trotzdem sah sich DIE LINKE genötigt, eigene Wertungen vorzunehmen, zu denen sich die anderen im Ausschuss vertretenen Parteien nicht durchzuringen vermochten.

Dies waren neben der Betonung des Zusammenhangs von Verharmlosung des Neonazismus und gleichzeitiger Abschaffung des Asylrechts vor allem auch die Feststellung, dass es kein Versagen des Verfassungsschutzes im Sinne abstellbarer Fehler gab, sondern der Verfassungsschutz der Fehler ist.

Trotz Vertuschens und Blockierens, trotz vergesslicher Zeugen, lückenhafter oder fehlender Akten ist es die Aufgabe des Untersuchungsausschusses, eine möglichst umfassende und lückenlose Aufklärung zu gewährleisten. Es bleibt abzuwarten, ob ihm dies gelingt.

---

[11] Thüringer Landtag, Drucksache 5/5810: Zwischenbericht des Untersuchungsausschusses 5/1.

Adrian Gabriel / Hermann Schaus

Der NSU-Mord in Kassel und der Verfassungsschützer »Klein Adolf«

Warum es in Hessen keinen Untersuchungsausschuss zum NSU gibt

Der Hintergrund des kaltblütigen Mordes an Halit Yozgat am 6. April 2006 in einem Internetcafé in Kassel zeichnet sich durch eine Reihe von Besonderheiten und Skandalen aus. Diese aufzuarbeiten, bleibt der Landtag den Opfern, den Hinterbliebenen und der Öffentlichkeit bisher schuldig. Denn weil der Sumpf aus Staatsversagen und Geheimdienstklüngel teilweise bis tief in die 1990er Jahre zurückreicht, haben weder CDU und FDP noch SPD und Grüne ein ausreichendes Interesse an einem eigenständigen hessischen Untersuchungsausschuss zum »Nationalsozialistischen Untergrund« (NSU) gezeigt. Die von der Presse, vom NSU-Ausschuss des Bundestages und im Hessischen Landtag bislang zusammengetragenen Fakten machen demgegenüber deutlich, dass Hessen eine wichtige Rolle im NSU-Skandal und dessen Vertuschung spielt.

Nur zwei Tage nach dem Mord an Mehmet Kubaşık in Dortmund schlugen die Täter in Kassel wieder zu. Lagen zwischen den Morden sonst Wochen, Monate, manchmal Jahre, waren es diesmal nur Stunden. Danach brach die rassistische Mordserie urplötzlich ab.[1] Die Täter gingen in Kassel ein hohes Risiko ein, auch weil die Gäste im kleinen Internetcafé nur wenige Meter entfernt vom Todesschützen saßen. Einige hörten das Knallgeräusch deutlich, konnten den Schalldämpferschuss jedoch nicht zuordnen.

Der einzige Zeuge, der das Geräusch als Schuss hätte erkennen müssen, war der trainierte Sportschütze Andreas Temme. Der nach Ermittlungen der Polizei während des Mordes im Café anwesende haupt-

---

[1] Über ein Jahr später ereignete sich mit dem ebenfalls dem NSU zugeschriebenen Mord an der Polizistin Michèle Kiesewetter das letzte bekannte Ereignis, welches aus dem rassistischen Muster des NSU heraus fällt.

amtliche Mitarbeiter des hessischen Verfassungsschutzes pflegte seine Waffen sogar zu Reinigungszwecken in die nahegelegene Außenstelle des Geheimdienstes mitzubringen. Er schoss so häufig, dass die Vielzahl an Schmauchspuren nicht zuzuordnen war. Doch im Gegensatz zu anderen will er den Schuss nicht einmal wahrgenommen haben. Nach Ansicht der Polizei blieb auch unerklärlich, warum Temme den Toten nicht bemerkte, zumal er den Cafébetreiber sogar kurz suchte, dann 50 Cent auf den blutbespritzten Tresen legte und ziemlich spontan das Café verließ. Noch enger ins Visier der Ermittler geriet Temme, weil er sich auf Fahndungsaufrufe nicht meldete und nach der Identitätsermittlung bei ihm Waffen, weitere Munition und rechtsradikale Propaganda gefunden wurden. Irritiert war man auch über das bei Temme gefundene Buch »Immer wieder töten« über Serienmörder. Als Temme sich dann noch als Verfassungsschützer offenbarte, waren die Ermittler wie elektrisiert. Sie gingen zu diesem Zeitpunkt wegen der immer kürzeren Abstände zwischen den Ceska-Morden unmittelbar von weiteren Bluttaten aus. Nach Jahren glaubten sie, nun erstmals eine heiße Spur zu haben.

Temme, der in seinem Heimatort den Jugendspitznamen »Klein Adolf« trug, galt als tatverdächtig oder tatbeteiligt und war fortan das Thema der hessischen Sonderkommission »Café« und der bundesweiten Sonderkommission »Bosporus«. Wegen Kontakten zu V-Leuten der militanten rechten und islamistischen Szene, manche unmittelbar vor und nach Ceska-Morden, begann sich die Polizei für das Innenleben des hessischen Verfassungsschutzes zu interessieren. Wer hatte Temme eingestellt und dessen Zuverlässigkeit geprüft? Wie hat er sich dienstlich gegenüber dem Amt erklärt? Könnten von ihm geführte V-Leute, einer davon mit Verbindungen zum »Blood & Honour«-Netzwerk,[2] in die Ceska-Morde verwickelt gewesen sein? Damit begann die Polizei,

---

[2] Dem V-Mann werden Delikte wie Sachbeschädigungen, Körperverletzung, Volksverhetzung, Verwenden von Kennzeichen verfassungswidriger Organisationen sowie über die Teilnahme an einer neonazistischen Demonstration vorgeworfen. Er hatte über familiäre Beziehungen Kontakt zu »Blood & Honour«. Kenntnisse zur rechten Szene hat diese Quelle offenkundig nicht erbracht, wurde aber dennoch monatlich bezahlt.

in eine äußerst heikle Richtung zu ermitteln, in den geheimen Kernbereich des hessischen Inlandsgeheimdienstes.

Was danach passierte, trieb Gerald Hoffmann, Chefermittler der Sonderkommission »Café« und Mitglied der Sonderkommission »Bosporus« noch sechs Jahre später vor dem NSU-Ausschuss des Bundestages Farbe ins Gesicht. Dort zitierte man aus Schriftwechseln vom Sommer 2006, in denen sich die Sonderkommission »Café« und die Staatsanwaltschaft vehement beim hessischen Verfassungsschutz beschwerten. Es ging um den Vorwurf einer »Unterstützungshaltung verschiedener Verfassungsschutzmitarbeiter gegenüber Tatverdächtigen«[3]. Für die Ermittler essenzielle Dinge würden zurückgehalten, wie die Möglichkeit staatsanwaltschaftlicher und polizeilicher Vernehmungen der durch Temme geführten V-Leute, die Einsicht in die dienstliche Erklärung Temmes gegenüber dem Verfassungsschutz und die Einsicht in die Ergebnisse der vom Verfassungsschutz durchgeführten Sicherheitsüberprüfung. Man wolle die Polizei mit der Begründung raushalten, »wir haben es doch hier nur mit einem Tötungsdelikt zu tun«. Hoffmann beschrieb die Haltung des Geheimdienstes so: Selbst wenn man einen Verfassungsschützer mit rauchendem Colt neben einer Leiche erwische, dürfe man nicht ermitteln.

Dem Brandbrief der Ermittler folgte eine glatte Abfuhr der VS-Spitze: Der VS-Präsident unterhalte sich »nicht mit einem Staatsanwalt oder Polizeibediensteten«. Es fehle »die Ebenenadäquanz«. Verfassungsschutz-Präsident Lutz Irrgang unterhielt sich da lieber direkt mit Temme persönlich in Wiesbaden. Irrgang erklärte vor dem Ausschuss, er habe sich nur nach Temmes Befinden erkundigt, sonst nichts. Nicht nur ihm gegenüber, auch gegenüber den V-Leuten habe er eine besondere Fürsorgepflicht. Es gab noch weitere Treffen zwischen Temme und leitenden Geheimdienstmitarbeitern. Unter dem Hinweis möglicher Abhörmaßnahmen durch die Polizei traf man sich zum Beispiel an einer Raststätte, angeblich nur, um sich nach Temmes Befinden zu erkundigen – großes

[3] Vgl. Fraktion DIE LINKE. Hessischer Landtag (2012): Drucksache 18/5958. 27.9.2012. Die Autoren haben an Sitzungen des NSU-Untersuchungsausschusses des Bundestages teilgenommen. Da die Protokolle auch öffentlicher Sitzungen des Ausschusses erst zu dessen Abschluss freigegeben werden, entstammen hiesige Zitate eigenen Mitschriften und den Veröffentlichungen der Presse.

Raunen und Gelächter im Sitzungssaal des Bundestages. Nur zur Erinnerung: Temme war zu diesem Zeitpunkt verdächtig, in eine bundesweite Mordserie verwickelt zu sein. Zudem gab es den Vorwurf der Sonderkommission über eine Verstrickung des Geheimdienstes darin.

Die Sonderkommission und die Staatsanwaltschaft müssen inzwischen vor Wut geschäumt haben. Auch das Innenministerium war über den Konflikt informiert. Spätestens im Juli 2007 kam der damalige Innenminister und heutige Ministerpräsident von Hessen Volker Bouffier (CDU) auf bemerkenswerte Weise ins Spiel. Nachdem die Abgeordneten durch die Presse von einem in den Mord in Kassel involvierten Verfassungsschützer erfuhren, musste Bouffier am 17. Juli 2006 im Innenausschuss unangenehme Fragen beantworten, zum Beispiel, warum er dies den zuständigen Gremien nicht berichtet hatte. Doch Bouffier erklärte zum Tatvorwurf gegen Temme schlicht: »Er kann es nicht gewesen sein«.[4]

Wie kam Bouffier zu diesem öffentlichen Freispruch, wo bis dato die Sonderkommission noch gar nicht beginnen durfte, den Ermittlungsansatz gegen Temme und die von ihm geführten V-Leute zu verfolgen? Warum berichtete Bouffier nicht von Waffen, vom rechten Hintergrund, von V-Leuten, von der ersten heißen Spur in Deutschlands spektakulärster Mordserie? Und hätte ein Bericht hierüber nicht genau die Fragen aufgeworfen, die letztlich das NSU-Desaster ausmachten, also Geheimdienstpannen und das rechte Milieu? An einer geheimen Ermittlungstaktik kann es nicht gelegen haben. Denn Bouffier berichtete, so sagen SPD und Grüne, auch nicht im Geheimgremium. Und auch nach Abschluss

[4] Protokoll der öffentlichen Sitzung (16/60) des Innenausschusses am 17.7.2006, S.6. Dass Temme unschuldig sei, begründete Bouffier damit, dass Temme für einen der neun Morde ein Alibi habe. Die Ermittlungsbehörden »hielten ihn nicht mehr für verdächtig«, der dringende Tatverdacht sei »ohne dienstlichen Bezug« gewesen. (Ebd.). Weitergehende Informationen lehnte Bouffier aus Datenschutzgründen und mit dem Verweis auf noch laufende Ermittlungen ab. Das Ermittlungsergebnis nahm er jedoch schon vorweg. Die Zusage, nach Abschluss der Ermittlungen hierüber erneut zu berichten, »versäumte« Bouffier dann aber, sodass Ausschuss und Öffentlichkeit von den Hintergründen des Mordes erst sechs Jahre später durch die Arbeit des NSU-Ausschusses des Bundestages erfuhren.

der Ermittlungen gegen Temme 2007 »versäumte« es Bouffier im Innenausschuss, über den Ausgang des Verfahrens Auskunft zu geben.

Tatsächlich sollte die peinliche Sache komplett gedeckelt werden. Bouffier verfügte, dass ohne seine Genehmigung nichts zu unternehmen sei, und fuhr dann in den Sommerurlaub. Auch die in Bayern ansässige Sonderkommission »Bosporus« schäumte und bewog den Bayerischen Innenminister Günther Beckstein (CSU), Druck auf Bouffier zur Freigabe der Quellen auszuüben. Das versuchte Beckstein vergeblich in mehreren Telefonaten.

Nach dem Sommerurlaub verfügte Bouffier dann ein absurdes Vorgehen: Der hessische Verfassungsschutz befragte im »Landesamt für Verfassungsschutz« die Mitarbeiter des Hessischen Verfassungsschutzes. Damit sollte der Geheimnisschutz gewahrt bleiben. Rückendeckung dafür gab ein Gutachten vom »Bundesamt für Verfassungsschutz«, dessen Verfasser wenige Wochen später Präsident des hessischen Verfassungsschutzes wurde. Man blieb also unter sich. Die kargen Ergebnisse dieser »Ermittlungen« bekam die Sonderkommission dann im Januar 2007, also ein dreiviertel Jahr nach dem Mord. Trotz Restzweifeln wurde das Verfahren gegen Temme und die V-Leute eingestellt.

Aus unserer Sicht ist es höchst unwahrscheinlich, dass Temme selbst der Täter war. Aber es bleiben gewichtige Fragen: Wie kam der NSU so schnell auf das Ziel in Kassel und warum hörte die Mordserie danach abrupt auf? Das mutmaßliche Unterstützer-Netzwerk des NSU »Blood & Honour« war über den V-Mann Temmes ganz nah am Geschehen dran. Das wiederum führt zur grundsätzlichen Frage: Warum wird der Schutz von Geheimdienstlern und kriminellen V-Leuten über das öffentliche Aufklärungsinteresse einer Terrorserie gestellt?

Wer Aufklärung erwartete, der sah sich schnell eines Schlechteren belehrt. Konfrontiert mit den Aussagen von Chefermittler Hoffmann, erklärte das Innenministerium Aussagen vor dem NSU-Bundestagsuntersuchungsausschuss für irrelevant.[5] Es habe keinerlei Pannen, keinen

[5] Protokoll der öffentlichen Sitzung (18/79) des Innenausschusses am 23.8.2012 zum dringlichen Berichtsantrag des Abg. Schaus (DIE LINKE) und Fraktion betreffend mangelhafte Aufklärung und eklatante Widersprüche bzgl. Terrorserie des Nationalsozialistischen Untergrundes (NSU), Drucksache 18/5958, S. 22: »Auch bei dieser Beantwortung sind die von Ihnen unterstellten und nicht belegten Aussa-

Konflikt zwischen Sonderkommission und Geheimdienst oder Beckstein und Bouffier gegeben.[6] Bouffier erklärte, seine Abwägung zwischen Geheimnisschutz und Mordermittlungen, hätten mit dem einzig richtigen Ergebnis geendet: Dem Schutz der V-Leute durch eine interne Befragung! Und so würde er jederzeit wieder handeln.

Dass Tausende Menschen auf Demonstrationen in Kassel und Dortmund bereits 2006 unter dem Motto »Kein zehntes Opfer« den Zusammenhang zwischen Ceska-Morden und rechter Gewalt herstellten und damit das schafften, wozu Sicherheitsbehörden in über zehn Jahren nicht in der Lage waren, erklären die Verantwortlichen so: Es gab ja nie einen Hinweis auf rechte Gewalt! Tatsächlich grenzt das Verhalten von Bouffier und Verfassungsschutz an Strafvereitlung im Amt, wie der Vorsitzende des NSU-Ausschusses Sebastian Edathy (SPD) öffentlich bemerkte.

Damit ist ein Schlaglicht auf das eigentliche Dilemma geworfen: Warum kommt man damit durch? Weil die rigorose Borniertheit, Aufklärung zu verweigern und Fakten zu verdrehen einer hohen politischen und gesellschaftlichen Teilnahmslosigkeit und Unterstützung begegnet. Drastisch formuliert: Die Einstellung »sollen die Mullas doch auf dem Teppich zurück nach Turkmenistan fliegen« ist teils so erschreckend weit verbreitet, dass man sich über fehlenden gesellschaftlichen Druck zugunsten einer weiterreichenden Aufklärung nicht zu wundern braucht. Hessens früherer Ministerpräsident Roland Koch (CDU) hat seine Wahlerfolge auf Schwarzgeld und rassistischen Kampagnen aufgebaut und wurde trotzdem – oder deshalb – mit absoluter Mehrheit gewählt. Immer wieder werden Verbindungen zwischen der Hessen-CDU und dem rechtsradikalen Milieu öffentlich.[7] Mal völkische Burschenschaften, mal ein Mitarbeiter von Abgeordneten oder der NSU-Sympathisant und ehe-

---

gen von Herrn Hoffmann irrelevant. Relevant ist, dass die Staatsanwaltschaft keinen dringenden Tatverdacht sah und das Ermittlungsverfahren eingestellt hat.«

[6] Ebd. S. 23: »Es gab keinen Konflikt der Mordkommission »Café« mit dem Hessischen Innenministerium und dem LfV.«

[7] Vgl. Fraktion DIE LINKE Landtag Hessen (2008): Hierzu erscheint in Kürze die Neuauflage der Studie »Brutalstmögliche Politik – Die Hessen-CDU am rechten Rand«, abrufbar unter: www.hermann-schaus.de/fileadmin/lcmsschaus/Dokumente/Brutalst_moegliche_Politik.pdf (26.2.2013).

malige CDU-Schriftführer Daniel Butschinsky aus Kassel. Die Beispiele für Übergänge zwischen dem »Rassismus der Mitte« und der radikalen Rechten in Hessen sind ein ebenso abendfüllendes Programm, wie die immer wiederkehrende Verklärung militanter Nazistrukturen und Verbrechen zu unpolitischen Einzelfällen in Hessen.

Hessens Bedeutung im NSU-Skandal ergibt sich auch aus den engen Verbindungen nach Thüringen. Unzählige hessische Beamte bauten ab 1990 Thüringer Behörden auf, dabei maßgeblich die Sicherheitsbehörden. Der Erfolg dieser Aufbauleistung muss seit dem NSU-Skandal hinterfragt werden, zumal einige Spitzenbeamte im NSU-Skandal in sehr ungünstigem Licht erscheinen. Stellvertretend soll auf Arndt Peter Koeppen, Staatsanwalt und CDU Mitglied aus Hessen, verwiesen werden, der 1998 in Thüringen erst die Ermittlungen gegen den NSU vergeigte[8] und das dann 2008 in Marburg gegen die radikal-militante »Kameradschaft Freie-Kräfte Schwalm-Eder« brillant wiederholte.[9] Er wurde letztes Jahr mit Pomp durch den stellvertretenden Ministerpräsidenten in den Ruhestand verabschiedet.

Spätestens wenn es um die Rolle der Aufbaupolitik der 1990er Jahre geht, wird es auch Rot-Grün nicht besonders warm ums Herz, stellten diese doch von 1991 bis 1999 die Regierung in Hessen. Damals war der inzwischen als Präsident des »Bundesamtes für Verfassungsschutz« zurückgetretene Heinz Fromm in Hessen Verfassungsschutz-Präsident und später Staatssekretär im Innenministerium, der Sozialdemokrat Otto Schily war ab 1998 Bundesinnenminister. Andreas Temme, darauf wies Volker Bouffier im Landtag hin, wurde unter Rot-Grün eingestellt. Dieser kleine Hinweis ließ die rot-grüne Empörung zum Fall Yozgat schnell abklingen. Man berät sich seither in der geheimen Parlamentarischen Kontrollkommission, in der DIE LINKE nicht vertreten ist.

Trotz der hier versammelten Befunde ist es wichtig, nicht dem Glauben an eine große Verschwörung oder Unabwendbarkeit der Geschichte aufzusitzen. Die anhaltenden Enthüllungen im NSU-Skandal haben die

---

[8] Vgl. Spiegel Online (2011): Die Braune Armee Fraktion (1): Rechtsradikale Bekenntnisse, abrufbar unter http://spon.de/ve2jB (26.2.2013).

[9] Vgl. ARD (2008): Jeden Tag Nazigewalt – Alle schauen weg. In: Panorama, Nr. 700, abrufbar unter: http://daserste.ndr.de/panorama/aktuell/nazigewalt102.pdf (26.2.2013).

politische Sicherheitsdoktrin, die Allmachtsfantasien der Geheimdienste und deren Glaubwürdigkeit erschüttert. Einer weiteren Bagatellisierung von Nazigewalt wurden Grenzen gesetzt, zumindest für jene, die sehen wollen. Ob sich daraus eine anhaltende Veränderung entwickelt, bleibt nicht einfach abzuwarten. Die Veränderung muss eingefordert und durchgesetzt werden.

Redaktion LOTTA

Die Anschläge des NSU in Nordrhein-Westfalen

»Kein terroristischer Hintergrund, sondern kriminelles Milieu«

Drei Taten des »Nationalsozialistischen Untergrunds« (NSU) wurden in Nordrhein-Westfalen (NRW) verübt. Zwei Bomben detonierten 2001 und 2004 in Köln. In Dortmund wurde 2006 der Kioskbesitzer Mehmet Kubaşık erschossen. Der Dortmunder war das neunte Opfer der so genannten »Ceska-Mordserie«. Besonders beim Anschlag in der Kölner Keupstraße lag ein mögliches rassistisches Motiv auf der Hand. Dennoch wurde nicht ernsthaft in Richtung Rechtsterrorismus ermittelt, stattdessen wurden die Opfer, deren Angehörige sowie AnwohnerInnen einer diffamierenden Ermittlungspraxis ausgesetzt. Trotzdem wird in NRW die nachträgliche Aufklärung des Geschehenen nicht offensiv vorangetrieben. Als die Bombenanschläge in Köln stattfanden, regierte eine rot-grüne Koalition in Düsseldorf, der Mord an Kubaşık fällt in die kurze Periode der schwarz-gelben Landesregierung. Die Notwendigkeit eines eigenen parlamentarischen Untersuchungsausschusses hat wohl auch deshalb keine Partei als besonders dringlich angesehen. Dabei sind noch viele Fragen im Zusammenhang mit den NSU-Taten in NRW offen. Diese betreffen nicht nur ein mögliches neonazistisches Unterstützungsnetzwerk im Land, über das bis dato kaum etwas bekannt ist, sondern auch das Verhalten von Polizei und Geheimdiensten.

Am 19. Januar 2001 detonierte eine Bombe in einem kleinen Lebensmittelgeschäft in der Kölner Probsteigasse. Die 19-jährige Tochter des Eigentümers wurde schwer verletzt, als sie den Deckel einer Wochen zuvor von einem Mann im Geschäft zurückgelassenen Christstollendose öffnete und dadurch den Zündmechanismus der Bombe auslöste. Der Täter wurde als etwa 25 Jahre alter Deutscher beschrieben. Die polizeilichen Ermittlungen leitete ein Beamter der Abteilung für Sprengstoffdelikte der Kölner Polizei. Dieser erklärte am 2. Juni 2012 vor dem Untersuchungsausschuss (UA) des Bundestages, man habe damals routinemäßig die Staatsschutzabteilung um eine Bewertung des Falles gebeten, damit diese, sofern ein politischer Hintergrund vorläge, die Ermittlungen übernehmen könnte. Allerdings habe es keine Hinweise auf einen solchen Hintergrund gegeben. Auf die Frage, was Hinweise gewesen wären, die auf einen extrem rechten Hintergrund gedeutet hätten, erklärte der pensionierte Kriminalhauptkommissar, es hätte an der Hauswand schon ein Hakenkreuz oder Ähnliches auftauchen müssen. Auch die betroffene Familie selbst sei angeblich überzeugt gewesen, dass »keinerlei ausländerfeindliches Motiv« möglich sei. In Richtung Neonazis wurde seitens der Polizei nicht ermittelt. Die rechte Szene in Köln habe nie etwas mit Sprengstoff zu tun gehabt, so der Beamte. Auch sei ihm nicht bekannt gewesen, dass drei bombenbauende Neonazis untergetaucht gewesen seien, obwohl sich dies seiner Aussage nach bei den regelmäßigen bundesweiten Sprengstoff-Ermittler-Tagungen eigentlich hätte »rumsprechen müssen«.

Wie auch bei den übrigen Taten gerieten statt der Neonazis die Opfer ins Visier der FahnderInnen. Noch am Tattag stellte die Polizei eine Anfrage an das »Bundesamt für Verfassungsschutz« (BfV), um Informationen über die sechs Familienmitglieder zu erlangen. Da die Familie aus dem Iran stammte, habe man an den iranischen Geheimdienst als möglichen Auftraggeber gedacht, erklärte der ehemalige Leiter der Ermittlungen vor dem UA.

Eine andere Hypothese vermutete eine Erpressung als mögliches Motiv für den Anschlag. In den ersten Tagen nach der Explosion wurden deshalb die Telefone der Familie überwacht. Da die Ermittlungen der Polizei nicht vorankamen, wurde das Verfahren nach einem halben Jahr, am 13. Juni 2001, eingestellt. Fünf Jahre später wurden die Asservate des Falls vernichtet, ein Abgleich mit den anderen Bomben des NSU ist daher nicht mehr möglich. Der Anschlag blieb unaufgeklärt, bis sich der NSU in der »Bekenner-DVD« zur Tat bekannte.

Am 9. Juni 2004 detonierte die zweite Bombe des NSU in Köln. Die vor einem Friseurladen in der Mülheimer Keupstraße platzierte Nagelbombe verletzte 22 Menschen zum Teil schwer. Etliche Autos und Häuser wurden beschädigt. »Durch die Bauart ist nach menschlichem Verständnis davon auszugehen, daß der Täter mit einer Vielzahl von Toten gerechnet hat«, wurde der Leitende Polizeidirektor am Tag nach dem Anschlag in der »Frankfurter Allgemeinen Zeitung« (FAZ) zitiert.[1] ZeugInnen konnten eine Beschreibung der Täter liefern, später konnten Phantombilder gefertigt werden. Zudem stellte die Polizei Videomaterial einer Überwachungskamera des Fernsehsenders Viva in der benachbarten Schanzenstraße sicher, das die Täter vor der Tat zeigte – zwei offensichtlich hellhäutige sportliche Männer mit tief in die Gesichter gezogenen Baseballcaps, die zwei Fahrräder schieben. Der Täter, der das Fahrrad mit der Bombe abgestellt hatte, wurde beschrieben als männlich, vermutlich Deutscher, zirka 75 bis 80 Kilo, trainiertes und hageres Äußeres, drei bis sechs Zentimeter lange Haare. Er und sein Komplize entkamen auf Mountainbikes.

Wie keine andere Tat des NSU deutete dieser Anschlag auf Rechtsterrorismus hin. Es gab sogar vergleichbare von Neonazis begangene Anschläge. 1999 wurde London von einer gegen Schwarze, MigrantInnen und Homosexuelle gerichteten Nagelbombenserie erschüttert, bei der drei Menschen starben und über 100 Personen verletzt wurden. Zu den Taten bekannte sich die Neonazi-Gruppe »Combat 18«. Der verhaftete Bombenleger, der Neonazi David Copeland, erklärte, er habe mit den Anschlägen einen »Rassenkrieg« auslösen wollen. Copeland legte die Bomben in Vierteln, die in der Öffentlichkeit als Orte migrantischer oder homosexueller Communities bekannt waren. Wie kaum ein zweites Quartier in Köln gilt die Keupstraße als eine durch Migrationsprozesse geprägte Straße, die vor allem mit »türkischen« Gewerbetreibenden in Verbindung gebracht wird. Die sich in Teilen durch eine »orientalische Inszenierung« (Erol Yildiz) auszeichnende Straße wurde oftmals als »Klein-Istanbul« bezeichnet. Der Diskurs über das Quartier war stets von negativen Zuschreibungen geprägt. Die Keupstraße wurde von kommunaler Seite und von den Massenmedien mit Begriffen wie »Ghettoisierung« und »Verslumung« belegt, stellt der Soziologe Erol Yildiz fest. Der Name

[1] Schilder, Peter: Keine Anzeichen für einen terroristischen Hintergrund, in: Frankfurter Allgemeine Zeitung, 10.6.2004, www.faz.net/aktuell/gesellschaft/koelner-bombenanschlag-keine-anzeichen-fuer-einen-terroristischen-hintergrund-1160707.html#Drucken (25.3.2013).

Keupstraße sei »regelrecht zu einer Negativmetapher« geworden.[2] Das verbreitete Bild der Keupstraße dürfte für die Entscheidung der neonazistischen TäterInnen relevant gewesen sein, gerade hier die Bombe zu legen. Die Keupstraße war in ihren Augen das Symbol einer »nichtdeutschen« und »überfremdeten« Straße. Dieses Bild beeinflusste offenbar auch die Vorgehensweise der Polizei.

Am Tag nach dem Anschlag in der Keupstraße äußerte sich der damalige Bundesinnenminister Otto Schily (SPD) zu dem Anschlag. Zu einem Zeitpunkt, als die Spurensicherung ihre Arbeit noch nicht beendet hatte, erklärte er gegenüber der Öffentlichkeit, ein fremdenfeindlicher Hintergrund könne ausgeschlossen werden. Schily wörtlich: »Die Erkenntnisse, die unsere Sicherheitsbehörden bisher gewonnen haben, deuten nicht auf einen terroristischen Hintergrund, sondern auf ein kriminelles Milieu.«[3] Das ermittelnde Landeskriminalamt (LKA) strich noch am Tatabend die in seinem ersten Bericht formulierte Einschätzung der Tat als »terroristische Gewaltkriminalität«, nachdem dieser Bericht an das Lagezentrum der Polizei beim »Ministerium für Inneres und Kommunales« gegangen war. Um 17:25 Uhr informierte das Lagezentrum den damaligen NRW-Innenminister Fritz Behrens (SPD), der am Tag des Anschlags im Urlaub war. Gute zehn Minuten später, um 17:36 Uhr, verzeichnen die Protokolle des Lagezentrums den Vermerk »Bitte um Streichung des Begriffes ›terroristische Anschlag‹ aus dem momentanen Schriftverkehr.« Wer für diese Anweisung verantwortlich war, konnte bis dato nicht geklärt werden. Behrens machte am 22. November 2012 bei seiner Aussage vor dem NSU-Untersuchungsausschuss des Bundestages immer wieder Erinnerungslücken geltend. Er bestritt aber, selbst die Anweisung gegeben zu haben, nicht mehr von Terror zu sprechen. Gegen 21 Uhr des Tattages meldete sich Behrens noch einmal im Lagezentrum und fragte, warum der Verfassungsschutz in die Ermittlungen eingeschaltet sei. Auf keinen Fall habe er damit die Ermittlungen beein-

---

[2] Yildiz, Erol (2008): Urbaner Wandel durch Migration, in: Hillmann, Felicitias/ Windzio, Michael (Hrsg.): Migration und städtischer Raum. Chancen und Risiken der Segregation und Integration. Opladen und Farmington Hills: Budrich UniPress Ltd., S. 237.

[3] Zit. nach: www1.wdr.de/themen/archiv/sp_amrechtenrand/terrorvonrechts/ keupstrassekoeln100.html (25.3.2013).

flussen wollen, erklärte Behrens vor dem Untersuchungsausschuss. Er behauptete, man habe in »alle Richtungen« ermittelt und eine Vorfestlegung vermeiden wollen. Auffällig ist, dass in der Öffentlichkeit nicht nur nicht über ein mögliches rassistisches Motiv gesprochen wurde, sondern der Anschlag in der Keupstraße überhaupt selten von Behrens erwähnt wurde. Der CDU-Bundestagsabgeordnete Clemens Binninger warf Behrens deshalb eine »Medienstrategie des Schweigens« vor.

Um herauszufinden, wer für die Streichung der Terror-Einschätzung verantwortlich war, befragte im November 2012 der Innenausschuss des Landtags NRW auf Antrag der CDU den Ministerialdirigenten Wolfgang Düren. »Ich kann Ihnen dazu nichts sagen. Das ist in dem Protokoll des Lagezentrums nicht dokumentiert«, so seine Aussage. »Es ist mit Sicherheit keine Weisung des Ministers oder des Staatssekretärs gewesen, denn das hätten die Polizeibeamten im Lagezentrum vermerkt.« Vielmehr vermute er, die Entscheidung sei aus der »Arbeitsebene« gekommen, wer sie dort allerdings getroffen habe, könne er nicht sagen.[4] So bleibt weiterhin ungeklärt, wer für diese, zu einem frühen Zeitpunkt vorgenommene Einschätzung, beim Anschlag in der Keupstraße handele es sich nicht um einen terroristischen Akt, verantwortlich war. Auf jeden Fall spielte in den polizeilichen Ermittlungen ein mögliches rassistisches Motiv nur eine untergeordnete Rolle. In diese Richtung zielende Vermutungen wurden auch dann nicht verfolgt, wenn sie von PolizistInnen geäußert wurden. Kurz nach der Tat erstellte das LKA eine Fallanalyse, in der die »Botschaft« der Tat wie folgt gedeutet wurde: »Wir zünden eine Bombe mitten in eurem Wohnzimmer – Ihr werdet euch dort nie mehr so wohl, so sicher wie früher fühlen und besorgt sein, dass es noch mal passiert.« Den Tätern wurde eine »Abneigung gegen Ausländer« bescheinigt.[5] Auch eine im Frühjahr 2005 erstellte BKA-Fallanalyse äußerte ähnliche Vermutungen. Gegenüber den Medien sollte seitens der Polizei die in der Fallanalyse formulierte »fremdenfeindliche Motivation« nicht thematisiert werden, hieß es in einem

---

[4] Protokoll des Innenausschuss v. 29.11.2012, S. 19.

[5] Zitiert nach: Wiegel, Gerd: NSU-Anschlag in der Keupstraße: Rassistisches Motiv wurde nicht thematisiert, Fraktion DIE LINKE im Bundestag, 23.11.2012 www.linksfraktion.de/nachrichten/nsu-anschlag-keupstrasse-rassistisches-motiv-wurde-nicht-thematisiert (25.3.2013).

Schreiben der Bezirksregierung Köln. Keine Beachtung fand auch ein nach der Tat in einer Straßenbahn gefundenes Flugblatt, in dem es mit Bezug auf den Anschlag hieß: »Wie Sie vielleicht wissen, ist die Keupstraße bewohnt von sehr vielen Ausländern und das gefällt sehr vielen Deutschen nicht.« Und weiter: »Und wenn Sie mich fragen, war das erst der Anfang, es könnte noch schlimmer kommen. Deutsche wehrt euch!« Die Polizei deutete das Flugblatt als »Widerstand gegen Ausländerfeindlichkeit« und legte es zur Seite. Interessanterweise ist der Anschlag in der Keupstraße die einzige Tat des NSU gewesen, bei der das »Bundesamt für Verfassungsschutz« (BfV) eine Analyse vorlegte, die organisierte Neonazis als Täter zumindest in Betracht zog. In der Analyse vom 8. Juli 2004 heißt es: »Aufgrund der nach derzeitigem Ermittlungsstand ungeklärten Motivlage des Täters ist neben einem allgemeinkriminellen Hintergrund ebenso eine rechtsextremistische Motivation der Tat bislang nicht auszuschließen.« Das BfV verwies in dem geheimen Papier auf die Neonazi-Bombenanschläge 1999 in London, »die u.U. dem Täter in Köln-Mühlheim als Muster gedient haben könnten«.

Die Polizei suchte die Ursache der Tat und die Täter zuallererst in der Straße selbst und im Umfeld der Opfer. Beim Stichwort Keupstraße habe man an »das ein oder andere Verfahren im Bereich der organisierten Kriminalität gedacht« und an »Auseinandersetzungen mit politischem Hintergrund zwischen Kurden und nationalistischen Türken«, so der leitende Oberstaatsanwalt Rainer Wolf vor dem Untersuchungsausschuss. Die Polizei ermittelte fortan in Richtung organisierter Kriminalität, Rauschgifthandel und Schutzgelderpressung. Der behördliche Blick auf die Keupstraße war von ähnlichen rassistischen Ressentiments geprägt, wie sie auch in der Medienberichterstattung formuliert wurden. So schrieb die FAZ am Tag nach dem Anschlag: »Es gibt in der Keupstraße auch die andere Seite des farbenfrohen orientalischen Flairs, nämlich Glücksspiel, Schutzgelderpressungen, Rauschgifthandel und Machtkämpfe zwischen Türken, Kurden, Albanern, Serben und Bosniern.«[6]

---

[6] Schilder, Peter: Keine Anzeichen für einen terroristischen Hintergrund, Frankfurter Allgemeine Zeitung, 10.6.2004 www.faz.net/aktuell/gesellschaft/koelner-bombenanschlag-keine-anzeichen-fuer-einen-terroristischen-hintergrund-1160707.html (25.3.2013).

Die von den Ermittlungen Betroffenen berichten davon, dass sie massiv von der Polizei unter Druck gesetzt wurden. Am Tag des Anschlags wurden einige noch unter Schock Stehende mehrmals verhört. Dass sie selbst nichts mit dem Anschlag zu tun hätten, wurde ihnen nicht geglaubt. Von Einzelnen nahm die Polizei noch am Krankenbett DNA-Proben. Schließlich starteten die ErmittlerInnen eine Rasterfahndung, bei der alle 25- bis 35-jährigen Männer im Viertel überprüft wurden. Fast zwei Jahre lang setzte die Polizei verdeckte ErmittlerInnen in der Straße ein, um die AnwohnerInnen auszuforschen. Bei vielen Betroffenen lösten die Verdächtigungen und drastischen Ermittlungsmethoden Traumatisierungen aus. Für das Vorgehen der Polizei entschuldigte sich der Kölner Polizeipräsident Wolfgang Albers 2011 im Namen seiner Behörde. 2008 wurden die Ermittlungen der »Soko Sprengstoff« ergebnislos eingestellt.

Nordrhein-westfälische InnenpolitikerInnen vermittelten erfolgreich das Bild, die »Sicherheitsbehörden« des Bundeslandes seien von den NSU-Skandalen höchstens am Rande betroffen. Anders als andere »Landesämter für Verfassungsschutz« steht der beim »Ministerium für Inneres und Kommunales« als Abteilung angesiedelte Verfassungsschutz NRW (VS) nicht besonders stark in der öffentlichen Kritik, obwohl bekannt ist, dass sich die V-Leute-Praxis in NRW nicht von der anderer Länder unterscheidet.[7] Nach der Selbstenttarnung des NSU verkündete der NRW-Innenminister Ralf Jäger (SPD) öffentlichkeitswirksam ein »Acht-Punkte-Programm gegen Rechtsextremismus«, das im Kern die Arbeit der Polizeibehörden umstrukturiert. Im LKA wurde ein »Kompetenzzentrum gegen Rechtsextremismus« und in vier Polizeipräsidien spezielle Ermittlungsgruppen installiert. Diese bereiteten die Vereinsverbote der vier aktivsten Neonazi-Kameradschaften vor. Gegen eine weitere Neonazi-Gruppe ging die Polizei mit einem §129-Verfahren vor.[8] Die Ver-

---

[7] In den vergangenen Jahren sind zahlreiche Neonazi-V-Leute aufgeflogen, darunter die ehemaligen NPD-NRW-(Vize-)Vorsitzenden Wolfgang Frenz und Udo Holtmann, der mit Waffen und Drogen handelnde Organisator von »Blood & Honour«-Konzerten Sebastian Seemann und der Anführer der »Sauerländischen Aktionsfront« Andre Zimmermann.

[8] Heine, Torben/Claus, Henrike (2012): Zwischen inszeniertem Durchgreifen und Ignorieren. Staatliche Maßnahmen gegen die extreme Rechte in NRW, RLP

botspolitik dient dem Innenminister dazu, sich als oberster Streiter gegen Rechts zu inszenieren, der den »Neonazis auf den Springerstiefeln« (Jäger) steht. Gleichzeitig wird versucht, den VS zu stärken, dessen Zuarbeit die Verbote überhaupt erst möglich gemacht hätte. Außerdem wurde das beim NRW-Verfassungsschutz angesiedelte »Aussteigerprogramm« personell ausgebaut. Fortan will man aktiv auf Neonazis zugehen, um sie zum »Ausstieg« zu bewegen. Die für einen erfolgreichen Loslöseprozess von der rechten Szene und deren Positionen notwendige Eigenmotivation der Ausstiegswilligen muss nicht vorliegen. »Ausstieg« wird somit nicht als Überwindung der ideologischen Positionen der Neonazi-Szene begriffen, sondern lediglich als Rückzug aus der Szene und Gewaltverzicht. Der im Februar vorgestellte Gesetzesentwurf zur »Neuausrichtung« des Verfassungsschutzes schreibt trotz einiger Reformen den Status quo fest: Zwar soll es erstmals »klare Regelungen« für Spitzel geben, am V-Leute-System hält man aber fest. Die »Transparenz« der Arbeit des Dienstes soll durch öffentliche Sitzungen des Parlamentarischen Kontrollgremiums erhöht werden, Voraussetzung für die Zulassung der Öffentlichkeit ist aber, dass dem keine Geheimhaltungsbedürfnisse entgegenstehen. Noch problematischer ist allerdings, dass das Vordringen des VS in die Bildungsarbeit nicht gestoppt wird. Der VS NRW war mit seinen »Andi«-Comics und Vortragsangeboten von angestellten Sozialwissenschaftlern bundesweit Vorreiter. »Ein moderner, leistungsfähiger Verfassungsschutz muss in der Mitte der Gesellschaft verankert sein«, erklärte Jäger. Repressives Vorgehen gegen Neonazis, der Ausbau des Aussteigerprogramms und eine Gesetzesnovelle zur Arbeit des Verfassungsschutzes sind die Mittel, mit denen in NRW das »Vertrauen« in den Geheimdienst und die Polizeibehörden wiederhergestellt werden soll. An einer ernsthaften Aufklärung des behördlichen Handelns in Zusammenhang mit den NSU-Taten besteht von Seiten der Landesregierung offenbar nur wenig Interesse.

---

und Hessen, in: LOTTA, Nr. 49.

Peter Ritter

Kein Mahnmal für NSU-Opfer

Zum Umgang mit dem NSU in Mecklenburg-Vorpommern

»Kein Mahnmal für NSU-Opfer« titelte der »Nordkurier«[1] wenige Tage vor dem 9. Todestag von Mehmet Turgut am 25. Februar 2013. Und das, obwohl sich Rostock bereits im April 2012 gemeinsam mit sechs anderen Städten, in denen der »Nationalsozialistische Untergrund« (NSU) gemordet hatte, zur Einrichtung eines Gedenkortes verpflichtet hatte. Auch auf einen gemeinsamen Text für die Gedenkplatten hatte man sich geeinigt. Rostock tut sich schwer mit dem Gedenken. Und Mecklenburg-Vorpommern tut sich schwer mit der Aufklärung der im Land begangenen NSU-Verbrechen.

Als Ende 2011 das ganze Ausmaß der Verbrechensserie der NSU-Terrorzelle bekannt wurde und auch die Adressen von Politikerinnen und Politikern aus Mecklenburg-Vorpommern auf den Listen des Terrortrios auftauchten, war das Entsetzen im Land groß. Es werde alles getan, um die Verbrechen umfassend aufzuklären, hieß es.

Ein Jahr später stellte der Verfassungsschutz des Landes in seinem Bericht zum NSU fest: »Dass die Bildung einer derartigen Gruppierung den Sicherheitsbehörden trotz zahlreicher schwerster Straftaten und intensiver Beobachtung der rechtsextremen Szene verborgen geblieben ist, wirft zahlreiche Fragen auf, deren Beantwortung zu Recht eingefordert wird.«[2] Bis zur Veröffentlichung dieser bemerkenswerten Erkenntnis wurden ein Jahr lang alle Anträge und Anfragen der Fraktion DIE LINKE im Schweriner Landtag, die zur öffentlichen Aufklärung der NSU-Verbrechen führen sollten, mit dem Verweis auf noch nicht abgeschlossene Ermittlungen des Generalbundesanwaltes oder die Informa-

---

[1] Kiesel, Robert (2013): Neunter Todestag von Mehmet Turgut. Kein Mahnmal für NSU-Opfer, in: Nordkurier, verfügbar unter www.nordkurier.de/cmlink/nordkurier/nachrichten/mv/kein-mahnmal-fur-nsu-opfer-1.539700, 13.2.2012.

[2] Ministerium für Inneres und Sport Mecklenburg-Vorpommern (2011): Verfassungsschutzbericht 2011, S. 14.

tionen in der Parlamentarischen Kontrollkommission des Verfassungsschutzes abgetan.

Im Dezember 2012 stellte DIE LINKE daher erneut einen Antrag mit dem Titel: »Solidarität mit den Angehörigen, Freundinnen und Freunden der Opfer der neofaschistischen Terrorbande NSU. Ein Jahr Aufklärung in Mecklenburg-Vorpommern öffentlich bilanzieren.«

Während die Fraktion Bündnis90/Die Grünen Bereitschaft signalisierte, den Antrag zu unterstützen, waren die Koalitionsfraktionen von SPD und CDU lediglich bereit, Solidarität zu zeigen. Der öffentlichen Aufklärung verweigerten sie ihre Zustimmung. So kam es zu zwei Anträgen: SPD, CDU, Bündnis90/Die Grünen und DIE LINKE stellten gemeinsam den Antrag »Solidarität mit den Angehörigen, Freundinnen und Freunden der Opfer der neofaschistischen Terrorbande NSU«.[3] Die Linksfraktion stellte zusätzlich den Antrag »Nationalsozialistischer Untergrund (NSU) – ein Jahr Aufklärung in Mecklenburg-Vorpommern öffentlich bilanzieren«[4].

Wer die Reden, vor allem zum gemeinsamen Antrag im Plenarprotokoll nachliest,[5] wird sich wundern, dass der zweite Antrag, der die öffentliche Aufklärung einfordert, mit der Mehrheit der Koalitionsfraktionen abgelehnt wurde. So sagte der CDU-Abgeordnete Wolf-Dieter Ringguth: »Die Familien und Freunde der Opfer können von uns eben nicht nur Solidarität verlangen, sondern auch eine Entschuldigung, denn, erinnern wir uns, bis zum November 2011, als dann feststand, dass es sich um Terroropfer einer rechtsextremistischen Bande handelt, wurden die Opfer aufgrund bloßer Spekulationen in kriminellen Milieus verortet. (...) Die Opfer des rechtsterroristischen NSU, aber dadurch auch eben deren Familien und Freunde wurden kriminalisiert. Schuld daran waren Fehler der Ermittlungsbehörden, vorschnelle Politiker ...«[6] Fehler bei Ermittlungsbehörden und vorschnellen Politikern bedürfen der

[3] Landtag Mecklenburg-Vorpommern (2012): Drs. 6/1388, 29.11.2012.

[4] Landtag Mecklenburg-Vorpommern (2012): Drs. 6/1387, 29.11.2012.

[5] Landtag Mecklenburg-Vorpommern (2012): Auszug aus dem vorläufigen Protokoll der Sitzung vom 6.12.2012, 32. Sitzung, TOP 17, S. 15, verfügbar unter: www.landtag-mv.de/parlamentsdokumente (13.2.2013).

[6] Ebd., S. 12.

Aufklärung und richtigen Schlussfolgerungen! Dennoch lehnte die CDU-Fraktion den Antrag zur öffentlichen Aufklärung ab.

Der Rostocker SPD-Abgeordnete Ralf Mucha erinnerte in seiner Rede an die rassistischen Gewalttaten und Brandstiftungen in Rostock-Lichtenhagen im August 1992 und stellte in Bezug auf die NSU-Mordserie fest: »Es ist beschämend, dass der Staat nicht in der Lage war, den Ermordeten vor diesen Terroristen Schutz zu gebieten. (...) Die rechtsextremistische Terrorserie ist ein unmissverständlicher Weckruf. (...) Es muss Schluss sein mit der Verharmlosung der rechtsextremistischen Gefahren.«[7] Richtig! Dennoch war auch die SPD-Fraktion nicht bereit, der Forderung der Linksfraktion zu folgen.

Ein Jahr nach Bekanntwerden der NSU-Verbrechen sollte die Landesregierung den Landtag und die Öffentlichkeit zu den Aktivitäten der Terrorgruppe NSU in Mecklenburg-Vorpommern, zu abgeleiteten Konsequenzen und ergriffenen Maßnahmen unterrichten.

Aber Fehlanzeige! Was sind dann solche Reden wert, wenn sie nur Lippenbekenntnisse bleiben?

In der Debatte zum Antrag »NSU – ein Jahr Aufklärung in Mecklenburg-Vorpommern öffentlich bilanzieren« äußerte der Wirtschaftsminister Harry Glawe (CDU), der für den abwesenden Innenminister Lorenz Caffier (CDU) den Redebeitrag für die Landesregierung hielt, gar, dass es nach gegenwärtigem Erkenntnisstand nachweislich keine weiteren Bezüge Mecklenburg-Vorpommerns zum NSU-Komplex gebe. Meine Aufzählungen solcher Bezüge zu Straftaten des NSU in Mecklenburg-Vorpommern blieben unbeantwortet: beispielsweise der Mord an Mehmet Turgut am 25. Februar 2004 in Rostock, die Ermittlungen der Sonderkommission »Kormoran« und die Überfälle auf Sparkassen-Filialen in Stralsund im November 2006 und Januar 2007. Zudem wurden in der NSU-Wohnung in Zwickau Todeslisten gefunden, auf denen auch Landtagsabgeordnete aus Mecklenburg-Vorpommern vermerkt waren sowie ein Handy, das an der Ostsee gestohlen wurde. Unterstützer des NSU besuchten hier Rechtsrockkonzerte und der Thüringer NPD-Funktionär Patrick Wieschke war Praktikant in der NPD-Landtagsfraktion von Mecklenburg-Vorpommern. Und nachdem bekannt geworden war, dass in

[7] Ebd., S. 12.

dem früher von dem heutigen NPD-Landtagsabgeordneten David Petereit herausgegebenen Neonazi-Blättchen »Weisser Wolf« der NSU bereits 2002 erwähnte wurde, durchsuchte die Polizei sein Büro. Das BKA fahndete außerdem mit Fotos aus der Nähe von Anklam nach dem Trio und der frühere NPD-Landesvorsitzende vertrat Beate Zschäpe als Anwalt. Der Verfassungsschutz von Mecklenburg-Vorpommern war seit 1999 in die Fahndung nach dem abgetauchten Trio einbezogen.

Daraufhin fragte ich in der Debatte: Keine Bezüge? Der Zwischenruf des SPD-Fraktionsvorsitzenden Norbert Nieszery darauf: »Das ist doch alles bekannt.«[8] Und auf meine Frage, warum die Koalition sich dann weigere, einen Bericht vorzulegen, gab es erneut einen Zwischenruf des SPD-Fraktionsvorsitzenden: »Weil es schon bekannt ist.«[9] So sieht nach Lesart der Koalition in Schwerin die Beantwortung der Fragen aus, die – wie der Verfassungsschutz selbst feststellte – zu Recht eingefordert werden.

Genauso unverständlich ist die Tatsache, dass alle Beweisanträge, die der Parlamentarische Untersuchungsausschuss des Bundestages an Mecklenburg-Vorpommern gestellt hat, von den zuständigen Behörden des Landes beantwortet wurden. Diese Ergebnisse wurden jedoch nur, und auch dort offensichtlich nur zum Teil, in der Parlamentarischen Kontrollkommission vorgestellt. Auch dazu ein kleiner Ausschnitt aus dem Plenarprotokoll vom 6. Dezember 2012: »Peter Ritter: (...) Es liegen also Ergebnisse vor. (...) (Dr. Norbert Nieszery, SPD: Die sind Ihnen doch bekannt) (...) Natürlich, Herr Nieszery, einige dieser Ergebnisse kenne ich und ich wiederhole mich: Was nützt mir das? Was nützt das den Menschen, die Interesse haben an Aufklärung? Nichts! (Dr. Norbert Nieszery, SPD: Was nützt es denn den Menschen? Was nützt es denn?) (...).«[10]

Was nützt es denn? Der SPD-Fraktionsvorsitzende hatte bei seinen Zwischenrufen offenbar vergessen, dass es in der Begründung des keine 24 Stunden vorher auch von ihm unterstützten Antrages hieß: »Die Frage, wie es passieren konnte, dass die Mordserie der Terrorzelle NSU

---

[8] Landtag Mecklenburg-Vorpommern (2012): Auszug aus dem vorläufigen Protokoll der Sitzung vom 6.12.2012, 33. Sitzung, TOP 34, S. 24, verfügbar unter: www.landtag-mv.de/parlamentsdokumente (14.2.2013).

[9] Ebd., S. 25.

[10] Ebd., S. 23.

über zehn Jahre in der Bundesrepublik stattfinden und unentdeckt bleiben konnte, bewegt die Menschen auch in Mecklenburg-Vorpommern noch heute. Solidarität mit den Angehörigen, Freundinnen und Freunden der Opfer schließt die Verpflichtung zu umfassender Aufklärung ebenso ein wie das konsequente Ergreifen von Maßnahmen, mit denen eine Wiederholung ausgeschlossen wird.«[11] Umfassende Aufklärung? Die Einheit von Wort und Tat? Mecklenburg-Vorpommern tut sich schwer damit!

Nach den Debatten im Landtag im Dezember 2012 und der erneuten Ablehnung der beantragten Berichterstattung mehrten sich in der Öffentlichkeit Forderungen nach Einsetzung eines Parlamentarischen Untersuchungsausschusses auch in Mecklenburg-Vorpommern.

Der Flüchtlingsrat, Organisationen von Migrantinnen und Migranten und Jugendverbände von Parteien forderten in einem offenen Brief die Einrichtung eines solchen Gremiums. Aufgrund der Regelungen der Geschäftsordnung des Landtages Mecklenburg-Vorpommerns reicht dafür jedoch die Anzahl der Abgeordneten der Linksfraktion allein nicht aus. Daher hatte sich DIE LINKE mit einem Vorschlag für einen Untersuchungsauftrag an die Fraktion von Bündnis90/Die Grünen gewandt. Gemeinsam müsste ein solcher Ausschuss eingesetzt werden. Doch die Grünen forderten zunächst einen Bericht des Innenministers und wollen sich erst danach entscheiden, ob sie die Einsetzung des Untersuchungsausschusses mittragen.

Offenbar dem öffentlichen Druck geschuldet, hat nun der Innenminister angekündigt, einen Bericht vorlegen zu wollen. Ob dieser Bericht die Beantwortung der Fragen, die zu Recht eingefordert werden, liefert, ist derzeit offen. Genauso unklar ist, ob die richtigen Schlussfolgerungen gezogen werden. Zweifel jedenfalls sind angebracht.[12]

---

[11] Landtag Mecklenburg-Vorpommern, a.a.O., S. 2.

[12] Anmerkung d. Red.: Der Artikel wurde verfasst, bevor der Bericht des Innenministers (»Nationalsozialistischer Untergrund [NSU], Informationsbrief des Ministerium für Inneres und Sport des Landes Mecklenburg-Vorpommern«) den Fraktionen des Landtages vorgelegt wurde. Vgl. die kritische Stellungnahme der Fraktion DIE LINKE im Landtag von Mecklenburg-Vorpommern (2013) zu dem Papier des Innenministers: Informationsbrief zum NSU-Komplex erfüllt Erwartungen ungenügend, Pressemitteilung v. 19. Februar 2013; Ritter, Peter (2013): Einbrin-

»Fest steht, liebe Kolleginnen und Kollegen, der NSU ist nicht vom Himmel gefallen. Auf den Tag genau vor 20 Jahren, am 6. Dezember 1992, endete die Debatte um das Asylrecht mit dem sogenannten Asylkompromiss. Das Grundrecht auf Asyl wurde faktisch abgeschafft. (...) Aus einem Zusammenspiel von realer Überforderung, bürokratischem Chaos und fremdenfeindlichen Ressentiments war Anfang der 90er Jahre (...) ein explosives Gemisch entstanden. Hoyerswerda und Lichtenhagen sind bleibende und warnende Symbole. (...) Genau in dieser Zeit fallen die beiden späteren Mörder Böhnhardt und Mundlos erstmals in der neofaschistische Szene (...) auf. Und genau aus diesem Grund sind wir den Opfern der Nazimorde, ihren Angehörigen und uns selbst eine Verpflichtung schuldig«,[13] sagte der Abgeordnete der Linksfraktion Dr. Hikmat Al-Sabty im Parlament. Verpflichtung! Nicht nur Mecklenburg-Vorpommern tut sich schwer, die richtigen Schlussfolgerungen aus den NSU-Morden zu ziehen.

---

gung des Antrags »NSU-Bericht wird öffentlichen Aufklärungserwartungen nicht gerecht«, 20.3.2013, www.linksfraktionmv.de/nc/presse/pressemeldungen/detail/artikel/mdl-peter-ritter-einbringung-des-antrags-nsu-bericht-wird-oeffentlichen-aufklaerungserwartungen-n/ (25.3.2013).

[13] Landtag Mecklenburg-Vorpommern Vorpommern (2012): Auszug aus dem vorläufigen Protokoll der Sitzung vom 6.12.12, 33. Sitzung, TOP 34, a.a.O., S. 3.

Thumilan Selvakumaran

Kapuzen, Killer, Kiesewetter

Kontakte des NSU nach Baden-Württemberg

Dosenbier, laute Musik und durchzechte Nächte lockten bereits Mitte der 1990er Jahre das spätere mörderische Trio des »Nationalsozialistischen Untergrundes« (NSU) regelmäßig nach Ludwigsburg, eine 85.000 Einwohnerstadt zwischen Heilbronn und Stuttgart. Die Beziehung nach Baden-Württemberg festigte sich vor allem durch die Kontakte zur Neonazi-Gruppe um den Skinhead-Musiker Michael Ellinger. Fotos zeigen Uwe Böhnhardt und Beate Zschäpe in seinem Partykeller – letztere auch vor dem Ludwigsburger Schloss. Bei ihren Besuchen demonstrierten die späteren Terroristen im Ländle offenbar ohne Scheu ihren Hass gegen Ausländer – beispielsweise im Kaufland Ludwigsburg. Mundlos habe einen Dunkelhäutigen gesehen und gerufen: »Schaut mal, da kommt ein Nigger.« In der »tageszeitung« (taz) heißt es dazu: »Dann ging er auf die Knie, machte ein Kreuzzeichen wie im Vampirfilm und schrie den Schwarzen an: ›Weiche von mir‹!« Die Zeitung zitierte aus Ermittlungsakten. Sichergestellte Mundlos-Briefe dokumentieren die Reisen nach Baden-Württemberg. 1996 schwärmte er vom Osterbesuch bei den »Spätzles«, wie er seine schwäbischen Freunde liebevoll nannte. »Wir waren vor allem über die Waffen, die sie alle haben, erstaunt – schon fast ein kleiner Waffenladen«, schrieb Mundlos.

Drei Ludwigsburger Kontakte tauchen auf der 1998 in Mundlos Jenaer Garage gefundenen Adressliste auf – darunter auch Michael Ellinger. Die Ermittler versäumten damals allerdings, die Liste auszuwerten, da sie als nicht relevant gewertet wurde. Befragen können sie Ellinger heute nicht mehr. Der exzessive Alkoholiker starb 2003 mit gerade mal 28 Jahren. »Ushi«, ebenfalls auf der Liste, berichtete der Polizei, dass sie die Besucher aus Zwickau zuletzt 2001 bei Ellinger in der Bude gesehen habe – zu dieser Zeit lebte das Terrortrio bereits drei Jahre im Untergrund und hatte die ersten Morde verübt.

Bei den Besuchen des NSU ging es nicht ausschließlich ums Feiern. Im Juni 2003 meldeten sich »Max B.« und »Ralph B.« auf einem Campingplatz nahe dem Cannstatter Wasen bei Stuttgart an. Sie blieben drei Tage. Erst Jahre später entdecken Handschriftanalytiker des Bundeskriminalamts (BKA), dass es sich dabei mit »hoher Wahrscheinlichkeit« um Böhnhardt und Mundlos handelte. Aber was wollten die Männer im Schwabenland? Das BKA geht davon aus, dass sie in Stuttgart mehrere Anschlagsziele ausgekundschaftet haben – darunter ein türkisches Lebensmittelgeschäft sowie ein türkisches Bistro in der Nähe vom Nordbahnhof. Im Brandschutt der letzten Zwickauer NSU-Wohnung fanden die Ermittler Fotos der Geschäfte, außerdem Stadtpläne von Stuttgart, Ludwigsburg und Heilbronn – wo am 25. April 2007 gegen 14 Uhr die damals 22-jährige Polizistin Michèle Kiesewetter während ihrer Mittagspause im Streifenwagen mit einem Kopfschuss regelrecht hingerichtet wurde. Ihr Kollege Martin A. überlebte schwer verletzt – kann sich aber an die Tat nicht mehr erinnern. Dieser Fall gibt den Ermittlern die größten Rätsel auf: Denn der Mord an der deutschen Polizistin passt nicht zur Serie mit den anderen neun Mordopfern: acht Türken, ein Grieche. Was war das Motiv? Wieso endete die Serie des Trios nach jenem Mittwochnachmittag abrupt?

Dass eine rechtsorientierte Bande hinter der Tat steckt, auf diese Idee kamen die Ermittler in Baden-Württemberg nicht. Sie vermuteten die Täter – es waren mindestens zwei, laut Zeugenaussagen bis zu sechs – in ausländischen Banden. Laut Dokumenten, die dem NSU-Untersuchungsausschuss vorliegen, meldete sich unmittelbar nach dem Mord eine V-Frau bei ihrer Verbindungsperson des baden-württembergischen Verfassungsschutzes. Eine Krankenschwester habe in der Ludwigsburger Klinik für rechte Kreise Informationen über den Zustand des schwer verletzten Polizisten A. gesammelt. Der Verfassungsschutz erfuhr, dass diese Kreise keine weiteren Aktionen gegen den Beamten planten, da er sich ohnehin nicht mehr an die Tat erinnern könne. Diese Meldung gelangte aber nie an die Sonderkommission (Soko) »Parkplatz« der Heilbronner Polizei.

Statt Neonazis jagten die Beamten ein weibliches Phantom, das sich scheinbar seit 20 Jahren mordend quer durch Europa bewegte, sich mit Kiosk-Einbrüchen und Überfällen über Wasser hielt und zum Teil in Gartenhäuschen übernachtete. An 40 Tatorten wurde ihre DNA gefunden. Bei diesem Ausmaß dämmerte es einigen Bürgern – dem Landeskriminalamt (LKA), das die Soko 2009 übernommen hatte, aber noch lange nicht. Die Blamage wurde offenkundig, als der Skandal aufflog: An Tatorten wurden kontaminierte Wattestäbchen genutzt. Das Phantom entpuppte sich als Verpackerin des Wattestäbchenherstellers. Ermittler hatten also Hunderte Überstunden umsonst geleistet. Die Suche begann von vorne.

Jahre später sind etliche Fragen offen, auch wenn neben der Tatwaffe des Polizistenmords auch die Dienstpistolen der Beamten bei den NSU-Terroristen lagen. Axel Mögelin, Leiter der Soko »Parkplatz«, musste sich vor dem NSU-Untersuchungsausschuss in Berlin unangenehmen Fragen stellen. Wieso wurden blutverschmierte Taschentücher, die nahe dem Tatort Theresienwiese gefunden wurden, erst 2009, also zwei Jahre später, untersucht? Wieso begannen die Beamten erst 2010 damit, die Aufzeichnungen von Überwachungskameras, die an Tatort, Geschäften, Tankstellen und Bahnhof gesichert wurden, auszuwerten? Wieso hat die Polizei das Kennzeichen des Wohnwagens von Böhnhardt und Mundlos nicht abgefragt, als dieses bei der Ringfahndung nach dem Mord in Heilbronn gestoppt wurde? Keine Tatrelevanz, kein Verdacht, meinte Mögelin. Die Polizei habe gute Ermittlungsarbeit geleistet – trotz vieler Ermittlungspannen. Staatsanwalt Christoph Meyer-Manoras war damals sogar dagegen, ein Rechtshilfegesuch bei Yahoo einzureichen, mit denen die E-Mails von Kiesewetter hätten gesichert werden können. »Ich finde nicht, dass die privaten E-Mails von Frau Kiesewetter interessant gewesen wären«, zitiert ihn das Wochenmagazin »Kontext«. Heute sind die Daten längst gelöscht – unmöglich, an sie noch heranzukommen.

Das private Umfeld Kiesewetters lag offenbar nicht im Fokus der Ermittler. Die 27-Jährige sei ein Zufallsopfer gewesen, heißt es heute noch. Doch war das wirklich so? Längst handelt es sich um einen der mysteriösesten Mordfälle Deutschlands, worüber in der Bevölkerung fleißig spekuliert wird, angefeuert durch teils stümperhafte Arbeit von BKA, LKA und Verfassungsschutz – und durch Verbindungen Kiesewetters in das rechte Spektrum, die durchaus nachgezeichnet werden können. Zufall oder doch ein gezielter mörderischer Akt?

Bereits wenige Tage nach der Tat meldete sich der Patenonkel Kiesewetters, Polizist im Staatsschutz, bei den Behörden: Es könne ein Zusammenhang zu den »Döner-Morden« bestehen – damals schlossen Ermittler noch einen ausländerfeindlichen Hintergrund aus. Raum für Spekulationen lässt auch der Fall mit der Gaststätte im thüringischen Oberweißbach. Kiesewetter soll von 2000 bis 2003 in unmittelbarer Nähe gewohnt haben. Das Wirtshaus diente vor allem als brauner Treffpunkt. Kiesewetters Stiefvater, ein Gastronom, soll früher versucht haben, so schreibt das Magazin »Der Spiegel«, das Objekt zu pachten. Den Zuschlag bekam ein anderer. Verantwortlich war laut alter Homepage der Gaststätte der inzwischen inhaftierte NSU-Helfer Ralf Wohlleben.

Unklar ist auch die Verstrickung des V-Manns Tino Brandt. Er galt als Anführer der Kameradschaft »Thüringer Heimatschutz«, aus der die Zwickauer Zelle hervorging. 2004 kaufte er in Kochersteinsfeld, nur wenige Kilometer nördlich vom Tatort Theresienwiese, ein Haus. Dieses hat er laut Behördenaussaugen nie bewohnt. Ein Jahr nach dem Mord wurde das Haus verkauft. Was wollte der Neonazi im Südwesten? Woher hatte er, der doch stets pleite war, das Geld für diese Investition?

Eine weitere Spur zwischen Kiesewetter und dem NSU entsteht über die Gruppe »European White Knights« des »Ku-Klux-Klan« (KKK). Erst im Zuge der Ermittlungen zum Polizistenmord wurde öffentlich, dass der rassistische Geheimbund von 2000 bis 2003 seinen Sitz im beschaulichen Schwäbisch Hall hatte. Schon das löste unter den 37.000 Einwohnern enorme Empörung aus, besonders weil sich die Stadt nach mehreren Neonazi-Aufmärschen öffentlich als »bunt, friedlich und weltoffen« zeigt. Einige Mitglieder des KKK engagierten sich im Netzwerk »Blood & Honour«. Schlimmer noch: Zwei Polizisten, Timo H. und Jörg W., ließen sich 2001 bei Blut-Ritualen zu Rittern schlagen. Beide gehörten der Böblinger Bereitschaftspolizei an, wo auch später Kiesewetter ihren Dienst schob.

Mitglied im Klan war auch Thomas R., Top-Quelle des »Bundesamtes für Verfassungsschutz«, der unter dem Decknamen »Corelli« spitzelte. Bei seinen Besuchen aus Halle an der Saale hatte er mehrfach persönlichen Kontakt zu Kiesewetters späteren Kollegen. Brisant: Auf der Adressliste von Mundlos taucht R. handschriftlich auf. Der V-Mann war einst führender Kopf der rechten Szene in Sachsen-Anhalt, verbreitete seine rassistische Ideologie als Herausgeber der Zeitung »Nationaler Beobachter«. Er schrieb auch für das Magazin »Der weiße Wolf«. Dort tauchte 2002 der Kommentar auf: »Vielen Dank an den NSU« – neun Jahre, bevor die Mordserie der Terrorzelle bekannt wurde. Und zumindest Böhnhardt und Zschäpe waren den Riten des Geheimbunds nicht abgeneigt: Fotos aus den 1990er Jahren zeigen die beiden vor brennenden Kreuzen. Sympathisierten Klan und NSU miteinander?

In einem Bericht des baden-württembergischen Innenministeriums heißt es, dass die Beweissicherungs- und Festnahmeeinheit, der Timo H. und Jörg W. angehörten, mehrfach aufgefallen sei, auch nachdem Kiesewetter etwa 2005 dazukam. Einige Beamte ließen sich im Kollektiv Glatzen schneiden. Privat trugen manche »Thor-Steinar«-Kleidung, die der rechten Szene zugeordnet wird. Aktenkundig ist auch ein Vorfall 2006 an einer Tankstelle, als die Beamten in ihrer Freizeit betrunken eine Schlägerei mit Ausländern angezettelt hatten. Jörg W., der 2003 in eine wenige Kilometer entfernte Dienststelle strafversetzt worden war, fiel noch 2011 mit seiner rechten Gesinnung auf. In einer Kneipe stimmte er ausländerfeindliche Lieder an. Gegen ihn gingen im Innenministerium Beschwerden ein, in denen er unter anderem »unerträglicher Rassist« genannt wird. Timo H. blieb in der Einheit Kiesewetters, war am Mordtag Verantwortlicher der Böblinger Einheit vor Ort. Zur Tatzeit hielt er sich nur wenige Hundert Meter entfernt am Bahnhof auf. Generalbundesanwalt Harald Range sieht aber keinen Zusammenhang zwischen Mord und den beiden ehemaligen Klan-Polizisten.

Beide Beamte sind weiter im Dienst, sie wurden lediglich gerügt. Sie seien nicht über die rassistische Ideologie des KKK informiert gewesen, meint der baden-württembergische Innenminister Reinhold Gall (SPD) – obwohl beide Polizisten sich nach Angaben eines Aussteigers intensiv in die Statuten des Klans eingearbeitet hatten. Es gab weitere Beamte, die Kontakt zum Klan gesucht haben – die Rede ist von einer hohen zweistelligen Zahl. Beweise für eine Mitgliedschaft seien trotz Observationen nicht gefunden worden, so das Innenministerium.

Verdruss erzeugte in der Bevölkerung, dass die Erkenntnisse der Behörden – vom KKK wussten sie nach mehreren Hausdurchsuchungen bereits 2000 – über Jahre unter Verschluss gehalten wurden. Auch als nach Recherchen des »Haller Tagblatts«, der taz und der »Süddeutschen Zeitung« immer neue Fakten öffentlich wurden, blieben Innenministerium und Verfassungsschutz in Baden-Württemberg ihrer Linie treu: Informationen nur scheibchenweise, und auch nur, wenn sie ohnehin aufgedeckt waren. Der Polizeidirektion Schwäbisch Hall, die damals einige Ermittlungen geleitet hatte, wurde kurzerhand ein Maulkorb verpasst.

Auch Verfassungsschutz-Präsidentin Beate Bube machte in der Angelegenheit keine gute Figur. Im August 2012 erzählte sie, dass der Geheimdienst 2003 taktisch vorgegangen sei, um die Auflösung des KKK zu provozieren. Dazu seien Mitglieder über Abhörmaßnahmen informiert worden. Fakt ist, dass einer ihrer Mitarbeiter in sensibler Position Geheimnisverrat betrieb und dafür strafversetzt wurde. Tatsächlich löste sich der Klan 2003 auf, weil Anführer Achim S., ebenfalls V-Mann, Gelder veruntreut hatte.

Spekulationen, die Behörden hätten etwas zu vertuschen, feuerten die Verfassungsschützer selbst an. Akten, auch über Klanchef S., wurden geschreddert, nachdem die NSU-Mordserie aufflog. Im März 2013 entschied letztlich auch das baden-württembergische Innenministerium, Verbindungen des NSU in »Ländle« untersuchen zu lassen, und gründete die Ermittlungsgruppe »Umfeld« beim LKA.

Im Dunkeln

Sachsen-Anhalt: Kein Interesse an der Aufklärung – Interview mit David Begrich

Sachsen-Anhalt geriet im Zusammenhang mit dem »Nationalsozialistischen Untergrund« (NSU) zweimal bundesweit in die Schlagzeilen. Zum einen durch den Rücktritt des Präsidenten des »Landesamtes für Verfassungsschutz« im September 2012, nachdem eine alte Akte des »Militärischen Abschirmdienstes« über Uwe Mundlos plötzlich beim »Verfassungsschutz« wieder aufgetaucht war. Zum anderen durch den Neonazi Thomas Richter aus Halle, der nicht nur ein führender Nazi-Funktionär und »Anti-Antifa«-Aktivist, sondern auch hochbezahlter Spitzel des »Bundesamtes für Verfassungsschutz« gewesen war. Er gilt heute als möglicher NSU-Unterstützer. Mit *David Begrich*, einem der besten Kenner der Nazi-Szene in Sachsen-Anhalt und Mitarbeiter von »Miteinander e.V. – Netzwerk für Demokratie und Weltoffenheit«, sprach Paul Wellsow über den Stand der Nicht-Aufklärung in Sachsen-Anhalt.

Wie eng waren die Bezüge der Nazi-Szene von Sachsen-Anhalt zum NSU und seinem Umfeld?

David Begrich: Diese Frage ist schwer zu beantworten, da es beispielsweise keine öffentlich zugänglichen Informationen über das reale Ausmaß der Unterstützung des NSU durch Thomas Richter gibt. Die Netzwerke militanter Neonazis wie etwa »Blood & Honour« waren jedoch in Sachsen-Anhalt durchaus präsent, bei Neonazis wurden Waffen gefunden und Schriften zum rechten Terror rezipiert. Allgemein bekannt ist, dass Beate Zschäpe sich ganz offenkundig immer wieder in Halle/Saale aufhielt und Thomas Richter ein langjähriger Kontakt des NSU in Sachsen-Anhalt war. Wie eine konkrete Unterstützungsleistung jedoch aussah, auf welche Ressourcen der NSU durch Richter zugreifen konnte...? All das liegt bisher im Dunkeln.

Und welche Rolle spielten die Behörden des Landes seit dem Auffliegen des NSU?

Die Sicherheitsbehörden waren und sind um äußerste Diskretion bemüht. Von Beginn an hat das Innenministerium deutlich gemacht, dass wesentliche Fragen im Kontext des NSU und Sachsen-Anhalt unbeantwortet bleiben müssten, da eventuell vorliegende Erkenntnisse dem Geheimschutz unterlägen. Diese Strategie des Schweigens erwies sich als sehr erfolgreich. Es gibt im Land keine Debatte um die Frage, in welchem Umfang Neonazis aus Sachsen-Anhalt den NSU unterstützt haben.

Die Opposition im Landtag von Sachsen-Anhalt, AntifaschistInnen, Medien und der Bundesuntersuchungsausschuss werfen der Landesregierung aus CDU und SPD vor, sie sei untätig und halte Akten zurück. Tatsächlich bewegt sich in Sachen Aufklärung kaum etwas. Woran liegt das?

Durch die Konzentration der Debatte auf das Konstrukt einer Zelle, die nur in Sachsen und Thüringen verankert sei, entstand der sehr wirkungsmächtige Eindruck, dass die Bezüge nach Sachsen-Anhalt marginal sind. Wie bedeutsam sie tatsächlich waren, dafür fehlen uns die Informationen. Zudem sind die Oppositionsparteien im Landtag, DIE LINKE und Bündnis90/Die Grüne, in den zurückliegenden Monaten sehr defensiv mit dem Thema umgegangen. Über die nach wie vor der Geheimhaltung unterliegenden Mitarbeit beider Parteien im »Parlamentarischen Kontrollgremium« und eine Aussprache im Plenum hinaus hat es keine parlamentarischen Initiativen der Opposition gegeben, den Gesamtkontext NSU zu erschließen.

Der Zwischenbericht des NSU-Untersuchungsausschusses in Thüringen macht klar: In den 1990er Jahren sind von den Behörden und der Landesregierung aber auch der gesamten Gesellschaft fatale Fehler gemacht worden. Die Entwicklung der militanten Nazi-Szene wurde nicht bekämpft, sie wurde zum Teil sogar durch staatliches Agieren befördert. Wie war die Situation in Sachsen-Anhalt seit den frühen 1990er Jahren?

Wie in den anderen neuen Bundesländern auch gab es in den 1990er Jahren in Sachsen-Anhalt einen explosionsartigen Anstieg rassistischer und rechtsextremer Gewalttaten und Morde. Es kam zu Pogromen gegen Asylbewerberunterkünfte. Über mehr als zwei Legislaturperioden zu

Beginn der 1990er Jahren unterschätzten Regierung und Sicherheitsbehörden die Dynamik des Rechtsextremismus ganz erheblich. Der Wahlerfolg der »Deutschen Volksunion« im Jahr 1998 erwies sich aber als heilsamer Schock. Danach setzte in der Landespolitik ein an Umwegen reicher Prozess des Umdenkens in der Frage ein, wie die Auseinandersetzung mit dem Rechtsextremismus zu führen ist.

In Thüringen hat sich nicht nur an der Person des Ex-Geheimdienst-Chefs Helmut Roewer gezeigt, dass nach 1990 auch Personen – zumeist aus dem Westen – in führende Funktionen von Behörden und Ministerien gelangten, die aus einem stramm konservativen Milieu kamen und de facto völlig überfordert waren. Eine fatale Mischung, wie wir heute immer wieder erkennen können. Wie war das in Sachsen-Anhalt?

Die Sicherheitsarchitektur des Landes Sachsen-Anhalt wurde durch Beamte aus Niedersachsen aufgebaut. Dieser Aufbau war insgesamt erst zur Mitte der 1990er Jahre abgeschlossen. Dementsprechend war die Sensibilität der Behörden gegenüber den spezifisch ostdeutschen Ursachenkausalitäten des Rechtsextremismus gering. Skandale des Ausmaßes wie in Thüringen gab es in Sachsen-Anhalt nicht. Aber auch hier lassen sich Fehlleistungen der Sicherheitsbehörden für die 1990er Jahre konstatieren. Morde von Neonazis wurden staatlicherseits nicht als solche anerkannt, sehr lange ließ man die Rechtsrockszene im Kontext der akzeptierenden Jugendarbeit gewähren.

Wie geht es weiter? Wird es in Sachsen-Anhalt noch ernsthafte Bemühungen zur Aufklärung der Verstrickung mit dem NSU geben oder ist das Thema erledigt? Was wäre nötig? In Politik, Behörden, Justiz und Gesellschaft?

Es ist nicht erkennbar, dass das Thema NSU und seine Bezüge zu Sachsen-Anhalt ohne äußeren Anlass noch einmal auf den Tisch kommen. Dazu bedürfte es eines Impulses von außen oder einer völlig neuen Erkenntnislage. Aus unserer Sicht wäre eine Aufarbeitung des Ausmaßes rechter Hegemonie und rechten Terrors in den 1990er Jahren unerlässlich. Dies ins öffentliche Bewusstsein zu rücken, ist ereignisunabhängig so gut wie unmöglich.

Moritz Assall / Lisa Lührs

Keine Empörung

NSU und Aufklärung in Hamburg

Am 27. Juni 2001 wurde der 31-jährige Obst- und Gemüsehändler Süleyman Taşköprü im Laden seines Vaters in Hamburg-Bahrenfeld mit drei Kopfschüssen ermordet. Er wird von seinem Vater Ali Taşköprü gefunden und starb in dessen Armen. Ali Taşköprü musste mit auf die Polizeiwache, wo er stundenlang vernommen wurde. Süleyman Taşköprü hinterließ eine dreijährige Tochter.

Bei dem Mord wurden die beiden Waffen benutzt, die bereits beim ersten Mord des »Nationalsozialistischen Untergrunds« (NSU) an Enver Şimşek in Nürnberg verwendet worden waren. Die Ermittlungen fokussierten sich dennoch nicht auf die Parallelen der Mordfälle, sondern konzentrierten sich auf das Umfeld des Getöteten. Die Hamburger Polizei ermittelte, dass Taşköprü Freunde im Rotlichtviertel von Hamburg gehabt haben soll. Zwar war er selbst nie strafrechtlich aufgefallen, dennoch vermutete die Polizei Verstrickungen in das kriminelle Kiezmilieu von Sankt Pauli. Die weiteren Ermittlungen blieben über Jahre ergebnislos. Im »Hamburger Abendblatt« wurden 2005 von »Hintermännern aus den Bergen Anatoliens« geschickte Killer einer »kurdischen Drogenmafia«[1] vermutet und »Die Welt« war sich sicher: »Nach Informationen der WELT wurden die sechs Türken im Auftrag einer aus den Bergen Anatoliens heraus operierenden Bande ermordet.«[2]

Im Jahr 2006 erhielt eine islamische Gemeinde in Hamburg einen Brief mit den Sätzen: »Türken-Hasser sind wir alle. Ihr habt Euch hier eingeschlichen und bleibt Multikulti und Verbrecher. Es ist doch gut, dass ei-

---

[1] Hamburger Abendblatt (2005): Sieben Tote, eine Waffe – die Spur des Mörders, in: Hamburger Abendblatt Online, 26.5.2005, abrufbar unter: www.abendblatt.de/hamburg/article335503/Sieben-Tote-eine-Waffe-die-Spur-des-Moerders.html (15.3.2013).

[2] Völkerling, Jörg (2005): Soko Halbmond jagt mysteriösen Serienkiller, in: Die Welt, 15.6.2005, abrufbar unter: www.welt.de/print-welt/article676294/Soko-Halbmond-jagt-mysterioesen-Serienkiller.html (15.3.2013).

ner mal ein paar Türken abknallt. Ich habe mich darüber gefreut«. Obwohl die Gemeinde den Brief der Polizei übergeben hatte, spielte er bei der Suche nach einem Motiv für den Mord keine Rolle – nach wie vor ging die Polizei nicht von einem rassistischen Motiv aus.[3] Das »Hamburger Abendblatt« beklagte, die Ermittler bekämen von der türkischen Parallelgesellschaft »vielleicht einen Tee mit Minze, aber keine Antworten auf ihre Fragen«.[4]

Im Jahr 2007 musste Aysen Taşköprü, die Schwester des ermordeten Süleyman Taşköprü, auf einem Hamburger Amt erleben, wie eine Sachbearbeiterin zu ihrem Sohn sagte, er sei kein Deutscher. Der kleine Junge war erstaunt und erklärte der Beamtin, er wäre sehr wohl Deutscher. Damals, so Taşköprü später, habe sie darüber noch lachen können. Die Polizei ging zu diesem Zeitpunkt nach wie vor von einem Verbrechen »im Milieu« aus.[5] Um diese Theorie zu belegen, wollten die Ermittler einen angeblichen Verdächtigen in den Niederlanden überwachen und noch einmal »Personen aus dem Umfeld« von Süleymann Taşköprü vernehmen lassen, in der Hoffnung, dass diese Kontakt zu dem Verdächtigen in den Niederlanden aufnehmen würden.

Als auch das keine Ergebnisse brachte, griff die Polizei zu unorthodoxen Mitteln. Am 18. Januar 2008 trafen sich zwei Beamte der Sonderkommission »061« mit einer iranischen Unternehmensberaterin in der Lobby eines Hamburger Hotels, um sich hinsichtlich der Möglichkeiten eines Geisterbeschwörers beraten zu lassen. Die Beraterin bezeichnete den Mann als »Giganten unter den Metaphysikern« und schwärmte von seinem »inoffiziellen Bekanntheitsgrad im Iran«. Das überzeugte die Polizei. Wenig später wurde der eigens aus dem Iran eingeflogene Geisterbeschwörer eingesetzt. Er gab an, 10 bis 15 Minuten den toten Süley-

---

[3] Gensing, Patrick (2013): »Ich will Antworten, keine Betroffenheit« – Angehörige von NSU-Opfer kritisiert Bundespräsidenten, in: tagesschau.de, 17.2.2013, abrufbar unter: www.tagesschau.de/inland/gauck-nsu-opfer-angehoerige100.html (15.3.2013).

[4] Denso, Christian (2005): Auf der Jagd nach einem mörderischen Phantom, in: Hamburger Abendblatt Online, 30.5.2006, abrufbar unter: www.abendblatt.de/politik/deutschland/article399530/Auf-der-Jagd-nach-einem-moerderischen-Phantom.html (15.3.2013).

[5] Gensing, a.a.O.

man Taşköprü direkt befragt zu haben und teilte den BeamtInnen mit, dass der Täter »Südländer mit braunen Augen und schwarzen Haaren« sei, es »könnte sich um einen Türken handeln«, der Mord habe irgendwas mit Drogen, Rockern und Motorrädern zu tun.[6] Weiterhin konnte die Polizei keine Fahndungserfolge vermelden.

2011, zehn Jahre nach dem Mord, klingelte die Kriminalpolizei bei Aysen Taşköprü, um ihr die persönlichen Gegenstände ihres Bruders zu bringen. In ihrem späteren Brief an den Bundespräsidenten Joachim Gauck beschrieb sie die Situation: »Ich fragte die Beamtin, warum jetzt die Sachen kämen; ob es etwas Neues gibt. Sie sagte nur, man habe nur vergessen, mir die Sachen zurückzugeben. Dann ging sie wieder. Ich habe stundenlang vor den Sachen meines toten Bruders gesessen; ich habe tagelang gebraucht, um mich zu überwinden, meinen Eltern davon zu erzählen, dass seine Sachen wieder da sind. Ich war völlig am Ende.« Ebenfalls 2011 behauptete das Magazin »Der Spiegel«: »Die schwer durchdringbare Parallelwelt der Türken schützt die Killer.« Auch diese meinte das Nachrichtenmagazin zu kennen und verwies auf »eine mächtige Allianz zwischen rechtsnationalen Türken, dem türkischen Geheimdienst und Gangstern«.[7]

Im November 2011 wurde dann die Terrorserie des NSU bekannt. Als das Bekennervideo des NSU im Fernsehen gezeigt wurde, fing Aysen Taşköprü an zu schreien und konnte nicht mehr aufhören. An diesem Abend, so sagte sie später, starb ihr Bruder für sie zum zweiten Mal. Wenige Tage darauf gingen 800 Menschen in einem Schweigemarsch durch Hamburg und gedachten vor dem ehemaligen Laden der Familie Taşköprü des Ermordeten.

Anfang 2012 sagte der Chef des »Hamburger Landesamtes für Verfassungsschutz« Manfred Murck, dass es in den Ämtern von Sachsen und Thüringen drunter und drüber gegangen, man aber in Hamburg immer engagiert gegen die neofaschistische Szene vorgegangen sei. Ähnlich

---

[6] Medick, Veit (2012): Polizei suchte mit Geisterbeschwörer nach NSU-Mördern, in: Spiegel Online, 14.6.2012, abrufbar unter: www.spiegel.de/politik/deutschland/polizei-suchte-mit-geisterbeschwoerer-nach-den-nsu-moerdern-a-838795.html (15.3.2012).

[7] Kleinhubbert, Guido/Neumann, Conny (2006): Die Spur der Ceska, in: Der Spiegel, Jg. 2006, Nr. 16.

war auch der Tenor in der einzigen Sitzung des Innenausschusses zum Thema am 10. Januar 2012: »Zusammenfassend stellten die Senatsvertreterinnen und -vertreter fest, die Hamburger Szene sei durch das Landesamt für Verfassungsschutz über die Jahrzehnte richtig beschrieben und angemessene Maßnahmen seien ergriffen worden.«[8] Mittlerweile ist auch bekannt, dass bereits 1998 in den durchsuchten Garagen und Wohnungen der drei flüchtigen, späteren NSU-Angehörigen Uwe Böhnhardt, Uwe Mundlos und Beate Zschäpe neben Bomben und Waffen auch die Nazipostille »Hamburger Sturm« gefunden wurde. Darin hieß es: »Man darf nicht vergessen, dass wir im Krieg sind mit diesem System und da gehen nun mal einige Bullen oder sonstige Feinde drauf.« Und man fand dort auch den »NS-Kampfruf« der illegalen »NSDAP/AO – Landesverband Hamburg.«[9]

Im Januar 2012 organisierte ein Bündnis linker Gruppen eine Demonstration unter dem Titel »Der Tod ist ein Meister aus Deutschland« durch die Hamburger Innenstadt, an der etwa 2.000 Menschen teilnahmen. Das Bündnis skandalisierte die Überraschung einer breiten Öffentlichkeit über mordende Nazis als unbegründete Heuchelei, zumal in der Bundesrepublik seit 1990 bereits 180 Menschen infolge rechter und rassistischer Gewalt starben. Ebenso kritisierte es die Ignoranz gegenüber Neonazis und dass rassistische Ressentiments in der Gesellschaft tief verwurzelt seien.[10]

Als im Juni 2012 Nazis durch Hamburg marschieren wollten, konnte dies von mehreren tausend Menschen größtenteils durch Blockaden verhindert werden. Joachim Lenders, Vorsitzender der »Deutschen Polizeigewerkschaft« in Hamburg, zeigte sich in einer Pressemitteilung »fassungslos« über die »linksautonomen Chaoten« und forderte »dras-

---

[8] Innenausschuss Hamburg (2012): Drucksache 20/2796, 10.1.2012, S. 3. Bericht des Innenausschusses zum Thema »Berichterstattung zur derzeitigen Lage für den Bereich des Rechtsextremismus in Hamburg und Berichterstattung über die Ermittlungen in der Mordsache Süleyman Taşköprü«.

[9] Burschel, Friedrich/Güttinger, Kira (2012): Vergessener Terror von rechts: Verharmlosung und Leugnung von (Neo-)Nazi-Umtrieben in Deutschland, abrufbar unter: www.rosalux.de/fileadmin/rls_uploads/pdfs/rls_papers/Papers_Vergessener_Terror.pdf.

[10] www.dertodisteinmeisteraus.de/?page_id=51 (15.3.2013).

tische Strafen« statt »Kuschelkurs«: »Wir dürfen einem linken Gewaltmob nicht das Heft des Handelns überlassen und diese Chaoten dürfen nicht ungeschoren davonkommen«,[11] sagte er über die antifaschistischen Blockadeaktionen.

Einen Monat später konstatierte der Chef des Hamburger Verfassungsschutze Murck in seinem Strategiepapier »Die Mordserie des ›Nationalsozialistischen Untergrunds‹ – Konsequenzen für die Sicherheitsbehörden« einen Vertrauensverlust der Bevölkerung in seiner Behörde. Es werde für den Verfassungsschutz »von elementarer Bedeutung sein, seine Vertrauensbasis bei Politik, Medien und der Gesellschaft – dabei zumal bei den Menschen ausländischer Herkunft – zu festigen«, schrieb er und warnte vor sich »überschlagenden Unterstellungen und Vorwürfe(n)«, die ein »bedenkliches Maß an generellem Misstrauen, insbesondere gegenüber dem Verfassungsschutz« zur Folge hätten.[12] Dass dieses Misstrauen begründet ist, wird immer wieder deutlich. Gegenüber der »Tagesschau« berichtet zum Beispiel eine der Anwältinnen von Aysen Taşköprü, sie habe im Zuge der Vernichtung von Ermittlungsakten Strafanzeige gestellt, »aber die zuständige Staatsanwaltschaft wehrt unsere Vorwürfe ab. Wir haben den Eindruck, dass uns nicht wirklich zugearbeitet wird.« Die Ermittlungsbemühungen der Behörden kritisierte sie: »In der Häufung habe ich Fehler noch nie erlebt. Es kommt vor, dass Behörden schlecht arbeiten, Ermittlungen schlampig geführt werden. Das liegt wohl vor allem an einer Behördenmentalität. In diesem Fall kommt hinzu: Die Ermittler sind nicht nur auf dem rechten Auge blind, sondern ich habe das Gefühl, die kneifen beide Augen zusammen, stecken sich die Finger in die Ohren und singen laut ›Lalala‹.«[13]

---

[11] Deutsche Polizeigewerkschaft (2012): Gewalttätige linke Chaoten überschatten friedlichen Protest: DPolG Hamburg fordert harte Strafen für Randalierer, 2.6.2012.

[12] Murck, Manfred (2012): Die Mordserie des »Nationalsozialistischen Untergrundes«, in: Zeitschrift für die Sicherheit der Wirtschaft, Jg. 2012 , Nr. 12, S. 46-48.

[13] Oltmanns, Jan (2012): Für die Angehörigen geht der Albtraum weiter, in: tagesschau.de, 4.11.2012, abrufbar unter: www.tagesschau.de/inland/interviewnsu100.html, 15.3.2012.

Im selben Monat, also ein Jahr nach der Entdeckung der NSU-Morde, folgten 1.000 Menschen dem Aufruf des »Hamburger Bündnisses gegen Rechts« und anderer Organisationen und demonstrierten unter dem Motto »Rassismus entgegentreten – Faschismus bekämpfen – Verfassungsschutz auflösen« durch die Stadt. Sie forderten »lückenlose Aufklärung der Mordserie des NSU und der staatlichen Verstrickungen, ohne Rücksicht auf Geheimhaltungspflichten« und »sofortige Abschaltung aller V-Leute«. Das war zu viel Kritik für den Verfassungsschutz. Die Demonstrationsroute musste über zwei Instanzen gegen eine Verfügung der Polizei erstritten werden, die die Demonstration aufgrund einer nebulösen Gefahrenprognose großräumig am Sitz des Verfassungsschutzes vorbeileiten wollte. Die Begründung: »Weiterhin ist es wahrscheinlich, dass es vor dem Hintergrund des kritischen Tenors der Forderung nach ›Abschaffung des Verfassungsschutzes‹ beim Passieren der Innenbehörde am Johanniswall zu deutlichen verbalen Unmutsäußerungen seitens der Versammlungsteilnehmer kommt. Ferner sind doch symbolische Schmähaktionen, z.B. in Form von anklagender Plakatierung denkbar.«[14] Diese Begründung ist beispielhaft für die Debatte in Hamburg. Empörung? Fehlanzeige. In der Hansestadt soll es keine Verfehlungen gegeben haben. Der Verfassungsschutz kann weiter schalten und walten, wie er will. Über die »Parlamentarischen Kontrollkommissionen« der Geheimdienste wird die Öffentlichkeit nicht informiert, ihre Mitglieder sind auf Lebenszeit zur Geheimhaltung verpflichtet. Die öffentlich einsehbaren Berichte sind inhaltsleer und belanglos. Anfragen von Abgeordneten zum Verfassungsschutz werden fast durchgehend mit Verweis auf das angeblich gefährdete »Staatswohl« nicht beantwortet. Nun hat die parlamentarische Geschäftsführerin der Fraktion DIE LINKE in der Hamburgischen Bürgerschaft Christiane Schneider gegen diese Praxis Klage beim Hamburger Verfassungsgericht eingereicht – man darf auf den Ausgang des Verfahrens gespannt sein.

Im Februar 2013 lehnte Aysen Taşköprü eine Einladung von Bundespräsident Gauck ab, weil »sie Antworten und keine Betroffenheit« haben möchte, wie sie in einem Brief an Gauck schrieb. Bei dem Treffen wa-

---

[14] Vgl. Schneider, Christiane/DIE LINKE Fraktion in der Hamburgischen Bürgerschaft (2012): Drucksache 20/5803, 16.11.2012.

ren die AnwältInnen der Betroffenen nicht erwünscht, »weil es in dem Treffen nicht um rechtliche Fragen gehen solle« und »um die persönliche Atmosphäre zu gewährleisten«. Aysen Taşköprü will aber weder alleine zum Bundespräsidenten noch demonstrative Betroffenheit. Sie will, dass die Morde aufgeklärt werden. »Da helfen«, schrieb sie, »aber keine emphatischen Einladungen, da würden nur Taten helfen.«

René Heilig

»Piato« und der »Bums«

Brandenburgs Verfassungsschutz drückt sich

Er ist ein höflicher Mensch, Mitte 30, untersetzt. Unter der verwischten Tätowierung an der kahlen linken Kopfseite stand einmal »Blut und Ehre«. »Currywurst und Pommes? Okay. Ein Wasser dazu, bitte.« Der Mann flucht nicht, als der Kellner das Besteck vergessen hat, er holt sich Messer und Gabel selbst. Man kann ihn reizen, wenn man sagt, er sei ein Nazi. Dann hört man: »Ich war ein Nazi, war...!« Nun kümmere er sich nur noch um sich, seine Freundin sowie um das gemeinsame Kind. Und darum, dass er sich möglichst fernhält von diesem Deutschland, in dem seine Vergangenheit ebenso an ihm klebt wie gewisse geheime Dienste, in dem Nazis Menschen umbringen. Und in dem Nazis umgebracht werden. Nie und nimmer hätten sich die »Kameraden« da in Zwickau selbst ... Mehr mag er nicht sagen »zu dem ganzen NSU-Zeugs«.

Der Mann heißt Nick Greger und das Treffen mit ihm war zustande gekommen, weil die Zeitung »neues deutschland« etwas Indiskretes über einen Mann geschrieben[1] hat, der ihm »quer sitzt. Das Schwein hat mich in den Knast gebracht.« Wie das »Schwein« jetzt heißt, wissen nur wenige. Damals hieß er Carsten Szczepanski. Seit im Jahr 2000 sein Dasein als V-Mann des brandenburgischen Verfassungsschutzes – Deckname »Piato« – aufgeflogen ist, hat der Dienst ihm eine neue Identität verpasst. Doch er ist nicht aus dem Sinn, denn Brandenburg hatte Mithilfe bei der Aufklärung der Verbrechen des »Nationalsozialistischen Untergrund« (NSU) zugesagt. Eingelöst wurde sie noch nicht. Doch derartige Kritik hört manch rot-roter Koalitionär nicht gern.

Nachdem am 4. November 2011 der NSU aufgeflogen war, forschte das Brandenburger Innenministerium, ob man auch eine »Leiche im Keller« hat. Auf einem entsprechenden Dokument hatte jemand am 15. November 2011 handschriftlich vermerkt, er habe mit der Leiterin der Abteilung Verfassungsschutz besprochen, dass dort »in eige-

[1] Neues Deutschland (2013): V-Mann als Terrorführer, 30.1.2013

ner Zuständigkeit geprüft wird, ob untenstehende Information an die Strafverfolgungsbehörden weitergegeben werden kann«. Der Zweifel war berechtigt, denn 1998 war das Brandenburger Innenministerium »grundsätzlich nicht bereit, die Quelleninformation als solches für die Polizei ›freizugeben‹«, vermerkte der sächsische Verfassungsschutz. Mit ihm und den Thüringern hat man das Wissen geteilt. Inhalt der Quelleninformation, die spätestens ein halbes Jahres nach dem Untertauchen des Jenaer Bombenbastler-Trios, das sich zum NSU entwickelte, vorlag: Jan Werner, ein Führer von »Blood & Honour« (B&H) aus Sachsen, habe den Auftrag, Waffen zu beschaffen. »Nach Entgegennahme der Waffen, noch vor der beabsichtigten Flucht nach Südafrika, solle das Trio einen weiteren Überfall planen, um mit dem Geld sofort Deutschland verlassen zu können.« Damals hatten Uwe Mundlos, Uwe Böhnhardt und Beate Zschäpe noch keinen Mord begangen. Die Information stammte von Szczepanski. Ein Abteilungsleiter hatte für Geheimdienst-Chefin Winfriede Schreiber im Juni 2012 Informationen über »Piato« zusammengetragen: Der V-Mann »gab als bundesweit einzige Informationsquelle weiterführende Hinweise auf den Verbleib dreier flüchtiger Neonazis aus Thüringen«.

Szczepanski ist so ziemlich das Widerlichste, was Neonazis aufzubieten haben, das jedenfalls meint der Bundesanwalt Hans-Jürgen Förster. Zwischen 1996 und 1998 war er Verfassungsschutz-Chef in Potsdam. Als er feststellte, dass Szczepanski »sein« V-Mann war, wollte er ihn rasch loswerden. Vorsichtshalber fragte er seinen Minister. Der hieß damals Alwin Ziel (SPD). Auch er sei aus allen Wolken gefallen. Ziel und Förster holten sich Rat und das Okay zur Weiterbeschäftigung von »Piato«. Bei wem? Das soll ein Geheimnis bleiben. Zumal der Mann inzwischen verstorben wäre, sagt Förster.

Wann Szczepanski bei welchem Dienst seine Zuträgerkarriere begonnen hat, ist nicht klar. Der Neonazi, geboren in Berlin-Neukölln und nach der Wende in Königs Wusterhausen gemeldet, betrieb Anfang der 1990er Jahre den Aufbau einer deutschen »Ku-Klux-Klan«-Bruderschaft. RTL begleitete ihn, als er im September 1991 gemeinsam mit dem US-Klan-Boss Dennis Mahon ein Hasskreuz abfackelte. Bei den anschließenden Vernehmungen durch das Bundeskriminalamt hatte man ihm schmackhaft gemacht, dass er durch Kooperation mit einer Behörde vor Strafverfolgung verschont werden könne. Man erkannte seine »tätige Reue«. Der von der Bundesanwaltschaft gegen den Herausgeber des »United Skin«-Magazins und Ortschef der Königs Wusterhausener NPD gehegte Verdacht, er habe eine terroristische Vereinigung gebildet, löste sich im Nichts auf.

Es war am 9. Mai 1992, als der nigerianische Lehrer und Asylbewerber Steve Erenhi im brandenburgischen Wendisch-Rietz eine Disco betrat. Im Nu hatten ihn Neonazis umzingelt. »Ausländer raus« und »Heil Hitler« riefen sie und schlugen ihn zusammen. »Anstecken die Kohle … verbrennt das Schwein«, brüllte jemand. Mangels Benzin schleifte die Bande ihr Opfer zum Scharmützelsee, versuchte es zu ertränken. Erenhi entging nur knapp dem Tod. Im Februar 1995 verurteilte das Landgericht Frankfurt (Oder) den »Führer der Meute« wegen versuchten Mordes zu acht Jahren Haft. Szczepanski habe seine Kumpane in einen »Tötungsrausch« getrieben. Man erkannte eine »tiefverfestigte rechtsradikale, neofaschistische, gewaltverherrlichende und menschenverachtende Gesinnung«.

Als Häftling hatte Szczepanski nicht viel auszustehen. Nachdem er vom Landesamt den aktuellen Verfassungsschutzbericht erbeten hatte, kümmerte sich die Behörde intensiv um »Piato«. Juli 1994 gibt der Dienst als »Einstellungszeitpunkt« an. Seit Anfang April 1998 war der V-Mann Freigänger und bekam 18 Tage Urlaub pro Jahr. Seine Führungsleute holten ihn am Knast ab, brachten ihn zu seinen Nazitreffs und sorgten dafür, dass der Häftling pünktlich wieder in der Zelle war. Jederzeit war man per Diensthandy verbunden. 1.000 Mark pro Monat soll er erhalten haben.

An welchen Tagen der V-Mann-Häftling Szczepanski unterwegs war, lässt sich nicht rekonstruieren. Die Gefangenenakten sind fristgemäß vernichtet worden, sagt Volkmar Schöneburg (DIE LINKE). Er ist heute Justizminister in Brandenburg. Andere Details, über die das Innenressort seines Ministerkollegen Dietmar Woidke (SPD) eigentlich den Bundestags-Untersuchungsausschuss zum NSU hätte unterrichten müssen, förderten Schöneburgs Mitarbeiter doch zutage. Darin wird deutlich, wie arglistig die Richterin getäuscht wurde, die über Szczepanskis vorzeitige Entlassung zu entscheiden hatte. Gegen die Hinterlist des Verfassungsschutzes, der sich auf das »Funktionieren« der Staatsanwaltschaft und der Leitung der Justizvollzugsanstalt verlassen konnte, hatte das Gericht keine Chance. Der Richterin sagte man, der Häftling sei durch »positives vollzugliches Verhalten« aufgefallen, man attestierte ihm Fleiß und Zielstrebigkeit. Er habe sich von der rechtsextremen Szene gelöst. Eigenständig und erfolgreich sei er um seine Wiedereingliederung bemüht. Der Beweis: Ein Arbeitsvertrag mit einer Firma Probst in Limbach (Sachsen). Bei der hatte der Freigänger ein Praktikum absolviert. Mit der Firma war Szczepanski schon vor seiner Haft verbunden. Sie handelte mit NS-Devotionalien. Das sächsische B&H-Mitglied Antje Probst – sie wollte Zschäpe später ihren Pass zur Flucht überlassen – betrieb mit ihrem Ehemann Michael den Szeneladen »Sonnentanz« in Chemnitz.

Das Thüringer Landeskriminalamt hörte eine Zeit lang Telefone von Neonazis ab. Dabei fing man eine SMS auf: »Hallo, was ist mit den Bums«, soll Jan Werner »Piato« am 25. August 1998 um 19:21 Uhr gefragt haben. Zu diesem Zeitpunkt befand sich das angerufene Handy in Chemnitz, wo sich die NSU-Mörder versteckt hielten. »Mag sein«, sagt der Brandenburger Geheimdienst, doch man verpasste »Piato« ein Alibi. Zu diesem Zeitpunkt sei er mit seinem V-Mann-Führer im Raum Brandenburg gewesen. Doch irgendwer lügt. Denn auch die Geschichte, die der Chefin des Brandenburger Verfassungsschutzes zur »Klärung« einfällt, ist schräg: Ja, am 24. August 1998 seien V-Mann-Führer und V-Mann in Chemnitz gewesen, doch just am 25. August habe »Piato« ein neues Handy mit einer anderen Nummer bekommen. Wer das alte übernahm, sei unbekannt. Kann »Piato« das bestätigen? Nachdem der V-Mann im Jahr 2000 aufgeflogen ist, hat der Geheimdienst ihm mit Unsummen ein neues Leben verpasst. Kontakt ist nicht möglich. Also müssen wir uns auf das stützen, was »Piato« 2012 dem Bundeskriminalamt erzählte: »Inwiefern haben Sie Informationen erlangt, in denen eine Waffenbeschaffung durch WERNER für das ›Trio‹ Gegenstand war?« Antwort: »Garnich.« Auf weitere Vorhaltungen meinte »Piato«: »Nein, das sagt mir jetzt gar nichts.« Böhnhardt, Mundlos, Zschäpe? Fehlanzeige. Und der NSU-Sprengstoffbeschaffer und Berliner V-Mann Thomas Starke? Null Aussage. NSU-Helfer Ralf Wohlleben? »Nein, sagt mir gar nichts.«

Man darf nach dem Studium des Befragungsprotokolls annehmen, dass sich Szczepanski trotz Aussagegenehmigung des Verfassungsschutzes viele Erinnerungslücken gegönnt hat. Doch eine seiner Antworten klingt plausibel. Angesprochen auf die »Bums«-Anfrage und andere SMS-Kontakte, bei denen er mit seinen Initialen CS unterschrieben haben soll, meinte »Piato«: »Ich unterschreibe SMS an sich nie. Also in der Regel weiß man, von wem man welche SMS bekommt.« Das klingt irgendwie plausibel.

Warum schützt man Szczepanski noch immer? Auch ohne seine neue Identität preiszugeben, könnte man wahrheitsgemäß berichten. Doch dann wäre der Verfassungsschutz in Potsdam »dran«. Auch der Brandenburger Geheimdienst bemühte sich offenbar, Neonazis zu Gruppen zusammenzuführen. Vermutlich, um sie so besser lenken und überwachen zu können.

Nick Gregers Erzählungen darüber, wie er »in das Ganze reingeraten« ist, stützen die Vermutung. Als der Neonazi aus Saalfeld eine Jugendstrafe verbüßt hatte, kam er nach Berlin und ging zu einer NPD-Versammlung. Dort traf er Uwe Brunke, der die Berliner »Kameradschaft Beusselkietz« führte. Er vermittelte Greger an den Kameraden Szczepanski. »Der machte nicht nur radikale Sprüche, der wollte auch eine Wehrsportgruppe bilden«, erinnert sich Greger. »Krieg spielen bei Halbe, klar, das wollten wir alle. Bisschen Bumms, bisschen Ballern...« Doch Szczepanskis benahm sich nicht wie ein Amateur. Bei Besprechungen sammelte der alle Handys ein und entfernte wegen Abhörgefahr die Akkus. Auf seine Anweisung hin beschaffte man ein Präzisionsgewehr samt 300 Schuss. Greger gab er Anleitungen zum Bau von Rohrbomben und Minen. »Ich war so blöd, baute eine Rohrbombe und habe auch Szczepanskis Aufkleber von der NSDAP/AO bei mir versteckt.« Eines Tages hätte Szczepanski angerufen und gesagt, er sei nur knapp einem Überfall durch Linke entgangen. »Als wir zu seinem Schutz anrückten, qualmte sein Auto noch. Ich bin heute sicher, er hat es selber angezündet«, meint Greger. Doch Szczepanski sann auf Rache. Er hatte zwei Linke ausgesucht, »die daran glauben sollten«. Ein Team nach dem Vorbild der englischen Terror-Truppe »Combat-18« wollte er formen. Bei den konkreten Anschlagsplanungen hatte Szczepanski dann in seiner Küche zu tun. Offenbar war er von seinem V-Mann-Führer gut trainiert worden: Nie dabei sein, wenn eine gravierende Straftat geplant wird.

Heute weiß Greger, dass ihm das Verhalten des Anführers hätte zu denken geben sollen. Aber auch so war ihm die Sache zu heiß, er ließ den

Plan fallen. Schon in der Nacht nach der Kampfabsage stürmte die Polizei seine Wohnung. »Die wussten genau, welche Beweismittel bei mir zu finden waren. Also rückte ich schließlich auch die gebrauchsfertige Rohrbombe heraus, die ich in Szczepanskis Auftrag gebaut hatte. Beim Verhör beschuldigten mich die Staatsschützer, ein Mitglied der ›Nationalrevolutionären Zellen‹ gewesen zu sein.« Greger schwört, dass er diesen Begriff davor »noch nie gehört hatte«. Der Ex-Nazi fragt sich: Gab es die Gruppe wirklich oder war sie Fiktion aus einem Verfassungsschutz-Drehbuch? Vor der Gerichtsverhandlung schlossen Richter, Staatsanwalt und Gregers Verteidiger einen Deal: Geringere Strafe, wenn der Name Szczepanski nicht fällt. Greger hielt sich daran, er wurde für sein Schweigen nicht belohnt.

Die Geschichte um Greger, den V-Mann »Piato« und den Brandenburger Verfassungsschutz ist gewiss lückenhaft erzählt. Vervollständigen könnten sie Szczepanskis V-Mann-Führer. Zwischen 1996 und 2000 soll es drei gegeben haben. Einer von denen spricht seit einiger Zeit gern von »Transparenz«. Er heißt Gordian Mayer-Plath. Man hat ihn von Brandenburg abgeordnet, um als Präsident den Verfassungsschutz in Sachsen aus dem NSU-Sumpf zu ziehen.

Marcel Eilenstein

Der vergessene Terror von Rechts

Von den Anfängen bis 1990

Der Rechtsterrorismus ist in den letzten Jahren nicht vom Himmel gefallen. Er feiert in Deutschland bald sein einhundertjähriges Bestehen. Dabei hat er über die Jahrzehnte thematische und ideengeschichtliche Kontinuitäten entfaltet. Der braune Terror in Deutschland hat seinen ideologischen Kern im Militarismus und Paramilitarismus, der immer wieder als verbindendes Element auftaucht, und im Antikommunismus, der das Scharnier in die bürgerliche Mitte bildet. Seit den 1980er Jahren – wie sich am Netzwerk des »Nationalsozialistischen Untergrunds« (NSU) zeigte – nahm Rassismus eine zunehmend sinnstiftende Rolle ein. Praktische Auswirkungen der ideologischen Kernelemente sind an den Haupthandlungsfeldern der RechtsterroristInnen zu beobachten. Diese lassen sich knapp und unvollständig beschreiben: Stabilisierung, Verteidigung und Restauration der faschistischen Herrschaft, antikommunistischer Kampf gegen Linke oder bürgerliche GegnerInnen der (neo)faschistischen und nazistischen Ziele, Antisemitismus und Geschichtsrevisionismus; und zu Zeiten der Systemkonfrontation: Revision von Gebietsverlusten und Destabilisierung der DDR, Rückerlangung der vollen Souveränität Deutschlands und Abzug aller Besatzungstruppen. Heute ist das Handlungsfeld vor allem die Bekämpfung von people of color.[1]

In den Anfangsjahren der Weimarer Republik sammelten sich restaurative Teile der Reichswehr in den Freikorps. Die Mehrheit dieser von Sozialdemokratie und bürgerlicher Mitte tolerierten Gruppen beschränkte sich als Bürgerkriegsfraktion auf den Kampf gegen die Arbei-

---

[1] Eine notwendige und breite Diskussion zur Frage der Begriffsfassung ist hier nicht möglich. Gerade über die Definition dessen, was unter Rechtsterrorismus zu sammeln wäre, lassen sich bereits ungewollte Themen aus-, beziehungsweise gewünschte Inhalte eingrenzen. Es gibt bis heute keine anerkannte Terrorismusdefinition geschweige denn eine für Rechtsterrorismus.

terInnenbewegung. Eines dieser etwa 120 Freikorps führte Korvettenkapitän Hermann Ehrhardt. Die Marinebrigade Ehrhardt beteiligte sich an der Niederschlagung der Münchner Räterepublik, Grenzkonflikten in Oberschlesien und am Kapp-Lüttwitz-Putsch. Bereits die Morde an den Führern der Spartakusgruppe Karl Liebknecht und Rosa Luxemburg im Januar 1919, einen Monat später an Kurt Eisner, Ministerpräsident und führender Repräsentant der Novemberrevolution in Bayern, oder 1921 an Karl Gareis, dem Vorsitzenden der bayerischen USPD-Landtagsfraktion, verdeutlichen die Vernetzung und Handlungsfähigkeit der extremen Rechten in der Weimarer Republik. Ehrhardt änderte diese Strategie und professionalisierte den Terror gegen die bürgerlichen Eliten der Republik. Ausgewählte Teile seiner Brigade sammelten sich in der »Organisation Consul« (OC), die unter einer Tarnadresse in München residierte. Zu ihren Opfern gehörten führende Repräsentanten der Weimarer Republik. Erstes Opfer im August 1921 war Reichsfinanzminister und der Verhandlungsführer des Waffenstillstandsabkommens von Compiègne, Matthias Erzberger. Philipp Scheidemann, der für die Sozialdemokratie 1918 die Republik ausrief, überlebte im Juni 1922 einen Blausäureanschlag von Ehrhardt-Männern. Das letzte hochrangige Opfer war der Reichsaußenminister Walther Rathenau. Nach diesem Mord wurde die OC zügig zerschlagen. Doch Ehrhardt konnte sich nach Tirol absetzen. Die Tätigkeit der Ehrhardt-Truppe fand unter den Augen des Münchner Polizeipräsidiums und der preußischen Regierung statt.[2] Die Ziele der OC lesen sich als Blaupause späterer Rechtsterroristen (Stichwort: »Strategie der Spannung«). Ehrhardt verdeutlichte seinen Anhängern, dass es ihm nicht um einen erneuten Putsch gehe. Vielmehr soll ein Aufstand linker Kräfte provoziert werden, in dessen Verlauf die OC der Regierung ihre Hilfe anbieten wolle, um im Anschluss daran mit den neu erlangten Möglichkeiten die Regierungszusammensetzung zu beeinflussen.[3] Ende der 1920er Jahre formte sich nach politischer Entfremdung von den sozioökonomischen Bedingungen der Weimarer Republik

---

[2] Vgl. Sabrow, Martin (1994): Der Rathenaumord – Rekonstruktion einer Verschwörung gegen die Republik von Weimar. München: Oldenbourg Wissenschaftsverlag, S. 35f.

[3] Vgl. Stern, Howard (1963): The Organisation Consul, S. 20-32, in: The Journal of Modern History, 35. Jg., Nr. 1, S. 22.

in Schleswig-Holstein die »Landvolkbewegung«. Unterstützt von ehemaligen OC-Männern und getragen von völkischen Bauern protestierte die Bewegung gegen die Steuerpolitik. Im Verlauf der Auseinandersetzung verübte ein Teil des »Landvolks« Anschläge vorwiegend gegen Finanzämter. Allerdings konnten die Ziele, die sich auf die Lösung von Problemen aus Industrialisierung und Modernisierung richteten, nicht erreicht werden. Die Bewegung zerfiel bis 1932.[4] Im Angesicht ihres Untergangs installierten die Nationalsozialisten Ende 1944 eine Partisanenarmee, die durch Guerillaaktionen die Alliierten in den befreiten Gebieten bekämpfen sollte. Dies erreichte der so genannte »Werwolf« nicht. Letztlich war er ein Werkzeug der NSDAP zur Einschüchterung kapitulationsbereiter Personen, welches seine propagandistische Wirkung erzielte. Bis zur Befreiung beging die Organisation zahlreiche Fememorde.

Die Auseinandersetzung mit dem rechten Terrorismus im Nachkriegsdeutschland ist erinnerungspolitisch ein umkämpftes Terrain. Durch die Scharnierfunktion des Antikommunismus bis ins sozialdemokratische Spektrum hinein tut sich die Politikwissenschaft schwer, die antikommunistischen Terrorakte und Gruppen der 1950er Jahre im Rechtsterrorismus einzuordnen.[5]

Auf der westlichen Seite des Eisernen Vorhangs sammelten sich Altnazis in zahlreichen Organisationen. Im »Bund Deutscher Jugend« (BDJ) und insbesondere seiner Unterabteilung, dem »Technischen Dienst« (TD), wurden konkrete Pläne für den Tag X, die sowjetische Invasion, ausgearbeitet. Konkrete Listen mit Personen, die der Ermordung zuzuführen seien, wurden erstellt. Da sich neben KommunistInnen vorwiegend SozialdemokratInnen darauf befanden, wurde die Gruppe 1953 durch den hessischen SPD-Innenminister zerschlagen. Waffen und Finanzmittel erhielt der BDJ/TD vorwiegend von US-Stellen. Auf Initiative des »Bundesministeriums für gesamtdeutsche Fragen« wurden die wenigen Verhafteten ohne Konsultation der hessischen Behörden entlas-

---

[4] Vgl. Angress, Werner T. (1959): The Political Role of the Peasantry in the Weimar Republic, in: The Review of Politics, Jg. 21, Nr. 3, S. 538-543.

[5] Vgl. Pfahl-Traughber, Armin (2012): Geschichte des Rechtsterrorismus in der Bundesrepublik Deutschland, in: Einsichten und Perspektiven, Nr. 1, S. 56-71.

sen.[6] Mit der Zerschlagung war ein erster Teil der später als »Gladio« beziehungsweise »Stay Behind« bezeichneten, von den USA in Westeuropa installierten, dem »Werwolf« vergleichbaren, Struktur aufgedeckt. »Gladio« als Netzwerk alter und neuer Nazis und FaschistInnen mit konservativen PolitikerInnen sowie der US-Auslandsspionage wird sich in den folgenden Jahren zur wichtigsten klandestin geführten Schnittstelle des europäischen Rechtsterrorismus entwickeln.[7] Auf der östlichen Seite des Vorhangs übernahm die »Kampfgruppe gegen Unmenschlichkeit« (KgU) die »Gladio«-Funktion. Sie ist ein Produkt des Kalten Krieges, das 1948 als Suchdienst für Verschollene seine Arbeit aufnahm und durch seine Vernetzung in der SBZ beziehungsweise der DDR für die westlichen Geheimdienste schnell nachrichtendienstliche Relevanz erlangte. Die Arbeit des Suchdienstes erweiterte sich um antikommunistische Agitation. Mit dem Anwachsen des Unterstützernetzwerkes, einer neuen Führung und der Verschärfung des Ost-West-Gegensatzes kamen ab 1950/51 Fälschungsaktionen, Sabotage und die Durchführung von Anschlägen hinzu. Nach eigenen Angaben umfasste das KgU-Netz 1951 etwa 242.000 Personen.[8] Lange nicht alle Gruppenmitglieder waren nach der Umorientierung der Gruppe bereit, Terrorhandlungen zu begehen. Für die westlichen Nachrichtendienste war das Netzwerk als Informationsquelle über Entwicklungen im sowjetischen Einflussgebiet wichtig. Zumindest das Verschwinden der KgU aus den Annalen der Rechtsterrorismuserinnerung lässt sich dadurch erklären. Nach 1990 wird die Literatur zur KgU durch die Publizistik der Stasiunterlagenbehörden dominiert, die nicht umhin kam, die KgU in den Rahmen der legitimen DDR-Opposition einzuordnen.[9] Antikommunismus als We-

---

[6] Vgl. Buschke, Heiko (2003): Deutsche Presse, Rechtsextremismus und nationalsozialistische Vergangenheit in der Ära Adenauer. Frankfurt am Main: Campus Verlag, S. 210f.

[7] Vgl. Ganser, Daniele (2008): NATO-Geheimarmeen in Europa – Inszenierter Terror und verdeckte Kriegsführung, Zürich: Orell Fuessli.

[8] Merz, Kai-Uwe (1987): Kalter Krieg als antikommunistischer Widerstand – Die Kampfgruppe gegen Unmenschlichkeit 1948–1959, München: Oldenbourg, S. 153.

[9] Vgl. Finn, Gerhard (2000): Nichtstun ist Mord. Die Kampfgruppe gegen Unmenschlichkeit, Berlin: Westkreuz-Verlag; Schlomann, Friedrich-Wilhelm (1998):

sensmerkmal des historischen Rechtsterrorismus wird in der Forschung negiert. Wenn es nicht gelingt, die antikommunistische Motivation zu verschleiern, wird diese wie im Fall der KgU als legitime Opposition umdefiniert. Diese Form des Rehabilitierens zeigt sich exemplarisch im Umgang mit Josef Kneifel, einem Bombenleger der 1980 – nach mehrjährigen Vorbereitungen – in Chemnitz das sowjetische Panzerdenkmal sprengte und dafür ein Jahr später verurteilt wurde. Nach 1990 engagierte er sich als Gefangenenbetreuer für die 2011 verbotene, neonazistische »Hilfsorganisation für nationale politische Gefangene und deren Angehörige« (HNG). Dies hielt Eckhard Jesse, die »Landeszentrale für politische Bildung Sachsen« und die damalige Gauck-Behörde nicht davon ab, ihn 2005 als DDR-Oppositionellen und Zeitzeugen referieren zu lassen. In der Nachkriegszeit rechtfertigten die Schattenkämpfer des »Werwolfs« häufig die repressive Politik der Sowjetischen Militäradministration in Deutschland (SMAD) in der Sowjetischen Besatzungszone (SBZ). Anschließend führten in den 1950er Jahren bis zu ihrer Auflösung 1959 die Aktionen der KgU und anderer halbnachrichtendienstlicher antikommunistischer Diversionsgruppen zu einer Erhöhung der Repression in der DDR-Innenpolitik.

In den 1960er Jahren entspannte sich nicht nur die politische Weltlage. In der BRD konstituierte sich die »Nationaldemokratische Partei Deutschland« (NPD) als Parteiensammlung rechts von der CDU/CSU. Von 1966 bis zum Ende der Großen Koalition 1969 kam die NPD in sieben Landesparlamente. Das thematische Vakuum, welches die Union von konservativ bis neofaschistisch hinterließ, verschwand zur Bundestagswahl 1969. Unterdessen befanden sich Deutsch-Völkische, darunter viele Burschenschafter, aus Österreich und der BRD in Südtirol im Bombenkrieg für die Sezession von Italien. Anschließend bauten diese völkischen Terroristen sich bürgerliche Karrieren – italienische Verurteilungen in Abwesenheit brauchten sie nicht fürchten – ohne Stigma

---

Mit Flugblättern und Anklageschriften gegen das SED-System, Schwerin 1998. Finn und Schlomann sind ehemalige KgU-Mitglieder. Heitzer, Enrico (2008): »Affäre Walter«. Die vergessene Verhaftungswelle, Berlin: Metropol Verlag, gefördert von der Stiftung Aufarbeitung der SED-Diktatur, arbeitet, positiv zu bewerten, die NS-Vitas heraus, um wenig überraschend die Opferrolle dieser hervorzuheben.

des Terrorismus auf.[10] Das Aktionsfeld deutscher Rechtsterroristen befand sich in dieser Zeit in Bekämpfung der verstärkten Verfolgung von NS-Verbrechern. Ohne Erfolg planten Nazi-Terroristen 1966 zwei Anschläge gegen die Zentralstelle zur Aufklärung von NS-Verbrechen und den hessischen Generalstaatsanwalt Fritz Bauer, der seit Anfang der 1950er Jahre die Verfolgung von NS-Tätern forcierte.[11]

Nach dem Ausscheiden der NPD aus den Parlamenten war der Parteiführung der eigene, als Schlägertruppe verschriene, »Ordnerdienst« unerwünscht. Die Partei setzte in den kommenden Jahren auf eine nach außen legalistische Strategie. Zahlreiche der kommenden RechtsterroristInnen durchlebten ihre politische Sozialisation im aufgelösten »Ordnerdienst« oder der 1974 gegründeten »Wehrsportgruppe Hoffmann«. Hoffmann gelang es, als paramilitärische Ausbildungsinstanz in der zumindest nach ihrer Außenwahrnehmung fraktionierten[12] nazistischen Szene Akzeptanz zu finden. Anfang der 1970er sammelte sich die Rechte von Union bis Neonazis in der »Aktion Widerstand«. In Demonstrationen richteten sich die Anhänger gegen die Ostpolitik der Regierung von Willy Brandt (SPD). Den Einstieg in die Dekade, in der nach landläufiger Meinung der Rechtsterrorismus in Deutschland begann, markiert die altgediente Nazipostille »Nation Europa«. Ihr Reprint des Ausbildungshandbuchs für den Partisanenkrieg »Werwolf – Winke für Jagdeinheiten« veröffentlichte sie als »Denkmodell für kommende Dinge«. Bis heute genießen Nachdrucke eine rege Verbreitung.

Die »Europäische Befreiungsfront« versuchte 1970, die Straßenproteste der »Aktion Widerstand« durch einen Anschlagsversuch auf die Stromversorgung zum Besuch des DDR-Ministerpräsidenten in Kassel zu begleiten. Ein Mordversuch an einem Wachsoldaten am sowjetischen Ehrenmal in Berlin verlief nicht tödlich. Weitere kleine kurzlebige Gruppen versuchten, die Entspannungspolitik und den Abschluss der Ost-

---

[10] Vgl. Kronauer, Jörg (2007): »Für ein wiedervereinigtes Tirol!« Die »Südtiroler Freiheitskämpfer« gestern und heute, S. 38-40, in: Lotta. Antifaschistische Zeitung aus NRW, Nr. 27.

[11] Vgl. Rabert, Bernhard (1995): Links- und Rechtsterrorismus in der Bundesrepublik Deutschland von 1970 bis heute. Bonn: Graefe Verlag, S. 233.

[12] Vgl. ID-Archiv im IISG (Hrsg.) (1992): Drahtzieher im braunen Netz – Der Wiederaufbau der »NSDAP«. Berlin/Amsterdam: Edition ID-Archiv.

verträge zu verhindern. Die meisten wurden zügig zerschlagen. Schon damals verwiesen bei Razzien sichergestellte Waffenberge auf das enorme terroristische Potenzial dieser Gruppierungen. Protegiert von der bayerischen CSU durchliefen unterdessen zwischen 400 und 600[13] FaschistInnen ihre Lehrzeit bei Karl-Heinz Hoffmann.

In Italien drohte Herbert Kappler, der letzte hochrangige Kriegsverbrecher aus dem »Sicherheitsdienst« (SD) und der »Schutzstaffel« (SS) in Haft zu sterben. Den SS-Veteranenverbänden gelang es, ihre bestehende Handlungsfähigkeit 1977 zu demonstrieren und Kappler aus einem italienischen Militärkrankenhaus zu befreien. Die »Kameraden« veröffentlichten eine Geschichte, wonach Kapplers Frau die Flucht aus dem Gefängnis und aus Italien alleine in die Wege geleitet und ausgeführt hätte. Deutsche Behörden stellten alle notwendigen Dokumente aus.[14] Im selben Jahr begann die »Gruppe Ludwig«, bestehend aus zwei katholisch-fundamentalistisch orientierten Rechten, in Italien und Deutschland durch Morde und Brandanschläge bis 1984 15 Menschen zu töten. Allgemeinen Sittenverfall rekonstruierten die Ermittler als Motiv der Beiden.

Seit Mitte der 1970er baute Michael Kühnen in Norddeutschland Nazigruppen auf. Mit öffentlichkeitswirksamen Aktionen wollten Kühnen und seine »Aktionsfront Nationaler Sozialisten« (ANS) das NS-Wiederbetätigungsverbot erodieren. Unterdessen verschafften sich Mitglieder seiner Gruppe durch Überfälle auf Armeepersonal Waffen. Im nächsten Schritt sicherten sie mit einem Banküberfall ihren Gang in die Illegalität finanziell ab. Geplant war ein Anschlag auf die Gedenkstätte Bergen-Belsen, zu dem es nicht mehr kam. Die Gruppe wurde 1978 verhaftet. Ihr Führer Kühnen, der sich bei den Überfällen im Hintergrund hielt, wurde nur wegen NS-Propaganda verurteilt.[15]

---

[13] 400 werden von Armin Pfahl-Traughber vertreten, während bis 600 von Müller, Rudolf: Schule des Terrorismus – Die Wehrsportgruppe Hoffmann und andere militante Neonazis, S. 222-238, in: Benz, Wolfgang (Hrsg.) (1987): Rechtsradikalismus: Randerscheinung oder Renaissance? Frankfurt am Main: Fischer, S. 222.

[14] Vgl.: Pomorin, Jürgen/Junge, Reinhard/Biemann, Georg (1981): Geheime Kanäle – Der Nazi-Mafia auf der Spur. Dortmund: Weltkreis Verlag, S. 126-172.

[15] Vgl. Dudek, Peter (1985): Jugendliche Rechtsextremisten – Zwischen Hakenkreuz und Odalsrune 1945 – heute. Köln: Bund Verlag, S. 170-181.

Zu den bekanntesten Rechtsterroristen gehört Manfred Roeder. Seine Aktionen radikalisierten sich in den 1970er Jahren zusehends. Über einen gemeinnützigen Verein sammelte er beträchtliche Spenden, obwohl er bereits im Ausland untergetaucht war. Mit einem Kreis enger Vertrauter, zu denen auch Frauen gehörten, allerdings in weiblichen Rollen wie Tochter oder Ehefrau, begann er nach seiner Rückkehr 1980, die »Deutschen Aktionsgruppen« (DA) aufzubauen. Ihre erste Anschlagswelle war von Antisemitismus und NS-Relativierung geprägt. In der zweiten Jahreshälfte 1980 nahmen sie die NPD-Bundestagswahlkampfparole »Ausländerstopp – Deutschland den Deutschen« als Anknüpfungspunkt, um in politische Debatten einzuwirken. Es folgten rassistisch motivierte Anschläge, wobei zwei Vietnamesen starben. Gefangene der DA gaben an, dass ihnen durch den Gladio-Mann Heinz Lembke Sprengstoff und Waffenausbildung angeboten worden waren.[16]

Im Januar 1980 wurde die »Wehrsportgruppe Hoffmann« verboten und Hoffmann setzte sich umgehend mit 15 Anhängern in den Libanon ab. In einem dortigen Ausbildungscamp wurden Abweichler gefoltert. Im Dezember 1980 erschoss Hoffmanns »beflissene[r] Adjutant« (»Der Spiegel«) ein jüdisches Verlegerehepaar, das sich in Erlangen für die Gründung einer jüdischen Gemeinde engagierte. Zuvor kam Ende September gemeinsam mit 13 anderen Besuchern ein WSG-Mann beim Bombenanschlag auf das Münchner Oktoberfest ums Leben, mehr als 200 Menschen wurden verletzt. Der Anschlag fand im Vorfeld der Bundestagswahl statt, in dem der CSU-Kanzlerkandidat Franz Josef Strauß öffentliche Sicherheit und die Gefahr durch die »Rote Armee Fraktion« (RAF) als zentrale Wahlkampfthemen positionierte. Die Behörden hatten ihren toten Einzeltäter und schlossen damit die Akten. Seit den 1980er Jahren wird das Ermittlungsergebnis massiv angezweifelt, der Anschlag wird teilweise »Gladio« und der damit verbundenen »Strategie der Spannung« zugeordnet.[17]

---

[16] Goebel, Olaf (1997): Gladio in der Bundesrepublik, in: Mecklenburg, Jens (Hrsg.): Gladio – Die geheime Terrororganisation der NATO. Berlin: Elefanten Press, S. 81f.

[17] Zur Aktenrekonstruktion vgl. Chaussy, Ulrich (1985): Oktoberfest – Ein Attentat. Darmstadt: Luchterhand; Von Heymann, Tobias (2008): Die Oktoberfest-

Um den braunen Veteranen Friedhelm Busse, der bereits 1952 im BDJ aktiv war, gruppierte sich seit 1971 die »Volkssozialistische Bewegung« (VSBD). Nach dem WSG-Verbot verübten Anhänger einen Bankraub und erschossen beim Versuch, Waffen zu schmuggeln, zwei Schweizer Grenzer. Ein Jahr später starben bei einem Feuergefecht mit der Münchner Polizei, die einem Hinweis auf geplante Straftaten nachgehen wollte, zwei »Volkssozialisten«. Busse wurde verhaftet, die VSBD im Januar 1982 verboten. Seine Libanonreise hatte sich Odfried Hepp vermutlich anders vorgestellt. Von seinen Kameraden gefoltert, kehrte er in die BRD zurück. Enttäuscht vom Hitlerismus orientierte er sich weiter zum Anti-Amerikanismus und ging mit Walter Kexel und ihren Anhängern nach dem bewährten Modell – Banküberfälle, Bewaffnung, Illegalität – in den Untergrund. Sie begannen eine kurze, aber intensive Kette von Autobombenanschlägen gegen US-Soldaten, bis sie im Frühjahr 1983 gefasst wurden. Ihr Ziel, den Abzug der Alliierten, erreichten sie nicht.[18] War der VSBD das Auffangbecken ehemaliger Wehrsportgruppenanhänger, so übernahmen Hepp und Kexel das Recycling nach dem Verbot der Busse-Truppe. Umtriebig zeigte sich auch Peter Naumann. Von Italien über Südtirol bis in die BRD war der studierte Chemiker in Bombenanschläge verwickelt. Zuletzt verwaltete er Waffenlager, die dem nachrichtendienstlichen Gladio-Netzwerk zugeordnet werden. Mit Hepp und Kexel plante er, Rudolf Hess aus Spandau zu befreien. Allerdings zerstritten sich die Drei 1982 vor der Aktion.[19]

Bis 1990 lässt sich die Geschichte des Rechtsterrorismus verfolgen. Die Deutsche Einheit tat diesem ebenfalls keinen Abbruch. Vielmehr konnte der militante Neofaschismus in einigen »national-befreiten« Regionen im offenen Straßenterror seine Blutspur fortsetzen. Unter dem Schutz der Verharmloser erlebte er seinen neuerlichen Aufschwung.

Bombe – Die Tat eines Einzelnen oder ein Terroranschlag mit politischem Hintergrund. Berlin: Nora Verlag; Ganser, a.a.O.

[18] Vgl. Winterberg, Yury (2004): Der Rebell. Bergisch-Gladbach: Lübbe Verlag.

[19] Vgl. Antifaschistisches Autorenkollektiv (1996): Drahtzieher im braunen Netz. Hamburg: Konkret Literatur Verlag, S. 44.

Gamma-Redaktion Leipzig

Blut und Ehre, Hass und Spitzel

Das »Blood & Honour«-Netzwerk in Sachsen

Am 14. September 2000 durchsuchte die Polizei bundesweit 45 Wohnungen und Lagerräume von Neonazis. Anlass war ein zwei Tage zuvor vom Bundesinnenministerium gefertigter Verbotsbescheid. Der Schlag galt dem deutschen Ableger (»Division«) des internationalen Netzwerkes »Blood & Honour« (B&H) und dessen Jugendorganisation »White Youth« (WY). Die Organisation weise eine »Wesensverwandtschaft mit dem Nationalsozialismus« auf und habe »bewußt konspirative Strukturen gebildet«.[1] Den Behörden sei »ein erheblicher Schlag gegen zentrale Strukturen der Szene« gelungen, schrieb der Verfassungsschutz.[2] B&H war sechs Jahre lang ungehindert auf bis zu 200 Vollmitglieder in 18 zumeist nach Bundesländern organisierten »Sektionen« gewachsen. Heute ist auch klar: Mitglieder von B&H gehörten zum engsten Kreis der Unterstützer des »Nationalsozialistischen Untergrundes« (NSU).

Zum deutschen B&H-Netzwerk gehörten mehr als 100 Bands, 50 Vertriebe und Labels, Dutzende Läden sowie 300 bis 500 Aktivisten.[3] Seit Anfang der 1990er war die deutsche Szene mit Neonazi-Tonträgern im Millionenbereich überschwemmt worden, der Löwenanteil ging auf B&H zurück. Das gilt auch für mindestens ein Drittel der Neonazi-Konzerte, statistisch gesehen gab es 1998 und 1999 jeden zweiten Tag so ein Event. Dennoch konnte das »Bundesamt für Verfassungsschutz« (BfV) lediglich

---

[1] Bundesministerium des Innern (12.9.2000): Verfügung. – Das Verbot hätte bereits Jahre zuvor ausgesprochen werden können. Es ist seit 13.6.2001 rechtskräftig.

[2] Bundesministerium des Innern (28.3.2001): Pressemitteilung – Verfassungsschutzbericht für das Jahr 2000. Als Indiz wurde die gesunkene Zahl von Rechtsrock-Konzerten angeführt. Doch geschah der Rückgang vor dem Verbot. 2002 stieg die Zahl der Konzerte und Teilnehmer wieder.

[3] Dazu ausführlich: Weiss, Michael (2004): Begleitmusik zu Mord und Totschlag. Rechtsrock in Deutschland, in: Searchlight/AIB u.a. (Hrsg.): White Noise. Rechts-Rock, Skinhead-Musik, Blood & Honour – Einblicke in die internationale Neonazi-Musik-Szene. 4. Aufl., Hamburg/Münster: Unrast, S. 67–92.

neun Neonazis eine Mitgliedschaft nachweisen. So war der »erhebliche Schlag« eher ein Schlag ins Wasser, der die straff organisierten Strukturen nicht traf.[4] Schon zehn Tage nach dem Verbot besuchten 200 Neonazis in Chemnitz ein B&H-Konzert, als wäre nichts passiert. Ausgerechnet in der Hochburg Sachsen hatte das Verbot kaum Auswirkungen.[5] Das militante Netzwerk war 1987 in Großbritannien aus der neonazistischen RAC-Bewegung (»Rock against Communism«) hervorgegangen. Die Initiative zum Aufbau von B&H ging auf die Band »Skrewdriver« zurück. Der Name wurde zum Markenzeichen und europaweit exportiert. Der Unfalltod des bis heute kultisch verehrten Sängers von »Screwdriver« Ian Stuart Donaldson machte die Bewegung 1993 zum Mythos.[6] 1994 folgte in Berlin die offizielle Gründung der »Division Deutschland«. An der Spitze stand bald Stephan Thomas L., genannt »Pinocchio« oder »Pin«. B&H war kein ein rein subkulturelles »Musiknetzwerk«, sondern eine straff geführte Kaderorganisation. Das spiegelt sich auch im »25-Punkte-Programm« wider. Darin heißt es, die Sektionsarbeit sei »in Anlehnung an die völkische Idee« und »nach rassischen Gesichtspunkten« auszurichten.[7] Die Mitgliederzahl solle sich »an qualitativen und nicht an quantitativen Merkmalen« orientieren. Wer mitmachen wollte, musste mindestens 21 Jahre alt sein, einen Bürgen finden und eine sechsmo-

---

[4] Zur zeitgenössischen Einschätzung siehe: AutorInnenkollektiv Argumente: Das Alibi-Verbot im antifaschistischen Sommer 2000, in: Searchlight/AIB u.a. (Hrsg.): White Noise, S. 93-112; sowie: o.A. (2000): Anstandshalber starker Staat. Schily verbietet Blood & Honour, in: Antifaschistisches Infoblatt (AIB), H. 51, 14. Jg., S. 12–19.

[5] Ähnlich rar waren Maßnahmen in Mecklenburg-Vorpommern und Hamburg, wo nur je eine Person betroffen war, sowie in Schleswig-Holstein, wo keine Razzia stattfand. Auch die WY-Strukturen kamen glimpflich davon. Neben deren Führungsgremium aus Thüringen traf es drei Mitglieder aus Brandenburg. Bundesweit soll WY bis zu 100 Mitglieder gehabt haben.

[6] Aus dem anschließenden Führungsstreit entstand in Großbritannien die Terrorgruppe »Combat 18«. Siehe: Lowles, Nick (2010): White Riot. Die Combat 18-Story: Aufstieg und Untergang einer Nazi-Terror-Gruppe. o.O.: KAR.

[7] Solche Vorstellungen waren bei B&H verbreitet, weil es sich bei namhaften Aktivisten um ehemalige Kader der »Nationalistischen Front« (NF) handelte, die 1992 verboten wurde. Von der Welle der Organisationsverbote in den frühen 1990er Jahren hatte die B&H-Division offenbar profitiert. Andere sächsische B&H-Aktivisten waren zuvor bei der »Wiking-Jugend«.

natige Anwartschaftszeit absolvieren.[8] Für Mitglieder war es Pflicht, an Aufmärschen teilzunehmen, wobei die NPD zu unterstützen sei.

Im November 1995 entstand die »Sektion Sachsen« mit anfangs sieben Mitgliedern.[9] Die Wortführer waren Ricardo B. sowie Michael K., Musiker einer Rechtsrock-Band aus Riesa. Schon seit Herbst 1994 waren in Dresden und Chemnitz mehrere Konzerte unter dem B&H-Label veranstaltet worden, der Polizei ist der Chemnitzer Jan W. – später ein enger Helfer des NSU – als Organisator aufgefallen. Vor Ort entstand mit »Chemnitz Concerts 88« eine Clique, die an solchen Veranstaltungen mitwirkte: Im Herbst 1996 fand dort ein Konzert statt, das Gesinnungsgenossen aus mehreren Ländern nach Sachsen zog.[10] Die Bedeutung der Region Chemnitz stieg, als Jan W. 1997 bei einem B&H-Gipfeltreffen in Mücka durch Divisions-Chef »Pinocchio« als Sektionsleiter eingesetzt wurde. Der Mitgliederstamm umfasste damals etwa 15 Personen. Zur Sektion um Jan W. konnten später 30 Personen gerechnet werden, zum Umfeld mindestens 150. Daneben haben Neonazi-Gruppen wie die »Skinheads Sächsische Schweiz« (SSS) und die »Weiße Bruderschaft Erzgebirge«[11] ihre Nähe zu B&H bezeugt. 1998 war die Sektion mit bereits 20 Mitgliedern eine Größe in der rechten Szene des Freistaates. An der Seite von Jan W. standen Thomas S. als Stellvertreter sowie Andreas G. Diese und weitere Sektionsmitglieder[12] stehen im Verdacht, den NSU unterstützt,[13] zumindest aber von ihrem Aufenthaltsort gewusst zu haben.

Zu den Aktivitäten gehörte auch das Verfassen pseudonymer Artikel für das Fanzine der Division. Mit der drei Mal erschienenen, haupt-

---

[8] Vorbild für diese Regeln ist die Rocker-Szene, der sich B&H nach dem Verbot angenähert haben.

[9] Offizielle Mitgliederlisten sächsischer B&H-Strukturen sind offenbar nie sichergestellt worden.

[10] Lowles (2010): ebd., S. 152f.

[11] Zu ihr gehörten die mutmaßlichen NSU-Unterstützer Matthias D. und André E.

[12] Unter anderem: Thomas R. (»Dackel«), Antje P., Jörg W. und Hendrik L.

[13] Hinweise gibt es auf die Lieferung von Sprengstoff 1997 und nach dem Abtauchen auf die Bereitstellung von Wohnraum und Geld sowie den Versuch, Waffen zu besorgen. In Haft soll Thomas S. durch die späteren Rechtsterroristen besucht worden sein, mit Beate Zschäpe soll es eine Liaison gegeben haben.

sächlich durch Thomas S. und Thomas R. edierten Zeitschrift »White Supremacy« legten sich die Sachsen ein eigenes Blatt zu. In der Erstausgabe vom Herbst 1998 wurde ein anonymer Artikel abgedruckt, den das NSU-Mitglied Uwe Mundlos vermutlich kurz nach seinem Abtauchen verfasst hat.

In der Regel trafen sich die sächsischen B&H-Vollmitglieder monatlich an wechselnden Orten zu einem Sektionstreffen. An Locations mangelte es nicht, in Chemnitz und Dresden standen Objekte zur Verfügung, die in der Hand von Rockerclubs waren. Es lief für Jan W. und Co. so gut, dass ihre B&H-Clique ein Eigenleben entwickelte. Neben den offiziellen Strukturen entstand 1997, teils in Personalunion und mit Billigung der Divisionsführung, das B&H-Hauslabel »Movement Records« (MR). Bis 2001 hatte der federführende Jan W. mit dem Label etwa zwei Dutzend Tonträger bekannter Rechtsrock-Bands produziert. MR war geschäftlich ein Erfolg, politisch wurde es zum Zankapfel: Jan W. und sein Stellvertreter Thomas S. wurden im Herbst 1998 aus der Division ausgeschlossen. Vorangegangen waren Meinungsverschiedenheiten mit dem Berliner B&H-Ableger. Die Sachsen monierten, dass man in Berlin zu wenige Konzerte organisieren würde, die Divisions-Führung konterte mit dem Vorwurf, die Sachsen würden Geld zurückhalten, Gewinne nicht teilen und Ausgaben nicht absprechen. Die Exkommunikation führte allerdings nicht zu bleibenden Verwerfungen. Die bisherige Sektion um Jan W. verhielt sich loyal und man blieb – unabhängig und namenlos – gemeinsam aktiv. Zusätzlich zum Label MR entstand 1999 wieder eine offizielle »Sektion Sachsen«, die bis zum B&H-Verbot aber keine herausgehobene Bedeutung erlangte. Doch das erklärt nicht, warum Sachsen vom B&H-Verbot verschont blieb. Denn die neue Sektion trat unter anderem im Internet nachprüfbar in Erscheinung und die Ex-Sektion war de facto eine Nachfolgeorganisation, die sich politisch nie von B&H distanziert hat.

Am 14. September durchsuchten Beamte in Leipzig und Wiedemar den Szeneladen »Midgard« und eine Wohnung an der Meldeanschrift des Szenehändlers Sven L. Aber der war nie in der B&H-Sektion Sachsen aktiv. Zudem klingelten die Beamten bei Rico B. in Oschatz. Er hatte ein Postfach angemeldet, das von der »Sektion Sachsen« genutzt wurde. Die Beamten wollten den Inhalt des Postfachs beschlagnahmen, doch es war am Vortag abgemeldet worden. Viel spricht dafür, dass den Betroffenen das Verbot vorher bekannt gewesen ist. Bei einer früheren Hausdurchsuchung bei B&H-Aktivisten in Berlin wurde internes Schulungsmaterial des LKA zum Thema »Rechtsextremismus« gefunden. Der wichtigste Fund im Zusammenhang mit dem nachfolgenden Verbot war eine »Konzertkasse« mit 73.000 D-Mark. Doch unter den Asservaten waren weder die ersehnten Mitgliederlisten, noch – wie bei früheren Razzien – Waffen. In Umlauf kam später das hartnäckige Gerücht, V-Leute aus Thüringen (»Riese«) und Brandenburg (»Piato«) könnten vorab informiert worden sein.

Bundesweit bildeten sich rasch Nachfolgestrukturen, die das Erbe von B&H antreten wollten. Insbesondere mit dem Versand- und Konzertgeschäft galt es, ein lukratives Geschäft neu zu ordnen. Einige namhafte sächsische Läden entstanden nicht zufällig nach dem Verbot.[14] Ein ab 2002 bei der Staatsanwaltschaft Halle wegen Verstoßes gegen das Vereinigungsverbot anhängiges Verfahren gegen 38 Beschuldigte aus dem ganzen Bundesgebiet richtete sich an erster Stelle gegen Thomas P., außerdem gegen Jan W. Nach einer Reihe von Razzien verebbten im selben Jahr die Aktivitäten der meisten bisher führenden B&H-Aktivisten. Anfang 2004 durchsuchte dann die Polizei vier Wohnungen von Neonazis in Hoyerswerda, die offenbar nach B&H-Vorbild die Gruppe »Furchtlos & Treu – Sektion Schlesien« aufbauen wollten. Die Clique hortete 500 Gramm Plastiksprengstoff sowie von der Bundeswehr gestohlene Munition. Bei einer weiteren Großrazzia in mehr als 120 Objekten wurden im März 2006 T-Shirts und andere Devotionalien mit Aufschriften wie »Blood & Honour Ostdeutschland« sowie »Section Sachsen« gefunden. Nach Einschätzung des Bundeskriminalamtes war zu der Zeit wieder eine bundesweite B&H-Division aktiv. In Verdacht standen 100 Personen, der Schwerpunkt: Sachsen. Ein Aussteiger aus der Szene gab den Tipp, B&H-Aktivisten im Raum Dresden hätten eine terroristische Vereinigung gebildet.[15]

---

[14] Im April 2004 ist die Zahl von Rechtsrock-Vertrieben wieder über das Niveau zur Zeit des Verbots gestiegen. In der Folge wurde deutlich, dass Sachsen bevorzugter Schauplatz für B&H-Konzerte ist.

[15] Neben den Ermittlungen gegen die »Wehrsportgruppe Wurzen« ab 2003 und den NSU ab 2011 ist es das einzige Rechtsterrorismus-Verfahren nach §129a

Doch auch diese Ermittlungen verliefen im Nichts. Zu einem mageren Ergebnis kam das Landeskriminalamt (LKA) Sachsen, das 2006 und 2007 wegen verbotener B&H-Nachfolgeaktivitäten gegen 15 Beschuldigte und weitere Unterstützer ermittelte. Im Zentrum stand die Gruppe »Division 24 Bautzen«. Zwar stießen die Fahnder auf einen Propaganda-Ring für illegale Tonträger und einen »harten Kern«, der sich als »Combat 18« bezeichnete. Gefunden wurde sogar ein Waldlager, das vermutlich für Wehrsportübungen genutzt worden ist. Doch die Ermittler resignierten wieder: Dass eine B&H-Sektion Sachsen existiert, bezeichneten sie als »wahrscheinlich«, eine «strukturierte Fortführung« könne aber nicht nachgewiesen werden. Die Staatsanwaltschaft Dresden sah »kein öffentliches Interesse an der Strafverfolgung«.

Zur Erfolglosigkeit der Ermittlungen mag beigetragen haben, dass Verfassungsschutzämter dem BKA über Jahre nicht mitgeteilt haben, bei welchen Neonazis es sich überhaupt um B&H-Aktivisten handelt. Umgekehrt waren Fahnder bemüht, den Geheimdienst »aus ermittlungstaktischen Gründen« nicht über ihre Schritte zu informieren um auszuschließen, dass die Betroffenen gewarnt werden.[16] Auffällig war der geringe Ermittlungsdruck. Etliche Hinweise auf Nachfolgestrukturen stammten nicht von Behörden, sondern aus kritischen TV-Beiträgen.[17] Entscheidend mögen aber auch die Erfahrungen gewesen sein, die im Zusammenhang mit dem Label »Movement Records« gemacht worden sind: Das Geschäft von Jan W. und seiner Kompagnons ist ab Ende 2000 durch verschiedene Ermittlungsmaßnahmen aufgerieben worden, nachdem sie die Produktion eines Albums der Band »Landser« übernommen hatten.[18] An der CD-Produktion, die zu mehreren Verurteilungen führte, waren allerhand Personen beteiligt, die mittlerweile als V-Leute

in Sachsen.

[16] Dem LKA Sachsen-Anhalt und der Staatsanwaltschaft Halle war 2002 aufgefallen, dass mehrere der 38 Verdächtigen mit Nachrichtendiensten in Kontakt standen.

[17] Eindrücklich bei Kuban, Thomas (2012): Blut muss fließen. Undercover unter Nazis. Frankfurt a.M.: Campus.

[18] Dazu ausführlich: o.A. (2004): Profis, Geld und Subkultur. Die Strukturen der Band Landser und ihr Versagen, in: Antifaschistisches Infoblatt, H. 61, 18. Jg., S. 6-12.

bekannt sind.[19] Schon 1998 war auch Carsten S. aus Königs Wusterhausen, besser bekannt als V-Mann »Piato« des LfV Brandenburg, im unmittelbaren Umfeld der B&H-Sektion von Jan W. aufgetaucht, hat ein Praktikum im örtlichen Szeneladen einer B&H-Aktivistin absolviert und dort womöglich Einblicke in die Produktion erhalten. »Piato« gehörte zur Brandenburger B&H-Clique. Dort gab es einen V-Mann-Verdacht gegen ein weiteres Mitglied, den Versandbetreiber Sven S., der auch am »Landser«-Deal beteiligt war. Mittlerweile ist auch bekannt, dass sich das LKA Berlin im Frühjahr 2002 mit einem noch unbekannten V-Mann (»VP 620«) in Bautzen getroffen hat, um Informationen über Rechtsrock-Produktionen »abzuschöpfen«. Es ist kaum nachzuvollziehen, wer hier wen bespitzelt hat.

Wenn man voraussetzt, dass auch der Verfassungsschutz Sachsen – dem überregionalen Trend folgend – solche Quellen eingesetzt hat, gibt es weitere V-Leute im Umfeld der sächsischen B&H-Strukturen und »Movement Records« zu entdecken. Das ist ein Erklärungsansatz, warum das LfV die Rolle von B&H permanent heruntergespielt hat, warum Sachsens Innenminister meint, das Thema sei »auf die Vergangenheit gerichtet«, und warum es so scheint, als habe man in Sachsen trotz einer groß angelegten Lauschoperation eigentlich nie etwas Sagbares über die Strukturen erfahren. Darüber aufzuklären entspreche, sagt der Innenminister, nicht den »aktuellen Prioritäten«.[20] Sich so aus der Verantwortung zu stehlen, ist nicht legitim. Dieses militante Netzwerk hat das Gesicht der deutschen Neonazi-Szene geprägt – und die Verbindungslinien zum NSU sind nicht zu leugnen.

---

[19] Thomas S. aus Chemnitz, seit Ende 2000 V-Mann (VP 562) des LKA Berlin; Ralf M. (»Manole«) aus Zwickau, langjähriger V-Mann »Primus« des BfV; Mirko H. (Sebnitz), V-Mann des BfV; Toni S. (Guben), V-Mann des Landesamtes für Verfassungsschutz Brandenburg.

[20] Vgl. SMI Sachsen (März 2012): Stellungnahme i.A. der Staatsregierung zum Antrag der Fraktion Die Linke im Sächsischen Landtag (Drs. 5/8218); sowie die Vernehmung des stellvertretenden Präsidenten des LfV Sachsen, Olaf Vahrenhold, im NSU-Untersuchungsausschuss des Sächsischen Landtages am 17.12.2012.

Eike Sanders / Kevin Stützel / Klara Tymanova

Taten und Worte

Neonazistische »Blaupausen« des NSU[1]

Seit der Selbstenttarnung des »Nationalsozialistischen Untergrunds« (NSU) im November 2011 sind umfangreiche Bezüge zwischen Beate Zschäpe, Uwe Böhnhardt und Uwe Mundlos und ihres Netzwerks von mutmaßlichen UnterstützerInnen zu gut organisierten Strukturen von »Blood & Honour«, »Hammerskins« und »Ku-Klux-Klan« bekannt geworden. Ohne die umfangreiche logistische Hilfe dieser Strukturen hätte die rassistische Mordserie des NSU wahrscheinlich nicht stattfinden können. Allerdings wurden Zschäpe, Böhnhardt und Mundlos im Untergrund nicht nur mit Waffen und Pässen aus der Neonazi-Szene versorgt. Mit ihren Taten verwirklichten sie Konzepte, die seit den 1980er Jahren in europäischen und US-amerikanischen Neonazikreisen diskutiert, für die geprobt und die letztendlich auch in anderen Ländern ausgeführt wurden.

Neonazistische Konzepte für den bewaffneten Kampf

Verschiedene Konzepte und Handlungsanweisungen für den bewaffneten Kampf kursierten seit den 1980er Jahren in der deutschen und internationalen Neonazi-Szene. Verbreitet wurden Schriften, die sich unter anderem auf die Organisation »Werwolf« im historischen Nationalsozialismus bezogen und gemäß diesem Vorbild zum Untergrundkampf und

[1] Der Artikel beruht auf Diskussionsergebnissen eines Seminars der »Naturfreundejugend Berlin«, das sich im Dezember 2012 mit neonazistischen Konzepten und Geschlechterverhältnissen beim NSU beschäftigte. Andere Teile entstammen einem bisher unveröffentlichten Skript von Eike Sanders und Ulli Jentsch zum Thema »Geschlechterverhältnisse im NSU und seinem (ideologischen) Umfeld«.

gezielten Sabotageakten aufriefen.[2] Hinzu kamen die gescheiterten Bemühungen, die NSDAP in Deutschland wiederzubeleben und in einen quasi legalen bewaffneten Kampf zu treten. Darüber hinaus kursierten Handlungsanweisungen und Konzepte, die einen »leaderless resistance« – einen »führerlosen Widerstand« – propagierten. »Handbücher«, Traktate, Romane und kürzere Diskussionsbeiträge in Skinhead-Fanzines wurden gedruckt und zigfach kopiert, verbreitet unter Ladentischen und auf Konzerten, im Internet veröffentlicht sowie per Hand von Kamerad zu Kameradin weitergeben. Dabei war der Rechtsterrorismus übrigens nie eine ausschließliche »Männerangelegenheit«.[3]

In den Konzepten wiederholen sich verschiedene Punkte. Betont wird, dass der »Rassenkrieg« (»Racewar« oder auch »RaHoWa«, sprich »Racial Holy War«) und damit der Ausnahmezustand schon längst begonnen habe. Imaginiert wird der Kampf gegen einen übermächtigen Gegner, der nur »aus dem Dunkeln«, dem Untergrund geführt werden könne. Der illegale, bewaffnete Arm wird als der Hauptstrang der neonazistischen Bewegung gesehen.[4] Gewalt gegen Menschen wird ausdrücklich befürwortet und ideologisch gerechtfertigt. Angriffe auf Linke,[5] auf »Ausländer« und auf »das System«, das als »zionist occupied government« (»zionistische Besatzungsregierung«) apostrophiert wird, werden propagiert. Es geht um die Ausübung systematischer militärischer Gewalt zum Beispiel in »Wehrsportgruppen«, um »Krieg spielen« und

---

[2] Vgl. Westmar, Hans (1991): Eine Bewegung in Waffen, in: Bd. 2: Strategie und revolutionärer Kleinkrieg, o.O, S. 22. Hinter dem Pseudonym verbergen sich die Hamburger Neonazis Henry Fiebig und Christian Scholz. Bei dem Pamphlet handelt es sich um eine von den USA aus vertriebene vierbändige Broschüre. Scholz ist ehemaliger Funktionär der »Freiheitlichen Deutschen Arbeitspartei« (FAP).

[3] Bis heute ist es ein Manko in der sozialwissenschaftlichen und antifaschistischen Analyse, dass die Rolle von Frauen in rechtsterroristischen Gruppen in Deutschland auf den Status als Familienangehörige reduziert wird. Zuletzt bei Eilenstein, Marcel (2012): Für den BRD-Staat war rechter Terror nie ein Problem, S. 9, in: Burschel, Fritz/Güttinger, Kira (Hrsg.): Vergessener Terror von rechts. Verharmlosung und Leugnung von (Neo-)Nazi-Umtrieben in Deutschland, Berlin: Rosa-Luxemburg-Stiftung.

[4] Vgl. Westmar, a.a.O., Band II, S. 23 und 28f.

[5] Siehe zum Beispiel »White Youth«, Nr. 1 (1999), S. 31 oder »Stormer« (Combat 18 Magazin), deutsche Fassung Nr. 1 (2003), S. 5 und S. 14.

darum, den »Killerinstinkt zu wecken«.[6] In den neonazistischen Fanzines der 1990er Jahre wurde aber auch der Unterschied zum linksradikalen bewaffneten Kampf etwa der »Roten Armee Fraktion« (RAF) diskutiert. Bewaffnete Gewalt wurde eher als »verdeckte« Gewalt geschildert, Bekennerschreiben sollten unterlassen werden. Gelten sollte das Prinzip der »Propaganda der Tat«.[7] Diese sollte für sich selbst sprechen.

»Leaderless resistance« und »Turner-Diaries«

Im Großen und Ganzen herrschte in dem Spektrum, dem der NSU entstammte, Einigkeit über die Notwendigkeit des bewaffneten Kampfes. Streit gab es um die Einschätzung des richtigen Zeitpunktes, die Rücksichtnahme auf die legalen Strukturen der neonazistischen Szene, die präferierten Anschlagziele und vor allem um die Handlungsfähigkeit und Entschlossenheit der KameradInnen. Propagiert wurde vor allem das Prinzip des »führerlosen Widerstands« (»leaderless resistance«). Dies entwarf und publizierte 1992 Louis Beam, ein Anführer eines Ablegers des »Ku-Klux-Klan« (KKK)[8] im »White Resistance Manual«.[9] Der Text propagierte zwei Möglichkeiten, den bewaffneten Kampf zu führen. Zum

---

[6] Beispielsweise wurde in verschiedenen neonazistischen Fanzines diskutiert, ob man in der Bundeswehr dienen solle.

[7] Vgl. Westmar, a.a.O, S. 38f.

[8] Der KKK war für neonazistische Gruppen in Deutschland Mitte der 1990er Jahre ein wichtiger Bezugspunkt. Unter anderem für den angeklagten NSU-Unterstützer André E. Dieser gründete die »Weiße Bruderschaft Erzgebirge« mit, die sich in Symbolik und Ideologie am KKK orientierte. Außerdem wurden 1996 bei Zschäpe Fotos beschlagnahmt, die belegen, dass 13 Tatverdächtige, darunter Zschäpe und Böhnhardt sowie die angeklagten NSU-Unterstützer Holger Gerlach und Ralf Wohlleben an mindestens einer Kreuzverbrennung nach Manier des KKK in der Nähe von Jena teilgenommen haben.

[9] Das »White Resistance Manual« wurde Ende der 1990er Jahre anonym im Internet veröffentlicht und vor allem von »Combat 18«, dem bewaffneten Arm des neonazistischen Netwerks »Blood & Honour«, verbreitet. Es enthält neben theoretischen Überlegungen zum bewaffneten Kampf vor allem Tipps zum Schutz vor Strafverfolgung und Anleitungen zum Schusswaffengebrauch, Bombenbau und für gezielte Mordanschläge.

einen wird die Option des Einzelkämpfers genannt, der auch als »lone wolf« beschrieben wird. Hierbei solle es sich um ein einziges, hoch motiviertes Individuum handeln, dass auch alleine Aktionen durchführen könne. Diese »Ein-Personen-Zelle« sei undurchdringlich für die Strafverfolgung. Als Nachteil wird aber erachtet, dass der »lone wolf« in der Größenordnung der Anschläge, die er durchführen könne, beschränkt sei. Zum anderen propagiert das Konzept eine Struktur von unabhängigen, kleinen Zellen, die aus mehreren Personen bestehen sollen: »(...) wir [müssen] eine Organisationsstruktur von kleinen ›Zellen‹ bilden. Jede dieser Zellen wird nur wenige Mitglieder haben und in der Lage sein, unabhängig von den anderen zu operieren. Bestehend aus langjährigen, vertrauenswürdigen Bekannten sollte eine Zelle handlungsfähig sein. Eine Handvoll engagierter Soldaten (nicht mehr als 4 oder 5) können eine undurchdringliche, kohärente und wirksame Waffe gegen die Tyrannei wider uns sein.«[10]

Laut des Konzeptes des »leaderless resistance« komplementieren und bedingen sich in einer Mehrpersonenzelle die jeweiligen Funktionen ihrer einzelnen, wenigen Mitglieder bis zum gemeinsamen »Sieg« oder »Untergang«. Die Zelle erscheint als organische Kampfgemeinschaft, soll autonom agieren und alleine überlebensfähig sein: »Es ist genau diese Art von in Zellen strukturiertem Widerstand, die die verräterischen Machthuren in der Regierungsmacht am meisten fürchten. Sie haben keine Ahnung, wie man mit dieser Art von Bewegung umgehen kann, sie hat keine hierarchische Machtstruktur, so dass sie nicht gestürzt werden kann, und die Zellen sind zu klein, um sie zu infiltrieren.«[11]

Diese Konzeption findet sich sowohl im »leaderless resistance« als auch in einem weiteren für den neonazistischen bewaffneten Kampf wesentlichen Text wieder: »The Turner Diaries« (dt. »Die Turner-Tagebücher«) ist ein dystopischer[12] Roman, den der Amerikaner William L.

---

[10] Vgl. »White Resistance Manual«. Übersetzung durch die AutorInnen.

[11] Vgl. ebd.

[12] Als Dystopie wird in der Literaturwissenschaft eine fiktionale, in der Zukunft spielende Erzählung bezeichnet, die von einer Gesellschaft handelt, die sich zum Negativen entwickelt (hat). Sie ist sozusagen der Gegenentwurf einer Utopie – die »Turner Diaries« sind dementsprechend für Neonazis eine Utopie, für uns eine Dystopie.

Pierce unter dem Pseudonym Andrew Macdonald 1978 verfasste. Timothy McVeigh, der für den Anschlag auf das »Murrah Federal Building« in Oklahoma City, bei dem 1995 168 Menschen starben, verurteilt wurde, gab an, die »Turner Diaries« hätten ihn zu seiner Tat inspiriert. Der Neonazi David Copeland, der im April 1999 in London drei Bombenanschläge innerhalb von zwei Wochen durchführte und dabei drei Menschen tötete und über hundert verletzte, gab ebenfalls an, die »Turner Diaries« gelesen zu haben. Auch die US-amerikanische Neonazi-Organisation »The Order« orientierte sich an diesem menschenverachtenden Machwerk. Nach mehreren Mordanschlägen, Banküberfällen und Schusswechseln mit der Polizei wurde »The Order« 1985 vom FBI zerschlagen.

In den 1990er Jahren kursierten die »Turner-Tagebücher« auch in der deutschen Neonazi-Szene und wurden breit und positiv rezipiert. In vielen neonazistische Fanzines wurde sich auf die »Tagebücher« bezogen. So heißt es zum Beispiel im Editorial des Nazi-Fanzine »United Skins«:[13] »Beginnen wir das Heft mit einem ›Zitat‹, das an dieser Stelle recht gut in die heutige Zeit passt« – darauf folgt dann ein 15-zeiliges Zitat aus den »Turner-Tagebüchern«. Auch bei den Hausdurchsuchungen nach dem Auffliegen des NSU bei den Beteiligten André E. und Ralf Wohlleben wurden die »Turner-Tagebücher« auf ihren Computern gefunden. Es kann davon ausgegangen werden, dass der NSU und seine UnterstützerInnen diese und weitere für den neonazistischen bewaffneten Kampf relevante Schriften gelesen haben.

Die »Turner-Tagebücher« sind ein fiktiver Roman, der in der Zukunft, nämlich 1991 bis 1993, in den USA spielt. Im Zentrum der rassistischen und antisemitischen Fiktion steht die Unausweichlichkeit eines »Rassenkampfes«. Geschildert wird eine schrittweise herbeigeführte »weiße Revolution«, in deren Verlauf ein weltweiter Genozid an Juden und Jüdinnen und Nicht-Weißen stattfindet. Der Roman gibt im Vergleich zum Konzept des »leaderless resistance« Einblicke in die angestrebte psychologische Wirkung des propagierten neonazistischen bewaffneten

[13] United Skins, Nr. 13 (1999). Herausgeber war Carsten Szczepanski (»V-Mann Piato«). Bei der Durchsuchung der von Zschäpe, Mundlos und Böhnhardt genutzten Garage 1998 wurden diverse derartige Nazi-Fanzines sichergestellt.

Kampfes. Zur beabsichtigten Tatausführung heißt es: »Die Willkür und Unberechenbarkeit sind wichtige Aspekte der Wirksamkeit«.[14] Ziel sei es, die potenziellen Opfer zu verunsichern, weil diese nicht wissen könnten, wer die TäterInnen seien und wer das nächste Opfer sein könne. Diese Form des neonazistischen Terrors wird propagiert, um ein Klima der Angst zu erzeugen. Der Glaube an die Unbesiegbarkeit der Regierung und das Gefühl der Bevölkerung »sicher zu sein«, solle erschüttert werden. Dies ist übrigens im Gegensatz zu anderen neonazistischen Texten zum bewaffneten Kampf aus diesem Zeitraum, die eher als Handlungsanweisungen zu lesen sind, die einzig bekannte strategische Konzeption für eine schrittweise Herbeiführung einer »weißen Revolution«.

Gender in den Konzepten zum neonazistischen bewaffneten Kampf

Propagiert wird in den »Turner Diaries« ein dichotomes, aber durchaus ambivalentes Geschlechterbild. Ambivalent werden etwa die Opfer des neonazistischen Hasses hinsichtlich ihres Geschlechts dargestellt. An verschiedenen Stellen der »Turner-Tagebücher« werden zunächst die »moralischen Skrupel« des Protagonisten erörtert, »weiße Frauen« zu töten. Im Verlauf des Romans kommt es jedoch zunehmend zu Schilderungen von Morden an »weißen Frauen«. Als zentraler Vorwurf gegen sie fungiert die Konstruktion einer so genannten Rassenschande.[15] »Nicht-weiße Frauen« finden als Hassobjekte im Roman dagegen so gut wie keine Erwähnung. Demgegenüber kommt es zu drastischen und brutalen Schilderungen von Gewalt gegen »schwarze Männer«, die in hohem Maße sexualisiert werden. Die »Turner Diaries« enthalten viele lustvolle Schilderungen von Gewalt gegen den politischen be-

---

[14] Macdonald, Andrew (1996): Die Turner-Tagebücher. New York, S. 255 (Kapitel 23).

[15] Ebd., S. 116 (Kapitel 11). Weiterführend siehe Overdieck, Ulrich (2010): Der Komplex der ›Rassenschande‹ und seine Funktionalität für Männlichkeitskonstruktionen in rechtsextremen Diskursen. In: Claus, Robert/Lehnert, Esther/Müller, Yves (Hrsg.): »Was ein rechter Mann ist ...« Männlichkeiten im Rechtsextremismus. Berlin: Karl Dietz Verlag.

ziehungsweise den »rassischen« Gegner. Dennoch wird das Ideal eines politischen Soldaten propagiert. Dieser solle sich durch Selbstbeherrschung, soldatische Männlichkeit und bedingungslose Disziplin auszeichnen. Er solle keine Gefühle zulassen und keinen Schmerz zeigen. Hier besteht eine Ambivalenz aus Enthemmung und moralisch legitimierter Gewalt: Der selbstbeherrschte »Rassenkrieger« darf durchaus lustvoll die tödliche Gewalt gegen seine nicht-weißen Opfer genießen. Gleichzeitig hat er sich aber noch so im Griff zu haben, dass er die Kontrolle über das gewalttätige Gesamtgeschehen nicht verliert.[16]

In Bezug auf Gender-Fragen ist in den »Turner-Diaries« allerdings auch die Schilderung der neonazistischen Zellen selbst interessant. Die im Roman beschriebenen Untergrundzellen bestehen meist aus vier bis acht Mitgliedern. Überwiegend handelt es sich um Männer und Frauen, wobei Männer für Gewalttaten zuständig sind, während Frauen meist in der Propaganda, der Beschaffung, der Deckung und der Tarnung agieren. Frauen sind also Teil der kämpfenden Einheiten. Sie sind Soldatinnen, aber nicht vollends gleichberechtigt. Beispielsweise wird »Katherine«, die spätere Freundin des Protagonisten des Romans, als jemand geschildert, die zunächst »unpolitisch« war. Durch die fiktive Vergewaltigung und Ermordung ihrer Mitbewohnerin durch Schwarze wurde sie angeblich dazu gebracht, sich zu bewaffnen und sich der »Organisation« des Protagonisten anzuschließen. Der Roman beschreibt sie als hart, klug und attraktiv. Allerdings entwickelt sie keine eigene Persönlichkeit. Als Freundin des Protagonisten »Turner« wird sie als sein Rettungsanker an eine – zugunsten des Kampfes – aufgegebene menschliche Normalität geschildert, wenngleich auch sie – meist um mit ihm zusammen zu sein – an gefährlichen Aktionen teilnimmt. Der Roman beschreibt die Momente der Zweisamkeit als Ausruhen und Krafttanken. Zugleich propagiert er, dass Frauen in der »Organisation« weitaus besser gestellt würden, als in der restlichen Gesellschaft, wo sie »Rassenschande«, »Vergewaltigungen« und systematischer Entwürdigung ausgesetzt seien, während in der »Organisation« ein strenger Ehrenkodex herrsche. Die Neonazi-Szene wird als Ort der Ehre und Moral ausgemalt. Unter Männern ist die einzige Form des Kontakts die Kamerad-

[16] Ebd., S. 244ff. (Kapitel 23).

schaft. Sie funktioniere allerdings nur, wenn die Gemeinschaft »rein« bleibe von »Verrätern«.

Zwar gehören die »Turner-Tagebücher« durch Rezeption und Urheberschaft in das Konzept des »leaderless resistance«, wirklich »führerlos« sind die Zellen in den »Tagebüchern« jedoch nicht: Beschrieben wird eine übergeordnete geheime Kommandozentrale bestehend aus Männern des »Ordens«, die den einzelnen Zellen Anschlagziele vorgeben und gemeinsame Aktionen koordinieren und innerhalb der »Organisation« Recht sprechen, das heißt »Abweichler« hinrichten lassen. Dass die sich ergänzenden Rollen und Funktionen in Zellen traditionell geschlechtlich aufgeteilt werden, liegt nahe. Jedoch wäre es verkürzt, dies der sexistischen Ideologie der Neonazis allein zuzuschreiben. Zum einen ist der Untergrund-Kampf eine Ausnahmesituation, der zur pragmatischen Neuaufteilung von Rollen einlädt, zum anderen darf die Wechselwirkung mit gesellschaftlichen Geschlechterbildern nicht unterschätzt werden: Wenn »Katherine« für die Untergrundzelle überlebenswichtig ist, weil sie die Aktivisten durch Make-Up und Verkleidung zu anderen Menschen verwandelt, so ist das etwas, was sie gesellschaftlich ansozialisiert bekommen hat und was sie jetzt gegen die »verhasste Gesellschaft« verwendet.

Im Pamphlet der skandinavischen »Blood & Honour«-Sektion »The Way Forward«[17] finden sich ähnliche Belege für die aktive Rolle, die Frauen im neonazistischen bewaffneten Kampf einnehmen können. Abgedruckt ist ein Foto, auf dem neben sieben Männern auch zwei Frauen mit Sturmhaube und Maschinengewehr posieren. Auffällig sind die beiden sehr unterschiedlichen Gender-Performances: Eine mit kurzem Rock und Stiefeln, betont sexy, die andere in Hosen und mit einer sehr männlich kodierten Körperhaltung.

Ähnliche Stereotype wie in den neonazistischen Konzepten für einen bewaffneten Kampf finden sich in den Neonazi-Fanzines der 1990er Jahre. Darin wird die Dichotomie der Geschlechter beschrieben und bebildert. Frauen und Männer haben unterschiedliche Rollen, einige

---

[17] Verfasst wurde der Text vom norwegischen Neonazi Erik Blücher, veröffentlicht wurde er unter dem Pseudonym »Max Hammer«. Die deutsche Übersetzung kursierte ab 1998.

Frauen werden mit Waffen abgebildet, viele als »Sexobjekte«. Auf der Textebene sind Frauen aber meist in ihrer »natürlichen« Rolle beschrieben: Frauen leisteten die Reproduktionsarbeit und seien die Stütze ihrer »Kameraden«. Ihnen wird einerseits eine hohe Emotionalität zugeschrieben, was mit dem als männlich codierten Ideal des selbstbeherrschten Soldaten unvereinbar ist. Für Männer seien Frauen neben dem politischen Kampf ein »Hobby«. Für Frauen seien die Familie der Lebensinhalt und Freizeitbeschäftigung zugleich. Dabei solle die Freundin des Neonazi-Kaders auch weltanschauliche Kameradin sein. Weibliches Ideal stellt ein überhöhtes Bild der »Trümmerfrauen« der Nachkriegsgeneration dar: Mütter und Großmütter, die die Familie durchbrachten und gleichzeitig das »Vaterland« wieder aufbauten.

Wenn in dieser höchst sexistischen und heteronormativen Szene klassische Geschlechterideale propagiert werden, bietet jedoch das Imaginieren des schon herrschenden »Rassenkrieges« und die Forderung des bewaffneten illegalen Kampfes Raum für Abweichungen vom Prinzip: Der Idee des »gelebten Ausnahmezustandes« kann auch unter das eigene konsequente Ausleben der völkischen Idealvorstellungen vollkommen untergeordnet werden. Bis zur Machtergreifung oder Revolution opfern sich Männer, vor allem aber auch Frauen, bis hin zur »Selbstaufgabe« und dem »Märtyrertod«, in dem sie unter Umständen auch gegen die propagierten Rollenideale verstoßen.

Vorbilder des NSU

Offensichtlich ist: Der Einzelkämpfer, der »lone wolf terrorist« verkörpert das Ideal des hypermaskulinen Kämpfers. Auf sich allein gestellt, agiert er unabhängig von größeren Gruppenstrukturen, aber im Sinne ihrer Ziele oder der übergeordneten Ideologie. Der bereits erwähnte David Copeland, der 1999 in London drei Bombenanschläge mit drei Toten und über hundert Verletzten durchführte, war einer dieser Einzelkämpfer, wenngleich er zuerst bei der »British National Party« und dann beim »National Socialist Movement«, einer Abspaltung von »Combat 18«, organisiert war. Die Nagelbombe des NSU in Köln war womöglich baugleich mit Copelands, was sogar das Bundeskriminalamt kurz nach dem Anschlag feststellte. Auch der Neonazi Kay Diesner, der 1997 einen linken Buchhändler in Berlin niederschoss und auf der Flucht einen Polizeibeamten tötete, war kein freischwebender Einzeltäter, sondern ein Einzelkämpfer im Sinne des »lone wolf«. Der 1994 zu lebenslanger Haft verurteilte John Ausonius passt gleichermaßen in dieses Schema: Er schoss in Schweden mit einem abgesägten Gewehr, auf das er eine Laservorrichtung montiert hatte, auf elf MigrantInnen. Eines seiner Opfer starb, zehn überlebten schwer verletzt. Seinen Lebensunterhalt finanzierte er mit Banküberfällen. Vom jeweiligen Tatort flüchtete er mit dem Fahrrad. Im neonazistischen »Field Manual«[18] wird Ausonius unter dem Stichwort »Laser Man« als Beispiel des »leaderless resistance« erwähnt. Sogar das »Bundesamt für Verfassungsschutz« bezeichnete ihn als »mögliche Blaupause für den NSU«.[19]

»Blaupausen« einer rassistischen Mordserie

Bei Betrachtung der vorhandenen neonazistischen Konzepte und Handlungsanweisungen zum bewaffneten Kampf und der praktischen »Vorbilder« seit den 1990er Jahren fallen vielfältige Bezüge zur so genannten Zwickauer Terrorzelle auf. Von der Finanzierung durch bewaffnete Raubüberfälle[20] bis hin zum Gebot, als »aufrechter Kämpfer« der Polizei nicht in die Hände zu fallen,[21] finden sich Parallelen. Diese reichen bis zur Tatbegehung mittels Schalldämpfer und Flucht auf einem Fahrrad. Darüber hinaus zeigen sich vielfältige Bezüge zwischen den Vorstellungen von Gender in neonazistischen Konzepten zum bewaffneten Kampf und dem, was bislang über den NSU bekannt ist. So scheint es nach der Lektüre der »Turner-Tagebücher« kein Zufall zu sein, dass der NSU Männer nichtdeutscher Herkunft tötete und nicht weibliche Migrantinnen.

---

[18] Vgl. Field Manual, S. 21. Das »Field Manual« geht ebenfalls auf den norwegischen Neonazi Erik Blücher zurück. Es erschien nach seinem Pamphlet »The Way Forward« im Jahr 2000.

[19] Schmidt, Wolf (2012): Blaupause Lasermann in: die tageszeitung, 5.9.2012, www.taz.de/Vorbild-des-Terrornazi-Trios/!101023/ (7.3.2013).

[20] Macdonald, a.a.O., S. 79ff. (Kapitel 8).

[21] Ebd., S. 146ff. (Kapitel 14).

Diese werden im Sinne der dichotomen Vorstellung von Geschlecht innerhalb der neonazistischen Ideologie nicht als »relevante Gegner« erachtet. Das in den neonazistischen Konzepten nach Innen propagierte traditionelle, aber angesichts des »Rassenkriegs« flexible Geschlechterverhältnis scheint ebenfalls funktional gewesen zu sein. In Zeiten des »Ausnahmezustands« können auch neonazistische Frauen eine klassische weibliche Rolle überschreiten. Aggressiv auftretende und körperlich gewalttätige Frauen wurden so bereits in den 1990er Jahren in der extrem rechten Szene akzeptiert. Zschäpe entsprach allen Facetten dieses Frauenbildes. Mit Blick auf die Geschlechterverhältnisse im NSU dürfen aber auch die Männlichkeitsstereotypen, denen Böhnhardt und Mundlos zu entsprechen scheinen, nicht unter den Tisch fallen. Dazu gehört nicht nur die hypermaskuline Art der Tatbegehungen des NSU, die Hinrichtungen gleichen. Auch die Konstruktion einer Kameradschaft unter heterosexuellen Männern war eine notwendige Voraussetzung für den Zusammenhalt. Denn die innerhalb der Mehrheitsgesellschaft als außergewöhnlich wahrgenommene Dreieckskonstellation mit einer Frau war erklärungsbedürftig und konnte unter anderem nur durch diese »Kameradschaft« aufrechterhalten werden. Nach außen waren dem Trio auch in entscheidendem Maße die Klischees über Frauen dienlich: Die Frau ist friedfertig, sozial, gewaltablehnend, sie hält sich im Hintergrund. Zschäpe war diejenige, die mit ihrem freundlichen Kontakt mit den NachbarInnen, ihren beiden Katzen oder den Urlaubsbekanntschaften die fundamental notwendige bürgerliche Fassade des Trios erschuf.[22] Sie stellte, genauso wie »Katherine« aus den »Turner Diaries«, ihre als weiblich markierten Fähigkeiten in den Dienst der Sache.

In diesem Zusammenhang ist auch die mediale Darstellung, wonach in der »Zwickauer Zelle« eine Aufgabenteilung zwischen Mundlos als »dem Gehirn« und Böhnhardt als »ausführender Hand« vorherrschte, kritisch zu betrachten. Innerhalb der Zellenstruktur des »leaderless resistance« braucht es auch AktivistInnen, die Geld und Waffen besorgen, Personaldokumente zur Verfügung stellen, den Fluchtweg absi-

---

[22] Sanders, Eike (2012): Frauen und Männer im Untergrund. Geschlechterverhältnisse im NSU und seinem Umfeld, in: Monitor. Rundbrief des Apabiz, Nr. 55, www.apabiz.de/publikation/monitor/Monitor_Nr55.pdf (25.3.2013).

chern und die Propaganda produzieren. Stützt man sich auf das in den »Turner-Tagebüchern« skizzierte organizistische Weltbild – die Zelle als lebender »Körper« analog zur »Volksgemeinschaft« als lebendem Organismus –, haben alle Zellenmitglieder eine festgeschriebene Rolle, die nur im Extremfall verlassen wird. Alle haben verschiedene Funktionen inne und wirken dennoch als Ganzes zusammen. Der zentrale Punkt ist daher nicht, wer innerhalb der Zwickauer Zelle »Kopf« und wer »Hand« war, sondern dass sich Böhnhardt, Mundlos und Zschäpe sowie eine mutmaßlich größere Gruppe von Neonazis Ende der 1990er Jahre entschieden haben, Teil dieses »Körpers« zu werden. Die Auseinandersetzung mit neonazistischen Konzepten und Handlungsanleitungen zum bewaffneten Kampf verdeutlicht, dass sich der NSU dabei nicht nur als Teil einer neonazistischen Bewegung imaginiert hat. Ohne sein weitreichendes Netzwerk an UnterstützerInnen, die die politische Sozialisation in der militanten Neonazi-Szene der 1990er Jahre teilen, wäre die Terrorzelle nicht in der Lage gewesen, die bis dato beispiellose rassistische Mordserie zu verüben.

Felix Korsch

Der Untergrund jenseits des NSU

Militanter Neonazismus und Rechtsterrorismus in Sachsen

Es war am 9. März 1980 gegen 22 Uhr, als in Karl-Marx-Stadt ein selbst gebauter, elfeinhalb Kilogramm schwerer Sprengsatz detonierte. Im Stadtteil Hilbersdorf des heutigen Chemnitz hatte der Werkzeugmacher Josef Kneifel mit einem Helfer versucht, ein sowjetisches Panzer-Mahnmal zu zerstören. Es erinnerte an das Ende des Nationalsozialismus am 8. Mai 1945. Handgranaten, Revolver und Munition hatte Kneifel für den Ernstfall bereitgelegt. Eher zufällig kam bei dem Anschlag niemand zu Schaden. Etliche Fensterscheiben barsten und ein Bruchstück des Panzers, eine Vierteltonne schwer, landete auf einem angrenzenden Volkspolizeigelände. Der Panzer hielt stand und es kam eine der größten Fahndungsaktionen der DDR in Gang. Sie endete am 18. August mit der Festnahme des 38-jährigen Kneifel. Er wurde zu lebenslanger Haft verurteilt, als Terrorist.

Nach einer Einschätzung des Extremismus-Theoretikers Eckhard Jesse war dies »die einzige politisch motivierte Gewalttat großen Ausmaßes in der DDR«.[1] Für ihn ist Kneifel ein »Bürgerrechtler«,[2] denn die »Integrität seiner Motivation steht außer Frage«.[3] Das ist eine mutige Einschätzung. Viel spricht eher dafür, Kneifels Tat als eine »Urszene« des Rechtsterrorismus in Ostdeutschland zu verstehen. Davon zeugt Kneifels Biografie. Obwohl juristisch nie rehabilitiert, wurde er 1987 an die

---

[1] Jesse, Eckhard (2006): Sächsische Bürgerrechtler. 1989/90 und heute, S. 883, in: Deutschland Archiv, 39. Jg., H. 5.: Wenig bekannt ist ein versuchter Sprengstoffanschlag im Oktober 1976 auf die Fassade der Wohnung der Vorsitzenden der jüdischen Gemeinde in Halle. Der Fall wurde nicht aufgeklärt.

[2] Ebd.

[3] Jesse, Eckhard (2005): Ich bin politischer Gefangener. Josef Kneifel: Geltungssucht spielte bei dem Anschlag auf den Sowjet-Panzer keine Rolle, in: Gerbegasse 18 – Forum für Geschichte und Kultur, 10. Jg., H. 37 (II).

BRD weitergereicht, dort als politischer Gefangener anerkannt und für die Haft entschädigt.[4] Nach der Wende engagierte sich Kneifel für die »Hilfsorganisation für nationale politische Gefangene und deren Angehörige« (HNG). In seinen Augen leistet sie »mit bescheidensten Mitteln Bedeutendes für unsere Zukunft«. Tatsächlich führte die HNG zu einer Radikalisierung der Neonazi-Szene, weshalb sie 2011 verboten wurde. In ihrer Zeitschrift »Nachrichten der HNG« wurde er zuvor als »stiller Held« gelobt. In einem Interview für die Postille bekennt sich Kneifel zum Geschichtsrevisionismus und gedenkt des NS-Verbrechers Rudolf Heß. Über sein Leben in der DDR sagt er: »Das Nationale war uns selbstverständlich.«[5]

Ein Vierteljahrhundert nach dem Anschlag referierten Kneifel und Jesse am 9. März 2005 an der Technischen Universität Chemnitz über die Tat. Organisiert wurde das Podium durch die örtliche Außenstelle des Bundesbeauftragten für die Stasi-Unterlagen sowie die »Sächsische Landeszentrale für politische Bildung«. BeobachterInnen war die »Dominanz der anwesenden ›Kameraden‹ und Skinheads« im Publikum aufgefallen.[6] Im August 2011 wurde er dann unter dem Motto »Russenpanzer vom Sockel geholt« auch ins Leipziger NPD-Büro eingeladen. Angekündigt wurde Kneifel als »nationaler Widerstandskämpfer«.[7] Die NPD-Veranstaltung lief natürlich ohne Jesse.

Ob der Experte Jesse seine Einschätzung zu Kneifel geändert hat, ist nicht bekannt. In einem anderen Falle musste er es aber tun. »Feste rechtsterroristische Strukturen fehlen«, schrieb er Anfang 2011.[8] Der-

---

[4] Voigt, Heinz (2005): Bücherwurm und Terrorist. Josef Kneifel und der Anschlag auf das Panzermonument, in: ebd.

[5] Kneifel, Josef (o.J.): Stille Helden – Befragung eines ehemaligen Inhaftierten. Ungekürztes Interview, zuerst veröffentlicht in »Nachrichten der HNG«, bis 2007 abrufbar unter: www.die-kommenden.net/dk/repression/stille_helden.htm. (25.3.2013)

[6] ost:blog (2005): Der Panzersprenger, abrufbar unter: www.ostblog.de/2005/04/der_panzersprenger.php, 27.4.2005 (25.3.2013)

[7] chronik.LE (2011): Bombenleger referiert bei der NPD Leipzig über »Widerstand in der DDR«, abrufbar unter: www.chronikle.org/ereignis/bombenleger-referiert-npd-leipzig-widerstand-ddr, 13.8.2011 (25.3.2013)

[8] Jesse, Eckhard (2011): Extremismus in Deutschland, in: Jesse, Eckhard/Thieme, Tom (Hrsg.): Extremismus in den EU-Staaten. Wiesbaden: VS, S. 83-98.

selbe Tenor durchzog bis zum Auffliegen des »Nationalsozialistischen Untergrundes« (NSU) die sächsischen Verfassungsschutz-Berichte. Dieser Irrtum erweckt den Eindruck eines umfänglichen Versagens des Staates und seiner Experten.[9] Das gilt insbesondere für Sachsen. Wer das ergründen will, muss die Entwicklung der extremen Rechten im Freistaat rekapitulieren. Die ersten Spuren sind in einer Zeit vor der Wiedervereinigung zu suchen, denn die für den gesamtdeutschen Neonazismus der 1990er Jahre stilbildende »Fascho-Szene« hatte ihre Anfänge in beiden deutschen Staaten. Und ein gewichtiger Teil der ostdeutschen Szene sprach sächsisch, bevor das Bundesland Sachsen entstand.[10] Bereits in den 1960er und 1970er Jahren war es in den drei sächsischen Bezirken zu antisemitischen Schmierwellen gekommen,[11] begleitet von einer steten Zunahme rassistischer Vorfälle und einer zumindest rhetorischen Zuneigung der Täter zum Nationalsozialismus. Diese »Provokationen« hatten ihren Ort unter anderem in der »Freien Deutschen Jugend« und deren »Ordnergruppen«, in der »Gesellschaft für Sport und Technik« mit »Wehrkunde« und »Geländespiel« sowie der »Nationalen Volksarmee«. Hier war Platz für autoritäre Männerbünde, die sich offen auf preußisch-militaristische Traditionen samt Uniform, Stechschritt und Korpsgeist beziehen konnten.[12] Ab Ende der 1970er Jahre verschob sich der Fokus auf Fußball-Fanclubs, aus denen bald ein rechtsoffenes Hooli-

[9] Kritisch zur Rolle Jesses siehe: Frerks, Sören/Wellsow, Paul (2012): Der »Experte«. Wie Eckhard Jesse die extreme Rechte verharmlost, in: Ramelow, Bodo (Hrsg.): Made in Thüringen? Nazi-Terror und Verfassungsschutz-Skandal. Hamburg: VSA, S. 132-139.

[10] Siehe zu dieser Kontinuitätsthese den Aufsatz von: Begrich, David (2012): Die Einäugigkeit war systemübergreifend. Die Ursprünge der DDR-Neonazi-Szene und ihre Selbstermächtigung nach der »Wende«, in: Burschel, Friedrich/Güttinger, Kira (Hrsg.): Vergessener Terror von rechts. Verharmlosung und Leugnung von (Neo-)Nazi-Umtrieben in Deutschland. Berlin: Rosa Luxemburg Stiftung, S. 10-13.

[11] Madloch, Norbert (2000): Rechtsextremismus in Deutschland nach dem Ende des Hitlerfaschismus, in: Kinner, Klaus/Richter, Rolf (Hrsg.): Rechtsextremismus und Antifaschismus. Historische und aktuelle Dimensionen. Berlin: Dietz, S. 68.

[12] Die Häufung ist nachvollziehbar anhand der Chronologie von: Waibel, Harry (2012): Rassisten in Deutschland. Frankfurt a.M.: Peter Lang.

gan-Spektrum hervorging, und ab etwa 1982 auf die Skinhead-Szene.[13] Insbesondere diese Szene erlebte eine rasche Politisierung, verbunden mit häufiger Gewaltanwendung. Regelmäßige Opfer waren Gast- und VertragsarbeiterInnen.

Ab Mitte der 1980er Jahre formierten sich aus diesem Skin-Milieu heraus erste Neonazi-Kleingruppen, vergleichbar mit westdeutschen Kameradschaften, darunter die berüchtigte »Lichtenberger Front« (1986) und wenig später die »Bewegung 30. Januar«. Bei Razzien gegen deren Anhänger fanden Ermittler 1987 und 1988 Maschinengewehre und -pistolen, Handgranaten und Panzerfaustköpfe.[14] Anhänger hatte die Szene in allen Regierungsbezirken der DDR. 1987 gingen Sicherheitsbehörden republikweit von etwa 38 Neonazi-Gruppen mit zumindest 800 Personen aus, im Jahr darauf kristallisierte sich der Regierungsbezirk Leipzig als zweitgrößtes Szene-Zentrum nach Berlin-Potsdam heraus.[15] Die staatsoffizielle Diktion kannte allerdings keinen Neonazismus im eigenen Land, nur »Rowdytum«, denn die SED hatte den Faschismus bereits 1950 für »ausgerottet« erklärt.[16] Die Wahrnehmung kippte erst im Oktober 1987 durch einen Neonazi-Überfall auf BesucherInnen eines Konzerts in der Ostberliner Zionskirche. Schon zuvor waren den Sicherheitsbehörden die Entwicklungen am rechten Rand des Sozialismus nicht entgangen. Ende der 1980er Jahre konnten in allen Ecken der Republik vergleichbare Neonazi-Aktionen aufgrund einer ähnlichen rassistischen und nationalistischen Gesinnungslage registriert werden. Solche Erkenntnisse blieben Verschlusssache.[17] Vermutlich war ein Ende 1988 verfasster und im März 1989 abgedruckter Aufsatz des Regisseurs und Bürgerrecht-

[13] AutorInnenkollektiv (1992): Drahtzieher im braunen Netz. Der Wiederaufbau der NSDAP. Berlin/Amsterdam: ID-Archiv, S. 77. Zu beachten sind regionale Unterschiede, mancherorts blieben Skin- und Punkszene lange Zeit verbunden.

[14] AutorInnenkollektiv (1992): ebd., S. 80.

[15] Broschürenkollektiv Leipzig (1995): Leipzig ganz rechts. Eine Dokumentation rechtsextremer Aktivitäten in Leipzig 1989-1995. Leipzig: o.V., S. 6.

[16] Zitiert nach Madloch (2000): ebd., S. 66. Dass es gerade wegen des kanonischen und selektiven Antifaschismus fortan nicht mehr möglich war, offenkundig neonazistische Tendenzen anzusprechen, ist der DDR als Staatsversagen in Rechnung zu stellen.

[17] Süß, Walter (1993): Zur Wahrnehmung und Interpretation des Rechtsextremismus in der DDR durch das MfS. Berlin: Behörde des Bundesbeauftragten für

lers Konrad Weiß das erste öffentliche Zeugnis einer besseren Einsicht: »Diese jungen Faschisten sind das Produkt unserer Gesellschaft [...] Die Gefahr einer neuen faschistischen Bewegung, getragen von jungen Menschen unseres Landes, ist denkbar geworden.«[18]

Die Neonazis aus dem Osten beteiligten sich bald zu Hunderten an den Leipziger Montagsdemos, betrieben deren »Nationalisierung«[19] und trugen zu einer rhetorischen Wende bei. Vom zunächst regierungskritischen Appell »Wir sind das Volk« zur abgrenzenden Wendung »Wir sind ein Volk«, die sich völkisch-nationalistisch interpretieren ließ. Was der Neonazismus in Ostdeutschland schlagartig gewonnen hatte, war die Möglichkeit, sich auf legalem Wege und vereint zu organisieren. Zur gleichen Zeit ging das »Zentralinstitut für Jugendforschung« der DDR davon aus, dass sich zumindest zwei Prozent der Jugendlichen an extrem rechten Weltbildern orientieren.[20]

Ende 1989 brach eine Gründerzeit an. Extrem rechte Vereinigungen aus der alten BRD konnten Fuß fassen, neue Gruppen entstanden und damit auch jener Typus örtlich gebundener »Kameradschaften«, in denen bis heute ein Gros der Szene organisiert ist. Der Zusammenbruch der DDR hinterließ »leere Räume«, die mit extrem rechten Politikangeboten gefüllt wurden. Solche Versuche wurden insbesondere im Raum Chemnitz und Ostsachsen forciert, die sächsische Landeshauptstadt Dresden firmierte anfangs gar als »Hauptstadt der Bewegung«. Im Mai 1991 konstatierte das »Gemeinsame Kriminalamt«, aus dem die Landeskriminalämter der Neuen Bundesländer hervorgingen, dass ein Drittel aller extrem rechten Straftaten auf dem Gebiet der Ex-DDR in Sachsen begangen wurden. Eine effektive Strafverfolgung war gerade erst

---

die Unterlagen des Staatssicherheitsdienstes der ehemaligen Deutschen Demokratischen Republik.

[18] Weiß, Konrad (1989): Die neue alte Gefahr. Junge Faschisten in der DDR, in: Metelka, Torsten (Hrsg.): Kontext. Beiträge aus Politik, Gesellschaft, Kultur, 2. Jg., H. 5. Auf diesen Aufsatz bezogen sich auch die ersten unabhängigen Antifa-Gruppen der DDR, die nicht mit staatlicher Hilfe rechnen konnten.

[19] Broschürenkollektiv Leipzig (1995): ebd.; S. 11.

[20] Ebd., S. 13.

wieder in Gang gekommen,[21] manchmal aber langsamer als die Gegenspieler von Rechtsaußen. Die HNG begann Anfang 1991, Gesinnungsgenossen in sächsischen Haftanstalten zu »betreuen«.[22] Einer ihrer »Gefangenenbetreuer« hieß Josef Kneifel.

Die Anfang der 1990er Jahre entstandenen Hochburgen, gerade Chemnitz und Ostsachsen sowie der ehemalige Muldentalkreis, wurden später zu den geläufigsten Beispielen der »national-befreiten Zonen«. Dass die Szene zu dieser Selbstermächtigung fähig war, macht die 1990er Jahre zum Schlüsseljahrzehnt des deutschen Neonazismus. Ein Teil dieser Entwicklung blieb aber bis heute ein Dunkelfeld: Klandestine Strukturen, die wenig bekannt sind, aber verantwortlich für wiederholte Versuche der Bewaffnung – bis hin zu Anschlägen an der Schwelle zum Rechtsterrorismus. Das bekannteste Beispiel sind die »Skinheads Sächsische Schweiz« (SSS), die ab 1997 in Ostsachsen agierten und aus bis zu 125 Mitgliedern und einem Umfeld von mehreren hundert Personen bestanden.[23] Aufgebaut wurde die SSS seit Frühjahr 1996, zu den Initiatoren gehörten ehemalige Mitglieder der zuvor verbotenen »Wiking-Jugend« (WJ). Wiederholt war die SSS durch Wehrsportübungen und durch enge Zusammenarbeit mit der NPD aufgefallen. Außerdem war die Gruppe verantwortlich für Übergriffe auf Linke und MigrantInnen. Bei Hausdurchsuchungen im Jahr 2000 wurden in 51 Wohnungen von SSS-Anhängern zwei Kilogramm TNT, Zündvorrichtungen sowie Feuerwaffen und Munition gefunden. Das war alarmierend, denn bereits 1993 hatten WJ-Mitglieder nahe Königstein (Sächsische Schweiz) einen Sprengsatz gezündet. Die Quittung folgte im April 2001 mit dem Verbot der Gruppe durch den sächsischen Innenminister. Tatsächlich blieben ihre Strukturen aber jahrelang intakt. Daran änderten auch drei Prozess-Serien gegen die Rädelsführer nichts. Ermittelt wurde gegen mehr als 80

---

[21] Lausberg, Michael (2012): Die extreme Rechte in Ostdeutschland 1990-1998. Marburg: Tectum, S. 45, 107.

[22] Zur Entwicklung der HNG siehe: Der rechte Rand (2011): Texte zur HNG. DRR extra. o.O.: o.V., abrufbar unter www.der-rechte-rand.de/wp-content/uploads/DRR_EXTRA_HNG_VERBOT.pdf (22.2.2013).

[23] Ausführlich zur SSS: o.A. (2000): Wehrsport in sächsischen Wäldern. Militante Neo-Nazis wohlwollend toleriert, in: Antifaschistisches Infoblatt (AIB), H. 51, 14. Jg., S. 24f.

Personen, doch die Anklagen zogen nur Bewährungs- oder Geldstrafen nach sich. Betroffen von einem Verbot war im April 2007 auch die »Kameradschaft Sturm 34«.[24] Sie war ein Jahr zuvor in Mittweida gegründet worden, ihr Personenpotenzial wuchs von anfänglich 36 auf bis zu 180 Personen an. Die mutmaßlichen Rädelsführer hatten bereits 2005 den Plan gefasst, in Mittelsachsen durch brutale Angriffe eine »national-befreite Zone« zu schaffen. In einem Jahr kamen mehr als 70 Straftaten zusammen – darunter etliche Körperverletzungen in Mittelsachsen, dem Raum Chemnitz und dem Landkreis Zwickau. Ähnlich wie die SSS trat auch »Sturm 34« als Schutztruppe für NPD-Veranstaltungen in Erscheinung. Die Behörden waren auch in diesem Fall durch einen Spitzel über interne Vorgänge informiert und die juristische Aufarbeitung zog sich bis in die jüngste Zeit hin. Über »Sturm 34«, deren Aktivisten sich zum Teil mit Schreckschusswaffen ausgestattet hatten, informierten die Behörden die Öffentlichkeit erst am Tag des Verbots. Es dauerte noch fast sechs Jahre, bis ein Gericht Anfang 2013 bestätigte, dass es sich um eine kriminelle Vereinigung handelte. Die Rädelsführer kamen mit Geld- und Bewährungsstrafen davon.

Das ist nicht die Ausnahme, sondern die Regel. Im Oktober 1997 durchsuchte die Polizei die Wohnungen von sechs Neonazis, die im Raum Meerane eine militante Gruppierung aufgebaut und sich bewaffnet hatten. Gefunden wurden vollautomatische Kriegswaffen, Munition und ein selbstgebauter Sprengsatz. Das Auffliegen der Gruppe ging für die Beteiligten glimpflich aus, sie erhielten lediglich Bewährungsstrafen, da ihnen nicht nachgewiesen werden konnte, was mit den Waffen angestellt werden sollte. Das blieb auch im Falle der »Wehrsportgruppe Freikorps« unklar, die 1996 eher zufällig ausgehoben wurde. Der Zoll hatte eine Sendung mit einer Bombenbau-Anleitung abgefangen, die an einen Unteroffizier der Bundeswehr aus dem Vogtland adressiert war. Bei der Durchsuchung seiner Wohnung wurden mindestens fünf Kilogramm Schwarzpulver, ein Revolver, Munition aus Bundeswehr-Beständen sowie Präzisionsprojektile und ein Zielfernrohr gefunden. Die weiteren Ermittlungen führten zu einer mindestens sechsköpfigen Gruppe aus dem

[24] Ausführlich zu Sturm 34: Köditz, Kerstin (2009): Und morgen? Extreme Rechte in Sachsen. Berlin: Verbrecher Verlag.

Vogtland. Bereits 1989 hatte sich die Gruppe für Wehrsportübungen zusammengeschlossen. Sie blieben sieben Jahre unentdeckt.

Solche Strukturen sind nicht harmlos. Als im Jahr 2000 die seit Ende der 1990er Jahre im Raum Brandenburg aktive Untergrund-Gruppe »National-revolutionäre Zellen« (NRZ) hochgenommen wurde, stießen die Ermittler auf »Verbindungen nach Sachsen« und verdächtigten hiesige Neonazis, die Gruppe unterstützt zu haben. Hinweise auf bewaffnete Neonazi-Strukturen verdichteten sich in der Folgezeit, sodass der Generalbundesanwalt 2003 Ermittlungen wegen Bildung einer terroristischen Vereinigung gegen die »Wehrsportgruppe Wurzen« aufnahm. Den Hinweis bekamen die Behörden von einem ehemaligen Rechtsterroristen, der nun behauptete, von einem Gesinnungsgenossen in Köln gebeten worden zu sein, Kameraden in Wurzen zu trainieren. Der Zeuge bezichtigte als Anführer eine Person, die der Szene in Wurzen und der NPD anhing, und vermutete, dass die Truppe längst ein militärisches Training aufgenommen hat. Scharfe Bewaffnung will er gesehen und von Anschlagsplanungen erfahren haben. In der Region gab es in den Jahren zuvor wiederholt Berichte über Wehrsportübungen. Aufklärung? Keine. Auch nicht kurz darauf bei einem Anschlag in Wurzen. In der Nacht zum 7. November 2004 detonierten an der Fassade des »Netzwerks für demokratische Kultur«, in dessen Räumen eine Beratungsstelle für Opfer rechter Gewalt untergebracht war, zwei rohrbombenartige Sprengsätze. Täter wurden nie ermittelt. Das Verfahren zur »Wehrsportgruppe Wurzen« wurde 2005 eingestellt. Im Juli 2007 explodierte dann ein selbstgebastelter Sprengsatz versehentlich in der Wohnung eines Bombenbastlers in Leutersdorf (Landkreis Görlitz). Die Polizei fand neben einer Hakenkreuzfahne auch 300 Gramm Sprengstoff, Material für eine Rohrbombe sowie vier Handfeuerwaffen und 500 verschossene Patronenhülsen. Der Bastler war Anhänger der örtlichen Nazi-Szene. Er gestand Sprengübungen in einem Wald. Angeblich gab es aber keine eindeutigen Hinweise auf eine politisch motivierte Tat. Entsprechend mild fiel das Urteil aus: 14 Monate auf Bewährung.

Der Öffentlichkeit verborgen blieb, dass Neonazis 1997 und 1999 im Muldentalkreis über Monate den rassistischen »Ku-Klux-Klan« durch Kreuzverbrennungen nachahmten. Ab 2000 breitete sich die Gruppe »European White Knights Of The Ku Klux Klan« (EWK KKK) in Sachsen aus.[25] Diese »Klansmen«, die durch V-Leute infiltriert waren, blieben bis 2003 aktiv. Formal haben sie ihren Klan nie aufgelöst, sondern in eine west- und eine ostdeutsche Gruppe, samt sächsischer Mitglieder, geteilt. Die Spuren verlaufen danach im Sande. Glaubt man dem Verfassungsschutz, hat es solche Strukturen aber nie gegeben. Weitgehend unbekannt geblieben ist auch eine Serie von zehn Brandanschlägen in Sachsen, die 2010 auf Wohnungen und Geschäfte von MigrantInnen sowie linke Einrichtungen verübt wurden. Eine Spur nach Sachsen gibt es auch im Fall von »Combat 18 Pinneberg«. Den zwischen 2001 und 2003 an dieser Gruppe beteiligten Neonazis wurde die Bildung einer kriminellen Vereinigung vorgeworfen. Ihr Kontakt zu einem namhaften sächsischen Neonazi wurde dabei aktenkundig.

All das sind keine Einzelfälle. Nach wie vor sind Neonazis aus dem Freistaat auch in das elitäre und abgeschottete Netzwerk der »Hammerskins« eingebunden.[26] Glaubt man dem Verfassungsschutz, sind sie bedeutungslos. Weit offener, aber unter wechselnden Namen agiert die Kameradschaftsszene, die seit 2007 im »Freien Netz« (FN) zusammengeschlossen ist. Glaubt man dem Verfassungsschutz, handelt es sich beim FN nur um eine Website.

Der militante Neonazismus in Sachsen ist das Produkt einer langfristigen Entwicklung. Dazu gehören spezifische Erfahrungen: Niemand darf kriminelle Vereinigungen bilden, Waffen horten oder mit Sprengstoff hantieren. Wer es dennoch tut, hat in Sachsen gute Karten, nicht erwischt zu werden. Und wer ertappt wird, hat gute Chancen, nicht ins Gefängnis zu müssen. Dieser Versuch ist es Neonazis immer wieder wert. Das Beispiel Sachsen zeigt, dass ein Staatsversagen beim Umgang mit der extremen Rechten nicht nur die Jahre zwischen 1998 und 2011 im Fall des NSU kennzeichnete. Fehlendes Wissen, verschlossene Akten, verschleierte Quellen und die Vehemenz, mit der Neonazi-GegnerInnen verfolgt werden, sind Gründe, warum das Braune in Sachsen eine Zukunft hat.

---

[25] o.A. (2012): Ku-Klux-Klan. Ableger in Deutschland, in: Antifaschistisches Infoblatt, H. 97, 26. Jg., S. 18-21.

[26] o.A. (2012): Internationaler Hass. Das Netzwerk der Hammerskins, in: ebd., S. 22-26.

Jan Dirac

»Brandstifter-Effekt«[1]

Der Geheimdienst und seine Neonazi-Spitzel

Neun klare Thesen, neun Sachverhalte zur Begründung und neun Erwartungen an den »Verfassungsschutz« – in einem als geheim gestempelten Papier der »Abteilung Staatsschutz« des Bundeskriminalamtes (BKA) vom 3. Februar 1997 kritisierte die oberste deutsche Polizeibehörde den deutschen Inlandsgeheimdienst mit deutlichen Worten. Die Spitzel der Ämter würden vor Ermittlungen der Polizei geschützt und sich gegenseitig zu Aktionen anstacheln. Erst die Technik und das Geld vom Dienst würde zentralen Nazikadern Vernetzung ermöglichen. Polizeibeamte der höchsten Ebene, die offenbar seit Jahren erfolglos versucht hatten, gegen relevante Nazi-Strukturen in Deutschland vorzugehen, schrieben sich hier hochoffiziell den Frust von der Seele. Kern des als »Positionspapier« gekennzeichneten Schreibens ist eine deutliche Kritik am Agieren des »Verfassungsschutzes« (VS) und des Einsatzes von so genannten V-Leuten – also Nazis, die für Geld vom Staat die eigene Szene auskundschaften sollen. Doch die Spitzel, zumeist wichtige Kader, würden stattdessen an führenden Stellen die Strukturen der Neonazi-Szene mit dem Geld, der Technik, den Tipps und dem Schutz des Geheimdienstes aufbauen, kritisiert der Staatsschutz. Ermittlungen der Polizei wegen Straftaten würden immer wieder behindert oder gar unmöglich gemacht, so das Fazit der BKA-Abteilung.

Anlass für das erst jetzt bekannt gewordene Positionspapier von 1997, über das Mitte Dezember 2012 das Magazin »Der Spiegel«[2] und die Wochenzeitung »der freitag«[3] ausführlich berichteten, sei »die in

---

[1] Der Artikel ist ein leicht überarbeiteter Nachdruck aus dem antifaschistischen Magazin »der rechte rand« Nr. 140/2013. Mit freundlicher Genehmigung der Redaktion.

[2] Baumgärtner, Maik/Röbel, Sven/Stark, Holger (2012): Der Brandstifter-Effekt, in: Der Spiegel, Nr. 45/2012.

[3] Förster, Andreas (2012): Spitzel oder Anstifter? in: der freitag, 14.12.2012, www.freitag.de/autoren/der-freitag/spitzel-oder-anstifter (26.3.2013).

den letzten Jahren zunehmende Divergenz zwischen Verfassungsschutzoperationen und exekutiven Maßnahmen«, also Aktionen des Geheimdienstes, die im Widerspruch zum Agieren der Polizei stünden. Verantwortlich dafür seien »Quellenaktivitäten«, sprich Aktionen von V-Leuten der Geheimdienste. Eingangs stellt das BKA fest, dass »Vertrauenspersonen/Quellen des Verfassungsschutzes (…) maßgeblich in führenden/exponierten Positionen an der Vorbereitung von Veranstaltungen/Versammlungen/Aktionen« mitwirken würden. Der Staatsschutz warnte: »Es besteht die Gefahr, daß Quellen sich gegenseitig zu größeren Aktionen anstacheln. Somit erscheint es fraglich, ob bestimmte Aktionen ohne die innovativen Aktivitäten dieser Quellen überhaupt in der späteren Form stattgefunden hätten!« Und weiter: »Auch ist der »Brandstifter-Effekt« nicht unwesentlich, da statistisch nachweisbar insbesondere nach sog. ›Gedenktagen‹ ein Ansteigen z.B. antisemitischer Straftaten zu verzeichnen ist.« In der Begründung führt das BKA dann mehrere Mobilisierungen zu Parteitagen der mittlerweile verbotenen »Freiheitlichen Deutschen Arbeiterpartei« (FAP), Strafprozessen gegen Nazis und »Rudolf-Heß-Aktionstage« an, an deren Organisation offenbar »Quellen« der Geheimdienste in führender Position beteiligt waren. Der mittlerweile geoutete Nazi-V-Mann und Aktivist der »Anti-Antifa« Kai Dalek (»Gesinnungsgemeinschaft der Neuen Front«/»Thule-Netz«) war einer von ihnen, ebenso der verstorbene Nazi-Kader André Zimmermann (»Sauerländer Aktionsfront«). Dalek bewegte sich im direkten Umfeld des »Thüringer Heimatschutzes« (THS), sein Name stand auf einer Telefon- und Kontaktliste des Jenaer Neonazis und späteren Mitglieds des »Nationalsozialistischen Untergrundes« (NSU) Uwe Mundlos. Die im Papier geschilderten Fälle betreffen genau das Milieu, in dem sich auch die Thüringer Neonazis bewegten, und liegen genau in jenem Zeitraum, in dem sich in Thüringen der THS als wichtige Struktur der Neonazi-Szene etablierte und sich die späteren Rechtsterroristen des NSU radikalisierten.

An der konspirativen Durchführung eines Aufmarsches im Rahmen der »Rudolf-Heß-Woche« am 13. August 1994 in Luxemburg seien zum Beispiel »mindestens fünf hier bekannte Quellen des VS an der Vorbereitung und/oder Steuerung beteiligt« gewesen, schreibt das BKA. Luxemburg als Ort für den Heß-Aufmarsch sei bereits am 11. August 1994 bekannt gewesen. Dennoch erhielten die zuständigen Behörden am nächsten Tag lediglich die Information, der Aufmarsch finde im »Großraum Benelux« statt, die Nennung des konkreten Ortes erfolgte erst am 13. August. Das bestätigt nachträglich auch ein Bericht der Wochenzeitung »Die Zeit« von 1994, laut dem die deutschen Behörden das Nachbarland Luxemburg erst am Mittag des Aufmarschtages vor den anreisenden deutschen Neonazis gewarnt hatten, obwohl sie bereits seit zwei Tagen über das Land als Ort für den Aufmarsch informiert waren[4]. Luxemburgs Polizei löste damals den Aufmarsch zügig auf. Unter anderem mit diesem Beispiel belegte das BKA seine Auffassung, der Geheimdienst halte Informationen über geplante Nazi-Aktivitäten zurück, um eigene Quellen in den Strukturen zu schützen. Das sorge aber in anderen Fällen auch dafür, »daß Aktionen nicht mehr verhindert werden können«. Mit eigenen Ermittlungen hätte die Polizei die Termine von Großveranstaltungen der Szene zum Teil gleichzeitig oder früher in Erfahrung gebracht, als dass sie Warnungen der Dienste aus Quelleninformationen erhalten habe. »Es besteht die Gefahr«, so warnte die Polizei, »daß der Quellenschutz eine frühzeitige und vollständige Information, die zur Gefahrenabwehr erforderlich ist, behindert«.

In der Nazizeitschrift »NS-Kampfruf« wurde 1995 der Artikel »Grundwissen für den konspirativen Kampf« veröffentlicht, in dem Aktivisten der Szene vor neuen Fahndungsmethoden und Techniken der Behörden gewarnt wurden. Die Autoren des Textes unterhielten engen Kontakt zu einem Spitzel des Geheimdienstes, der »als Spezialist für derartige Probleme« gelte. Er versandte 1996 im Rahmen des »Rudolf-Heß-Tages« auch »Kommunikationsrichtlinien« an die Szene, in denen er unter anderem vor Abhöraktionen der Behörden warnte. Das BKA ging davon aus, dass diese »Kenntnisse vom VS vermittelt« wurden. Das sei naheliegend, da Quellen oftmals »gut über die aktuellen technischen Möglichkeiten der Exekutive informiert sind, z.B. im Rahmen der Telekommunikationsüberwachung«. Diese Informationen würden »durch die Quellen innerhalb der gesamten Szene verbreitet.« Es bestünden auch »konkrete Anhaltspunkte, daß dadurch Maßnahmen der Strafverfol-

[4] Barth, Frank (1994): Nazis haben hier nichts zu suchen, in: Die Zeit, Nr. 34, www.zeit.de/1994/34/nazis-haben-hier-nichts-zu-suchen/seite-1 (26.3.2013).

gungsbehörden vereitelt oder unterlaufen werden«. Das schütze letztlich »die gesamte Szene vor Strafverfolgung«, warnte Deutschlands oberste Polizeibehörde in ihrem internen Schreiben. Die zurückhaltend und fast unterwürfig vorgetragene Bitte des BKA, den Geheimdienstquellen zukünftig nicht mehr zu zeigen, »wie Maßnahmen zur Gefahrenabwehr und der Strafverfolgung unterlaufen werden können«, gleicht einer Kapitulation des Rechtsstaates vor dem offenbar schrankenlosen Agieren der Geheimdienste.

Dass der Geheimdienst die Szene finanziell und mit aktueller Technik ausstattete und so erst ihren Aufbau und ihre Vernetzung ermöglichte, ist eine weitere Kritik des BKA. Durch »die Ausstattung der Quellen mit der jeweils neuesten Telekommunikationstechnik« werde die Vernetzung der Szene erreicht. »Mehrere besonders aktive Quellen waren/sind mit umfangreicher Telekommunikationstechnik (Handy, Fax, PC mit DFÜ) ausgestattet und nutzen diese Technik«, so die Polizei. Außerdem sei »die Mehrzahl der Quellen« nur »durch die Übernahme recht hoher Telefongebühren, Reisekosten und Bereitstellung entsprechender Technik (...) überhaupt sowohl finanziell als auch materiell in der Lage, Kontakte zu knüpfen und aufrecht zu erhalten«. Teils würden monatlich bis zu 1.000 DM allein an Telefonkosten von den Ämtern übernommen. Kurzum: Der Geheimdienst sorgte mit seinen Mitteln für den Aufbau und Unterhalt der Kommunikationswege der Nazi-Szene. Da, und auch das führte das BKA aus, die genannten Naziaktivisten entweder erwerbslos oder mittellos seien, wären sie ohne das Geld und die Technik des Staates nicht in der Lage, diese Strukturen aufzubauen und zu betreiben. Selbst Reisen in die USA zu Treffen eines mittellosen deutschen Nazikaders mit den internationalen Nazigrößen Gary Rex Lauck und Ernst Zündel sollen demnach mit den Mitteln der Dienste möglich geworden sein.

Der Geheimdienst warnte, so ein weiterer Vorhalt des BKA, seine Quellen vor anstehenden Repressionsmaßnahmen. »Es besteht die Gefahr, daß Beweismittel vor Eintreffen der Exekutive vernichtet werden!«, heißt es in dem Geheimdokument. Eine Quelle der Dienste habe beispielsweise bei einer Vernehmung angegeben, er sei vor einer bevorstehenden Razzia des BKA gewarnt worden und habe sich daher nach Griechenland abgesetzt. Und ein Nazi aus Nordrhein-Westfalen habe in der Nacht vor einer Razzia anlässlich des Verbotes der FAP säckeweise Unterlagen vernichtet. Der Vater des Nazis sagte gegenüber der Polizei, »er habe sich schon lange gewundert, wie gut sein Sohn über polizeiliche und justizielle Maßnahmen informiert gewesen sei«. Die Warnungen würden über die Spitzel dann oft auch an andere Nazis weitergeleitet. Somit wurde die Szene insgesamt vor polizeilichen Maßnahmen geschützt, nicht allein die Quelle des jeweiligen Dienstes. Ähnlich deutlich und rechtstaatlich fatal war auch ein weiterer Vorwurf des Staatsschutzes an die Geheimdienste: »Quellen des VS, die im Rahmen von Ermittlungsverfahren als Straftäter festgestellt wurden, werden weder angeklagt noch verurteilt und unterliegen somit auch für die Szene erkennbar keinem Verfolgungsdruck!« Kombiniert man diesen Fakt mit dem letzten Kritikpunkt des BKA, ergibt sich ein drastisches Bild, dass das oftmals selbstbewusste und scheinbar sorglose Agieren von wichtigen NaziaktivistInnen erklärt. Denn: »Die Mehrzahl der Quellen sind nach dem Ergebnis der Ermittlungen überzeugte Rechtsextremisten. Bei diesen entsteht der Eindruck, unter dem Schutz des VS im Sinne ihrer Ideologie ungestraft handeln zu können und die Exekutive nicht ernst nehmen zu müssen.« Die abschließende »Erwartungshaltung« der Polizei ist erschreckend: »In Fällen, in denen die Quelle »aus dem Ruder läuft«, sollte der VS auch die Strafverfolgung vor den Schutz der Quellen stellen.« Das war offenbar bis dahin andersherum.

Ausdrücklich betonte die Staatsschutz-Abteilung des BKA 1997, dass der Einsatz von bezahlten Spitzeln grundsätzlich nicht in Frage gestellt werde. Er sei ein »taugliches Mittel zur Penetration rechtsextremistischer Gruppierungen«. Das Positionspapier sollte aber dazu beitragen, »Lösungen zu finden, die sowohl im Interesse des Verfassungsschutzes sind als auch der Aufgabenstellung der Polizei (Prävention und Repression) entgegenkommen«. Das Festhalten an Spitzeln, das Qualifizieren des V-Leute-Systems und eine engere Verzahnung von Geheimdiensten und Polizei, in diese Richtung gehen angesichts des Auffliegens des NSU im November 2011 und den seit dem offenbar gewordenen Verfehlungen der Behörden auch die aktuellen Planungen zum Umbau der Sicherheitsarchitektur in den Sicherheitsbehörden selbst und in fast allen Parteien. Bestätigung erfahren die Befunde des BKA-Papiers unterdessen auch in den parlamentarischen Untersuchungsausschüssen, die in drei Landtagen und dem Bundestag eingerichtet worden sind, um die Fehler bei der Fahndung nach den im Frühjahr 1998 abgetauchten späteren Mitgliedern des NSU und die möglichen Verstrickungen der Sicherheitsapparate in das Geschehen bis zum blutigen Ende der Naziterroristen im November 2011 aufzuklären.

Geändert hat sich seit 1997 offenbar wenig bis nichts. Das mittlerweile 15 Jahre alte Geheimpapier des BKA scheint seine Wirkung gegenüber dem Geheimdienst, der offenbar nach seinen ganz eigenen Regeln agiert, verfehlt zu haben. Es kann also davon ausgegangen werden, dass auch später noch Geld, Technik, Tipps und Warnungen vor Repression von den Geheimdiensten an die Nazi-Szene gegangen sind und so dafür sorgten, dass rechte Propaganda betrieben, Strukturen aufgebaut und Straftaten und Gewaltaktionen durchgeführt werden konnten – nicht nur unter den Augen des Staates, sondern mit dessen Hilfe. Informationen dazu, wie es heute bei den Diensten wirklich zugeht, wird die Öffentlichkeit möglicherweise erst in vielen Jahren erhalten. Dass sich aber grundlegend an diesen Zuständen etwas verändert hat, braucht nicht angenommen zu werden.

Katharina König

Reaktionen der extremen Rechten auf den NSU

Während es nach dem 4. November 2011 und der Aufdeckung der rassistischen Mordserie des »Nationalsozialistischen Untergrundes« (NSU) insbesondere in der Szene der »Freien Kameradschaften« zu positiver Bezugnahme auf die rassistischen Morde kam, versuchte sich die NPD seitdem zumindest offiziell vom NSU und dessen Taten zu distanzieren und den Fokus allein auf geheimdienstliche Verstrickungen zu richten. So brachte die Fraktion der NPD im Sächsischen Landtag am 14. November 2011 einen Antrag zur »Aufklärung über geheimdienstliche Verstrickungen in Sachen ›Döner-Morde‹« ein. Per Pressemitteilung erklärte der Fraktionsvorsitzende der Sächsischen NPD und frisch gewählte NPD-Bundesvorsitzende, Holger Apfel: »Wer angesichts dieser Bestialität auch nur ansatzweise auf die Idee kommt, dies könne im Sinne meiner Partei und meiner Fraktion sein, ist entweder unzurechnungsfähig oder agiert aus durchsichtigem politischen Interesse.«[1] Entscheidend sei, so Apfel, »dass es nicht die anständigen Mitglieder der NPD sind, die durch Straftaten auffallen, sondern dass der Verfassungsschutz über seine V-Leute überall seine Finger im Spiel zu haben scheint.«[2]

Wie unglaubwürdig diese Äußerungen sind, lässt sich nicht nur anhand der Unterstützung für den NSU durch diverse ehemalige und heutige NPD-Mitglieder – unter ihnen der inhaftierte Ralf Wohlleben – feststellen, sondern auch anhand von öffentlichen Äußerungen Apfels, der zum Beispiel am 8. Juni 2002 im Sächsischen Landtag erklärte: »Unser Kampf ist erst dann zu Ende, wenn Deutschland wieder frei ist. Seien wir uns des hohen Blutzolls bewusst, den unsere Väter und Großväter im Kampf um Deutschland geleistet haben. Nehmen wir uns ein Vor-

---

[1] Vgl. www.npd-fraktion-sachsen.de/index.php?s=9&aid=1582 (25.3.2013).

[2] Vgl. www.npd-presse.de/2011/11/18/npd-fordert-abzug-aller-v-leute-aus-der-partei/ (25.3.2013).

bild. Kämpfen wir wie sie.«[3] Die Absicht der NPD, jegliche Verbindungen zu den Taten des NSU von sich zu weisen, um der laufenden NPD-Verbotsdebatte argumentative Grundlage zu entziehen, ist schnell zu durchschauen. Zynisch ist jedoch die mit solchen Äußerungen einhergehende Verleugnung der rassistischen und neonazistischen Hintergründe der Taten, die zu Positionen der NPD anschlussfähig sind.

Im Gegensatz zu den offiziellen Positionen der NPD agieren Neonazis, die den »Freien Nationalisten« zuzuordnen sind, eindeutiger: »Warum haltet ihr die Fresse, was habt ihr schon zu verlieren. Schluss mit dem Schweigen, wir werden uns nie distanzieren. Freiheit für Wolle fordern wir, egal wohin der Weg auch geht, drinnen wie draußen eine Front – Solidarität!«,[4] heißt es beispielsweise in dem Lied »Freiheit für Wolle« von der Neonaziband »SKD«[5] auf dem »Sampler-Solidarität Vol. IV«, der im Herbst 2012 bei dem neonazistischen Musiklabel »PC Records« veröffentlicht wurde.[6] Insgesamt 15 Bands der Neonazi-Szene, unter ihnen mehrere dem Spektrum von »Blood & Honour« zuzurechnende Bands wie »SKD« aus Thüringen, »TäterVolk« oder »Uwocaust und alte Freunde«, aber auch der bundesweit in der Neonazi-Szene bekannte ehemalige Sänger von »Landser«, Michael Regener, ist mit seiner Band »Die Lunikoff Verschwörung« auf dem Sampler vertreten, dessen Erlös laut Aussage eines Thüringer Neonazis komplett dem mutmaßlichen NSU-Unterstützer und inhaftierten Neonazi Wohlleben aus Jena für seinen bevorstehenden Prozess zur Verfügung gestellt werden soll.

Die im Herbst 2012 veröffentlichte Solidaritäts-CD stellt jedoch nur eine der bisher bekannt gewordenen Sympathiebekundungen der Neonazi-Szene für den NSU und dessen Unterstützer dar.

---

[3] SPD-Parteivorstand (Hrsg.) (2006): Wölfe ohne Schafspelz. So sprechen die Rechtsextremen von NPD und DVU, wenn sie keine Kreide gefressen haben.

[4] Vgl. www.youtube.com/watch?feature=player_embedded&v=V1MnTghUJ2o (25.3.2013).

[5] SKD steht für »Sonderkommando Dirlewanger«, eine Einheit der »Schutzstaffel« (SS), die im Nationalsozialismus zahllose Kriegsverbrechen beging, jüdische Häftlinge in Konzentrationslagern überfiel und sich an der Niederschlagung des Warschauer Aufstands beteiligte.

[6] Vgl. www.haskala.de/wp-content/uploads/2013/01/antwort_anfrage_solicdokt2012.pdf (25.3.2013).

Bereits im November 2011, kurz nach Bekanntwerden des NSU, waren in Zwickau – dem letzten Ort des Untertauchens von Uwe Böhnhardt, Uwe Mundlos und Beate Zschäpe – Sympathiebekundungen mit den Taten des NSU feststellbar. So berichtete die britische Zeitung »the telegraph« am 19. November 2011, dass nach der Veröffentlichung des Bekennervideos des NSU mit der Pink-Panther-Figur in dem Zwickauer Neonazi-Bekleidungsladen »Eastwear« – dem ehemaligen »The Last Resort Shop«, in dem auch Zschäpe Kundin gewesen sein soll,[7] – an der Vorderseite des Tresens ein T-Shirt mit einem Bild des »Pink Panther« und dem Schriftzug »Staatsfeind« gehangen habe.[8] Mittlerweile prüft die Bundesanwaltschaft, ob der ehemalige Inhaber des Ladens »The Last Resort Shop«, Ralf M., der nicht nur langjährig aktiver Neonazi, sondern auch V-Mann des »Verfassungsschutzes« war (Deckname »Primus«), den NSU logistisch unterstützt hat.[9]

Ebenfalls im November 2011 wurde über den rechten Internetversand »Reconquista« ein T-Shirt vertrieben, das unter dem Aufdruck eines zum Totenkopf stilisierten Dönerspießes die menschenverachtende Aufschrift »Killer Döner nach Thüringer Art«[10] trug und so die Morde verherrlichte. Im Dezember 2011, vier Wochen nach dem Bekanntwerden des NSU, tauchten im Zwickauer Stadtteil Marienthal Sprühereien auf, die der Nazi-Szene zuzuordnen waren: »NSU für immer«.[11]

Für den 21. Januar 2012 meldet dann der langjährig aktive Neonazi Norman Bordin einen Aufmarsch in München unter dem Motto »Für

---

[7] Vgl. www.spiegel.de/panorama/gesellschaft/nsu-verfassungsschutz-fuehrte-einen-weiteren-v-mann-a-879656.html (25.3.2013).

[8] Vgl. www.telegraph.co.uk/news/worldnews/europe/germany/8901815/Pink-Panther-murders-see-Nazi-ghosts-return-to-haunt-Germany.html (»Last week, though, the most sinister item on show was not the T-shirt with the knuckle-duster and crossed baseball bat motif, but the T-shirt pinned to the front counter with a cartoon of the Pink Panther, bearing the logo ›Staatsfeind‹, or ›enemy of the state‹.«)

[9] Vgl. www.spiegel.de/panorama/justiz/nsu-morde-bundesanwaltschaft-ermittelt-gegen-frueheren-v-mann-primus-a-891568.html (25.3.2013).

[10] Vgl. www.netz-gegen-nazis.de/artikel/nazi-klamottenmarke-reconquista-bietet-menschenverachtende-killer-doener-t-shirt-8339 (25.3.2013).

[11] Vgl. www.aaz.blogsport.de/2011/12/11/nsu-spruehereien-in-zwickau-aufgetaucht/ (25.3.2013).

mehr nationale Freiräume, Patriotisches Begegnungszentrum schaffen« an. Zu Beginn wurde über die Lautsprecher der Kundgebung die Melodie des »Paulchen Panther«-Liedes abgespielt, mit dem der NSU sein Bekennervideo musikalisch unterlegte. Bordin und einem Mitangeklagten wurde von der Staatsanwaltschaft vorgeworfen, sie hätten sich durch das Abspielen der Melodie die Taten zu eigen gemacht. Knapp ein Jahr später werden sie aber vom Vorwurf der Billigung einer Straftat freigesprochen.[12] Bordin geriet im Rahmen der NSU-Ermittlungen ebenfalls in den Blick der Ermittler. So berichtet der italienische Geheimdienst in einem Papier an den »Verfassungsschutz« von »einer Reihe rassistisch motivierter gewalttätiger Zwischenfälle«, in deren Zusammenhang »die deutschen Neonazis Uwe Meenen und Norman Bordin mit den ›Skinheads Tirol – Sektion Meran‹ über ›die Möglichkeit der Durchführung fremdenfeindlicher ›exemplarischer Aktionen‹ diskutiert und eine detaillierte Kartenauswertung vorgenommen (haben), um Geschäfte ausfindig zu machen, die von außereuropäischen Staatsangehörigen geführt werden‹ (...)«[13]

Die bisher öffentlichkeitswirksamsten Formen der Unterstützung – nicht nur in Form der »Solidaritäts-CD« – erhält Ralf »Wolle« Wohlleben, der einzige noch in Untersuchungshaft sitzende mutmaßliche NSU-Unterstützer. Er wird beschuldigt, Böhnhardt, Mundlos und Zschäpe eine Schusswaffe besorgt zu haben. Die Solidaritätsbekundungen und diversen Unterstützungsaktionen insbesondere Thüringer Neonazis begannen ab dem Moment der Verhaftung Wohllebens und halten bis heute an.

Am 29. November 2011 wurde Wohlleben in Jena verhaftet und kam in Untersuchungshaft. Am 1. Dezember 2011 hing dann am »Braunen Haus« in Jena ein Transparent mit der Aufschrift »Einer für alle – alle für einen. Denn es ist immer ein Angriff auf uns alle!«[14] Das »Braune Haus«, eine im Jenaer Stadtteil Lobeda Altstadt befindliche ehemalige

---

[12] Vgl. www.sueddeutsche.de/muenchen/protest-gegen-neonazi-aufmarsch-in-muenchen-rote-karte-gegen-braun-1.1263446 (25.3.2013).

[13] Vgl. www.aib.nadir.org/index.php/archiv/91-mit-terrorgeldern-heim-ins-reich (25.3.2013).

[14] Vgl. www.haskala.de/wp-content/uploads/2012/09/antwort_anfrage_nsu-soli.pdf (25.3.2013).

Gaststätte wurde von den Neonazi Maximilian Lemke 2002 erworben und gemeinsam mit Wohlleben und André Kapke betrieben. Als »Nationales Wohn- und Schulungszentrum« war es viele Jahre einer der Hauptanlaufpunkte der Thüringer Neonazi-Szene und diente zugleich als Ort der Vernetzung für Neonazi-Gruppen aus anderen Bundesländern. Mehrere Übergriffe auf alternative Jugendliche wurden von Bewohnern und Besuchern des »Braunen Hauses« begangen, bis heute ist es – wenn auch aufgrund einer baupolizeilichen Sperrung derzeit nur im Garten – einer der wichtigen Treffpunkte der Neonazi-Szene.

Auf die Transparent-Aktion, die dem »Freien Netz Jena« zuzuordnen ist, folgten Spendenaufrufe für Wohlleben per SMS sowie im Februar 2012 eine Geburtstagsannonce für den Inhaftierten, die in mehreren Thüringer Tageszeitungen abgedruckt wurde: »Zum Ehrentag für Wolle Zweifle an der Sonne Klarheit, Zweifle an der Sterne Licht, Zweif'l, ob lügen kann die Wahrheit, Nur an unsrer Treue nicht.« Unterschrieben von »Saalfelder Jungs und Mädels«.[15] Am 3. März 2012 schließlich plante die neonazistische Szene ein Solidaritätskonzert mit den Bands »Barny« aus Sachsen, »Stan« aus Brandenburg und »Erik« aus Bayern in Unterwellenborn. Das Konzert wurde verhindert und gegen 67 angereiste Neonazis Platzverweise erteilt.

An einer öffentlichen Internet-Solidaritätskampagne, die 2012 von Ringo K., einem Neonazi des »Freien Netzes Saalfeld«, gestartet wurde, beteiligten sich mehr als 60 Neonazis,[16] vor allem aus dem Raum Jena und Saalfeld-Rudolstadt, dem ehemaligen Hauptaktionsfeld von Wohlleben. Auf Facebook konnte man einen digitalen Button mit dem Motiv eines braunen Schafes und der Aufschrift »Freiheit für Wolle« in das eigene Profilbild einbinden. Unter dem Spitznamen »Wolle« ist Wohlleben seit Jahren in der Thüringer Neonazi-Szene bekannt. Im Juli 2012 gelangten auch Schlüsselanhänger mit dem Aufdruck »Freiheit für Wolle« in der Neonazi-Szene Thüringens in Umlauf. Auf dem Rechtsrock-Festival »Rock für Deutschland«, das seit mehreren Jahren in Gera mit bis zu 5.000 Neonazis stattfindet, trugen am 7. Juli 2012 mehrere Personen T-Shirts mit dem gleichen Schaf-Motiv und der Aufschrift »Frei-

---

[15] Ebd.

[16] Vgl. http://de.picbadges.com/freiheit-fur-wolle/2467651/ (25.3.2013).

heit für Wolle«. Auf dem Konzert wurden darüber hinaus Spenden für Wohlleben gesammelt.

Im Dezember 2012 veröffentlicht dann ein Thüringer Neonazi bei Facebook das Foto einer mit Paintball-Waffen posierenden Gruppe aus zehn Personen. In der Kommentarspalte führte das zu folgenden Reaktionen: »Der neue ›NSU‹ aus Thüringen« oder »NSU Reloaded« sowie »tja früher war münchen die hauptstadt der bewegung heut kommt alles gute aus thüringen«.[17] Die richtige Bewertung dieses Postings und der Kommentare nahm Martina Renner, innenpolitische Sprecherin der Fraktion DIE LINKE im Thüringer Landtag, vor: »Diese zur Schau gestellte Solidarisierung mit den Verbrechen des NSU und das demonstrative Zeigen von Waffen sind nicht nur Ausdruck eines Selbstverständnisses und der Kontinuität zwischen menschenverachtender Ideologie und der Bereitschaft zur Gewalt zur Durchsetzung politischer Ziele. Sie zeigen auch, auf welch großes Unterstützerumfeld das neonazistische Terrornetzwerk NSU in der extremen Rechten bauen konnte.«[18]

Bis zur Abschaltung der Neonazi-Website »thiazi-Forum« war der NSU auch dort immer wieder Thema. So berichtete die Journalistin Andrea Röpke in einem Artikel für den »Blick nach Rechts«,[19] dass sich »Westmark«, der Chef der »Hammerskin Nation« aus Ludwigshafen, über die Wohlleben belastenden Aussagen des »drogensüchtigen Aussteigers« und mutmaßlichen Helfers des NSU Holger G. aus Lauenau beschwerte. »Westmark« war wütend, denn »Wolle hockt seit 5 Wochen in U-Haft«, der Anwalt bekomme keine Akteneinsicht und der Haftrichter habe die Haft verlängert. »Dieses Scheiss-System ist so etwas von erbärmlich«, motzt der einflussreiche Anführer des konspirativen Konzert- und Musiknetzwerkes!«

Solidaritätsaktionen – insbesondere für Wohlleben – gab es vor allem in Thüringen und vor allem im Internet. Besonders hervor stach bei den per Internet geäußerten Solidaritätsbekundungen Thomas G. aus Altenburg, der seit der Verhaftung Wohllebens kontinuierlich über den

[17] Vgl. www.blog.zeit.de/stoerungsmelder/2012/12/03/«der-neue-nsu-austhuringen_10776 (25.3.2013).

[18] Ebd.

[19] Vgl. www.bnr.de/artikel/hintergrund/solidaritaet-mit-nsu-verdaechtigem (25.3.2013).

Kurznachrichtendienst Twitter Solidaritätsbekundungen mit Wohlleben äußert und im Dezember 2011 ausrief: »›Stille Hilfe‹ organisieren! S-O-L-I-D-A-R-I-T-Ä-T!!«[20] Die Aufforderung zur Organisation der »Stillen Hilfe« ist als Anspielung auf die Fluchthilfeorganisation der SS namens »Stille Hilfe für Kriegsgefangene und Internierte« zu verstehen, die 1951 gegründet wurde und Geld und Anwälte für Kriegsverbrecher des NS sowie deren Angehörige organisierte. Allerdings sorgte sie auch für neue Pässe und Identitäten, um NS-Verbrecher ins sichere Ausland zu bringen. Die Gründerin Helene Elisabeth von Isenburg erklärte das Ziel der Organisation: »Bei Beginn ihres Wirkens nahm sich die ›Stille Hilfe‹ vor allem der Not der Kriegsgefangenen und der völlig rechtlosen Internierten an. Später galt ihre Fürsorge den im Rahmen der Kriegsfolgeprozesse Angeklagten und Inhaftierten, sei es in den Gefängnissen der Sieger oder in deutschen Justizvollzugsanstalten.«[21]

Es ist festzustellen, dass die Initiatoren und Organisatoren der meisten bisher bekannt gewordenen Solidaritäts- und Unterstützungsaktionen dem politischen Umfeld von Wohlleben entstammen oder selber einen Bezug zum NSU haben. Auffallend ist, dass hinter den Solidaritätsaktionen erneut die Unterstützernetzwerke des NSU deutlich sichtbar werden. Seien es Bands, die dem »Blood & Honour« Umfeld zuzurechnen sind und über deren Konzerte bereits Ende der 1990er Jahre Gelder für die drei untergetauchten Neonazis aus Jena gesammelt wurden oder die »Nachfolgeorganisationen« des »Thüringer Heimatschutzes«, die »Freien Netze« aus Saalfeld, Kahla oder Jena. Ebenso deutlich erkennbar werden über Thomas G. aus Altenburg die »Hammerskins«, die sich zum bewaffneten Kampf gegen den Staat bekennen. Nach Informationen des portugiesischen Geheimdienstes soll Thomas G. Mitte der 2000er Jahre beauftragt gewesen sein, Schalldämpfer für Waffen der »Hammerskins« nach Portugal zu schmuggeln.[22] Die Gruppe bezeichnet sich selbst als eine »führerlose Gruppe von Männern und Frauen, die den Lebensstil der White-Power-Skinheads« pflegt (»leaderless group

---

[20] Vgl. www.twitter.com/Ace_79 (25.3.2013).

[21] Vgl. http://de.wikipedia.org/wiki/Stille_Hilfe_für_Kriegsgefangene_und_Internierte (25.3.2013).

[22] Vgl. www.fr-online.de/neonazi-terror/nsu-terror-neonazis-international-bestens-vernetzt,1477338,21871992.html (25.3.2013).

of men and women who have adopted the White Power Skinhead lifestyle«), und bekennen sich zu »14 words« des US-amerikanischen Neonazis David Eden Lane: »Wir müssen die Existenz unserer Rasse und die Zukunft für die weißen Kinder sichern« (»We must secure the existence of our people and a future for White children.«).

Für sich allein betrachtet mögen die Solidaritätsbekundungen wenig Wirkung entfalten. Entscheidend ist jedoch die klare Solidarisierung mit einem Unterstützer des NSU als auch die hinter den aktiven Personen stehenden Neonazi-Netzwerke. Sie knüpfen in ihrer Ideologie und den offen vertretenen Positionen in weiten Teilen an die neonazistische und rassistische Ideologie der NSU-Morde an.

Jens Petermann

Geheimdienste abschaffen

Braucht die Demokratie eine Spitzelbehörde à la »Verfassungsschutz«?

Bereits kurze Zeit nach dem Auffliegen der Terrorzelle »Nationalsozialistischer Untergrund« (NSU) ist die Debatte um die Konsequenzen aus den Fehlleistungen der deutschen Geheimdienste voll entbrannt. Sie wird im Zusammenhang mit dem Abschlussbericht des 2. Untersuchungsausschusses »Terrorgruppe nationalsozialistischer Untergrund« des 17. Deutschen Bundestages ihren vorläufigen Höhepunkt erreichen. Die Positionen sind schnell ausgemacht und reichen je nach politischer Couleur von einem »Weiter so, aber wir müssen besser werden« bis zu Vorschlägen für eine komplette Auflösung der Spitzelbehörde. Politisch besonders interessant sind die derzeitigen Vorschläge der den Diensten vorgesetzten Behörden in Bund und Ländern, die sich im Zwischenbericht der so genannten »Bund-Länder-Kommission Rechtsterrorismus«[1] (BLKR) manifestieren. Jenseits aller Logik wird dort angenommen, dass ein verbessertes V-Leute-System mit Geheimhaltung, Quellenschutz und ohne wirkliche demokratische transparente Kontrolle als tragende Säule der Sicherheitsarchitektur erhalten werden muss. Angemessene Konsequenzen aus dem NSU-Debakel? Fehlanzeige!

Gerade ein zentrales Prinzip von Geheimdiensten – nämlich der Quellenschutz – steht dem Legalitätsprinzip, das zur Aufklärung von Straftaten zwingt, diametral entgegen und ist eine der wichtigsten Ursachen für den totalen Blackout der Ermittlungsbehörden. Und genau daran soll sich nach den Vorstellungen der BLKR nichts ändern. Wenn die Schlapphüte auf den Plan treten, sollen Kriminalisten, Staatsanwälte und am liebsten auch noch Richter am Schreibtisch Platz machen und mehr als

[1] Bundesministerium des Innern/Bund-Länder-Kommission Rechtsterrorismus/Ständige Konferenz der Innenminister- und senatoren der Länder (2012): 2. Zwischenbericht der Bund-Länder-Kommission Rechtsterrorismus, abrufbar unter: www.bundesrat.de/DE/gremien-konf/fachministerkonf/imk/Sitzungen/12-12-07/Anlage22,templateId=raw,property=publicationFile.pdf/Anlage22.pdf (27.11.2012).

nur einen Blick über die Schulter erlauben – so geschehen in Thüringen bei Ermittlungen der Staatsanwaltschaft Gera um das seinerzeit noch als Bombenbauertrio aus Jena bekannte, später abgetauchte NSU-Trio. Das fordert unsere massive Kritik heraus und erfordert Vorschläge für Veränderungen – Veränderungen, die besser vor Nazis schützen und die Demokratie stärken.

Der Verfassungsschutz im engeren Sinne ist kein Verfassungsorgan, sondern eine Anhäufung diverser Behörden, deren Überwachungskompetenzen jenseits demokratischer Kontrolle immer weiter ausgeweitet wurden. Das passt weder zu einer Demokratie noch zu einem Rechtsstaat. Das »Bundesamt für Verfassungsschutz« (BfV) hat beispielsweise in den letzten Jahren zahlreiche linke Politiker aus dem Bundestag überwacht und gab sich auf dem linken Auge besonders scharfsichtig. Von den zehn Morden eines Neonazitrios will es indes nichts mitbekommen haben? Besser ist die Blindheit auf dem rechten Auge kaum noch zu belegen. So hat der Verfassungsschutz seine geheimdienstliche Daseinsberechtigung selbst verwirkt.

Der Verfassungsschutz soll Schaden von der Verfassung abwenden. Fraglich ist, ob sich im Grundgesetz für diese Institution als Geheimdienst eine Grundlage findet. Artikel 73 Absatz 1 Nr. 10 und Artikel 87 Absatz 1 Satz 2 des Grundgesetzes (GG) eröffnen dem Bundesgesetzgeber die Möglichkeit, Behörden »zum Schutze der freiheitlich demokratischen Grundordnung, des Bestandes und der Sicherheit des Bundes oder eines Landes (Verfassungsschutz)« einzurichten. Weder das Ob noch das Wie von derartigen Bundes- oder Landesbehörden ist hier geregelt. Die Ausreizung der Gesetzgebungskompetenz ist nicht zwingend. Es ist immer Sache der Legislative, ob und wie sie eine Institution zum Schutze der Verfassung einrichtet.

In der Fachliteratur gibt es Stimmen, die die Garantie für den Verfassungsschutz aus dem Zusammenhang mehrerer Bestimmungen des Grundgesetzes ableiten,[2] die das Konzept der »wehrhaften Demokra-

---

[2] Uhle, Arndt (2012): GG, Art. 73, Rn. 232, in: Maunz, Theodor/Dürig, Günther: Grundgesetz: C.H. BECK; Becker in: Isensee, Josef/Kirchhof, Paul: Handbuch des Staatsrechts, Bd. VII, 1. Auflage 1992, § 167 Rn. 67.

tie« begründen.[3] Daraus versucht man, die Daseinsberechtigung eines Inlandgeheimdienstes zu konstruieren. Selbst das ohnehin schon kritisch zu sehende und rechtlich auf schwachem Fundament fußende Konstrukt der »wehrhaften Demokratie« schreibt die Existenz eines mit nachrichtendienstlichen Mitteln arbeitenden Verfassungsschutzes nicht vor. Die Väter und Mütter des Grundgesetzes haben bewusst und gewollt kein Vorhalten eines nachrichtendienstlichen Verfassungsschutzes im Grundgesetz vorgesehen. Das Konstrukt ist vor dem Hintergrund der Überdehnung der Verfassung insbesondere in grundrechtsrelevanten Bereichen, in denen der Verfassungsschutz agiert, nicht haltbar.

In unserer Demokratie spricht vieles für die Abschaffung des nachrichtendienstlichen Verfassungsschutzes. Artikel 20 Absatz 1 GG schreibt das Demokratieprinzip fest. Danach sind unter anderem vor allem der Schutz der Grundrechte der Bürgerinnen und Bürger, deren freie Meinungsäußerung und insbesondere ein transparentes Staatshandeln Eckpfeiler einer funktionierenden Demokratie!

Die ersten 19 Artikel des Grundgesetzes sollen die Bürgerinnen und Bürger vor Eingriffen des Staates schützen. Tatsächlich greift der Verfassungsschutz durch seine Maßnahmen speziell in die dort geschützten Rechtsgüter ein. Überwachte Personen werden nicht einmal nachträglich informiert, dass sie einer solchen Maßnahme ausgesetzt waren. Eine vor- oder nachgeschaltete richterliche Kontrolle über die Rechtmäßigkeit der durchgeführten Maßnahmen, eigentlich eine Selbstverständlichkeit in einem Rechtsstaat, findet nicht statt. Für jede polizeiliche Maßnahme muss beispielsweise eine konkrete Gefahrenlage oder eine begangene Straftat vorliegen. Für Maßnahmen des Verfassungsschutzes reicht in der Regel das Vorliegen von Indizien oder eines vagen Verdachts, wie zum Beispiel die Teilnahme an einer Demonstration oder die Mitgliedschaft in der Partei DIE LINKE aus. Rechtsstaatlich ein untragbarer Zustand!

Der Verfassungsschutz greift regelmäßig in besonders sensible Schutzbereiche von Grundrechten durch den Einsatz von verdeckten Ermitt-

---

[3] Verbot verfassungsfeindlicher Vereine (Artikel 9 Absatz 2 GG), Grundrechtsverwirkung durch Kampf gegen die freiheitlich demokratische Grundordnung (Artikel 18 GG) und Verbot verfassungswidriger Parteien (Artikel 21 GG).

lern und V-Leuten, Überwachungsobservation, Überwachung von Post und Telekommunikation, aber auch durch Sammeln und Speichern von Informationen über Personen und Vereinigungen beziehungsweise Parteien aus öffentlich zugänglichen Quellen ein und spricht so automatisch ein Unwerturteil über die Betroffenen. Die unterschiedlichen Überwachungsmethoden zielen vor allem auf Persönlichkeitsrechte wie das Recht auf informationelle Selbstbestimmung, das Recht auf Gewährleistung der Vertraulichkeit und Integrität informationstechnischer Systeme,[4] das Brief-, Post- und Fernmeldegeheimnis,[5] die Unverletzlichkeit der Wohnung,[6] bei BerufsgeheimnisträgerInnen die Berufsfreiheit,[7] aber auch die Vereinigungsfreiheit[8] und die Parteienfreiheit[9]. Wenn man diese hohen Rechtsgüter und die mit deren Verletzungen verbundenen Nachteile für die Bürgerinnen und Bürger mit den dadurch gezogenen Erkenntnissen in Relation setzt, stellt man fest, dass im Einzelfall eine Verletzung der Grundrechte der Bürgerinnen und Bürger unverhältnismäßig gegenüber dem von den Verfassungsschutzämtern gezogenen Nutzen ist. Vor dem Hintergrund, dass diese Ämter nur unter Anwendung eines Hilfskonstrukts verfassungsmäßig legitimiert werden können, wirkt dies umso schwerer.

Falls die betroffenen Bürgerinnen und Bürger doch einmal zufällig von der heimlichen Beobachtung ihrer Person erfahren, ist ein Gerichtsverfahren schon deshalb aussichtslos, weil die Verfassungsschutzämter unter dem Deckmantel Quellenschutz immer einen Vorwand finden, Fakten und Tatsachen zurückzuhalten und somit eine Sachverhaltsaufklärung durch ein Gericht unmöglich machen. Die Gerichte haben es schwer, die Verfassungsschutzämter zur Herausgabe von Informationen zu bewegen. In den meisten Fällen erfahren die Betroffenen von ihrer heimlichen Beobachtung nichts, womit das elementare Grundrecht der Rechtsweggarantie ins Leere läuft.

---

[4] Artikel 2 Absatz 1 in Verbindung mit Artikel 1 Absatz 1 GG.
[5] Artikel 10 GG.
[6] Artikel 13 GG.
[7] Artikel 12 GG.
[8] Artikel 9 Absatz 1 GG.
[9] Artikel 21 Absatz 1 GG.

Der ausufernde Einsatz von V-Leuten und verdeckten Ermittlern führt dazu, dass sich der Verfassungsschutz immer wieder auf den Quellenschutz und den Schutz der eigenen MitarbeiterInnen berufen kann, womit die nötige Transparenz der Arbeit nicht gewährleistet ist. Selbst die Parlamentarischen Kontrollgremien des Bundestages und der Landtage sind außerstande, eine effektive Kontrolle und Transparenz sicherzustellen. Die Gremien tagen in geheimen Sitzungen, dort erlangte Informationen dürfen unter Strafandrohung nicht weiter gegeben werden. Die Abgeordneten nehmen ihre Erkenntnisse quasi mit ins Grab. Sie sind aber auch auf den guten Willen der Verfassungsschutzämter angewiesen, die selbst entscheiden, welche Informationen den Kontrollgremien zur Verfügung gestellt werden. Wenn man seine Kontrolleure selbst auf diese Weise steuern kann, dann wird jede Art der Kontrolle zur Farce.

Die permanenten Verstrickungen und Skandale, die Schredderaktionen und das Vorenthalten von Akten, die in nunmehr über einem Jahr im parlamentarischen Untersuchungsausschuss ans Licht kommen, zeigen, dass der Verfassungsschutz auch nicht Willens ist, aus seinem Komplettausfall bei der Bekämpfung des rechten Terrors Lehren zu ziehen. Er schadet der Demokratie und den Bürgerrechten mehr als er nützt. Wenn er von den Morden nichts gewusst hat, ist er überflüssig. Falls doch – ist er gefährlich. Die Abschaffung des Verfassungsschutzes in seiner jetzigen Form ist verfassungsrechtlich möglich und zum Schutze der Demokratie, der Grundrechte der Bürgerinnen und Bürger sowie im Sinne des Rechtsstaates erforderlich.

Angesichts des offensichtlichen Versagens der Geheimdienste während und nach der NSU-Mordserie, aber auch aufgrund der teilweise schon vorher bekannten Skandale, müssen die Ämter für Verfassungsschutz nicht nur in Frage gestellt werden. Aufgrund der Vorfälle und vor allem ihrer Häufung ist die einzig richtige Schlussfolgerung, das BfV und die Landesämter für Verfassungsschutz als Inlandsgeheimdienste aufzulösen.

Der größte Skandal sind die Gelder, die V-Leute für ihre Spitzeldienste erhielten. Das Thüringer Landesamt finanzierte mit diesen auch noch steuerbegünstigten Honoraren aus öffentlichen Mitteln den Aufbau von Neonazi-Strukturen, die es sonst vermutlich gar nicht gegeben hätte. Es ist kein Geheimnis, dass das BfV und die anderen Landesämter genauso verfuhren – es geht um hohe sechsstellige Beträge. Der Staat finanzierte so die rechte Szene und damit auch die kriminellen Aktivitäten einzelner Akteure.

Ein weiterer Aspekt spricht für die Auflösung der Inlandsgeheimdienste: Der fehlende Blick nach rechts. In den vergangenen 20 Jahren wurden in fast allen Landesämtern die Fachabteilungen »Rechtsextremismus« verkleinert oder abgeschafft. Mit einer absurden Extremismus-Theorie setzten die politisch Verantwortlichen den menschenverachtenden Rechtsextremismus mit einem »Linksextremismus« gleich, der regelmäßig antifaschistischen Gruppen angedichtet wurde und diese kriminalisierte. Die das Handeln des Verfassungsschutzes tragende Maxime »Quellenschutz geht vor Aufklärung von Straftaten« untermauert den Verdacht, dass die Sicherheitsbehörden, und hier allen voran der Verfassungsschutz, kein sonderlich großes Interesse daran hatten, die rassistische, menschenfeindliche Ideologie zu bekämpfen und deren Trägern, den Neonazis und ihren Strukturen, das Handwerk zu legen.

Das BfV und die Landesämter für Verfassungsschutz haben damit ihren Auftrag, die Demokratie vor ihren Feinden und somit die Verfassung zu schützen, nicht erfüllt. Sie haben das Gegenteil bewirkt und mit öffentlichen Geldern Verfassungsfeinde stark gemacht und den Aufbau von rechten Strukturen ermöglicht. Zudem sind sie einer wirklichen demokratischen Kontrolle entzogen. Diese Gründe wiegen schwer und müssen von der Politik ernst genommen werden. Politische Verantwortung zu übernehmen, heißt, endlich in die Debatte einzusteigen und diesen Zustand zu beheben. Die Auflösung der Inlandsgeheimdienste ist nicht nur ein denkbares Ende dieses gesellschaftspolitischen Diskurses, sondern sie ist alternativlos.

Rolf Gössner

»Verfassungsschutz« im Aufwind?

Die neue »Sicherheitsarchitektur« bedroht Demokratie und Bürgerrechte

Der »Verfassungsschutz« (VS) hat seit der Aufdeckung der Mordserie des »Nationalsozialistischen Untergrundes« (NSU) Ende 2011 endlich so ziemlich alles an Renommee eingebüßt, was er als so genanntes Sicherheitsorgan zumindest in bestimmten politischen Kreisen noch hatte. Als Publizist hatte ich jedoch bereits vor zehn Jahren vieles von dem recherchiert und in meinem Buch »Geheime Informanten. V-Leute des Verfassungsschutzes: Kriminelle im Dienst des Staates«[1] anhand geheimer Unterlagen und als Fallstudien dokumentiert, was heute so großes Erstaunen und Entsetzen verursacht. Deshalb sah ich mich, nachdem die Nazi-Mordserie ohne Zutun von VS und Polizei bekannt geworden war, von heute auf morgen einem gesteigerten medialen Interesse ausgesetzt – diesmal als »Geheimdienstexperte«, der intime Kenntnisse über die klandestine VS-Arbeit besitzt und der schon lange vor Bekanntwerden der Neonazi-Mordserie die heillosen Verflechtungen des VS in gewaltbereite Neonazi-Szenen aufgedeckt und das V-Leute-System als unkontrollierbar und demokratiewidrig kritisiert hatte. Und allmählich wurde selbst das »Undenkbare« wieder diskutabel und gesellschaftsfähig: Was nichts nützt und nur schadet, gehört aufgelöst – »Verfassungsschutz« a.D.?

Tatsächlich glauben angesichts der VS-Verwicklungen und -Vertuschungen immer weniger Menschen an das Märchen vom »Verfassungsschutz«, der Demokratie und Verfassung schütze. Immer mehr Menschen scheinen zu erkennen, dass der VS nicht nur durch seine Pannen und Skandale, sondern schon durch sein reguläres Wirken der poli-

[1] Gössner, Rolf (2012): Geheime Informanten. V-Leute des Verfassungsschutzes: Neonazis im Dienst des Staates. e-book bei Droemer-Knaur: München (Erstausgabe 2003).

tischen Kultur mehr geschadet hat, als er vorgeblich der Verfassung und einer noch recht eingeschränkten Demokratie nützt. Der im Kalten Krieg geprägte, antikommunistische, skandalgeneigte und intransparente Inlandsgeheimdienst hat seine eigene altnazistische Vergangenheit bis heute nicht aufgearbeitet, hat im Kampf gegen Nazismus versagt, gefährdet Verfassung und Demokratie und ist demokratisch nicht kontrollierbar.

Gerade in ihrer Ausgestaltung als Inlandsgeheimdienste – die den euphemistischen Tarnnamen »Verfassungsschutz« tragen – sind die 17 VS-Behörden des Bundes und der Länder selbst demokratiewidrige Institutionen. Warum? Weil sie mit ihren geheimen Strukturen und Methoden demokratischen Prinzipien der Transparenz und Kontrollierbarkeit widersprechen. Dabei umschlingt das Geheimhaltungssystem des VS schließlich auch Justiz und Parlamente, die den VS kontrollieren sollen. Die reguläre parlamentarische Kontrolle in Bund und Ländern erfolgt ihrerseits strikt geheim. Und Gerichtsprozesse, in denen etwa V-Leute eine Rolle spielen, werden tendenziell zu rechtsstaatswidrigen Geheimverfahren. Da werden – aus Gründen des »Quellenschutzes«, des »Staatswohls« oder der »Ausforschungsgefahr« – Akten manipuliert, Zeugen gesperrt oder nur mit beschränkten Aussagegenehmigungen versehen. Die Vertuschungs- und Aktenschredder-Aktionen, wie wir sie inzwischen geballt erleben mussten, sind für diese Verdunkelungsstrategien des VS symptomatisch, ja für einen Geheimdienst geradezu systemrelevant. »Quellenschutz« geht da schon mal vor Mordaufklärung.

Spätestens mit den neueren Skandalen und Enthüllungen hat der VS seine von Anfang an zweifelhafte Legitimation vollends verspielt. Als nachrichtendienstliches »Frühwarnsystem«, das er eigentlich sein soll und will, hat er grandios versagt. Aber nicht nur das: Über seine bezahlten Spitzel hat der VS die Neonazi-Szenen und -Parteien sogar mitfinanziert, rassistisch geprägt, gegen polizeiliche Ermittlungen geschützt und gestärkt, anstatt sie zu schwächen. Mit seinem kriminellen und gefährlichen V-Leute-System ist der VS selbst zum aktiven und integralen Bestandteil des Neonazi-Problems geworden, jedenfalls konnte er kaum etwas zu dessen Lösung oder Bekämpfung beitragen.

Solche Geheimorgane neigen zu Verselbständigung, Willkür und Machtmissbrauch. Tatsächlich lässt sich die über 62-jährige VS-Geschichte auch als Geschichte von Skandalen und Bürgerrechtsverletzungen schreiben. Doch wie steht es nach den jüngsten Mega-Skandalen um die plausible, wieder denkbar gewordene Forderung nach Auflösung des VS? Selbst der VS diagnostiziert einen »Modernisierungsstau«. Und der neue Präsident des »Bundesamts für Verfassungsschutz«, Hans Georg Maaßen, möchte mithilfe von »Querdenkern« ausgetrampelte Pfade verlassen und Alternativhypothesen entwickeln – dies alles, mit Sicherheit, eher zur Rettung der Institution als zu deren Auflösung. Nur DIE LINKE plädiert für eine solch klare Lösung. Bündnis90/DieGrünen fordern zwar eine Auflösung, aber auch Neuaufbau und Neustrukturierung der Inlandsaufklärung.

Sämtliche sonstigen Reformvorschläge aus dem parlamentarischen Raum greifen wesentlich zu kurz, weil sie sich nicht an die problematischen Geheimstrukturen wagen. Es sind Pläne, die darauf abzielen, die Pannen- und Skandalträchtigkeit geheimdienstlicher Arbeit zu verringern und die Effizienz zu steigern, um »bessere« Geheimdienste zu erhalten – obwohl Pannen und Skandale systembedingt sind und die Effizienz, schon aus Geheimhaltungsgründen, auch künftig kaum messbar sein wird. Demokratie- und Bürgerrechtsverträglichkeit spielen bei diesen Reformplänen jedenfalls kaum eine Rolle – in erster Linie geht es darum, das reichlich ramponierte Ansehen des VS zu verbessern.

1. So ist etwa die besänftigende Ankündigung, künftig mehr Transparenz schaffen und die Kontrolle über den VS verbessern zu wollen, von vornherein zum Scheitern verurteilt: Denn bloße Kontrollverbesserungen rühren nicht an die Geheimstrukturen, sondern legitimieren diese zusätzlich und werden letztlich daran scheitern. Ein Geheimdienst wird sich, auch mit erweiterten Kontrollkompetenzen, niemals wirksam kontrollieren lassen, ohne seinen Geheimdienstcharakter zu verlieren. Ein transparenter, voll kontrollierbarer Geheimdienst ist und bleibt ein Widerspruch in sich – trotz aller verstärkter Anstrengung, den VS in die Gesellschaft hinein zu öffnen und zusätzlich mit einem politischen Bildungsauftrag auszustatten.

2. Die neueren Pläne und Maßnahmen zur Reform des VS treiben im Kern die Zentralisierung und Vernetzung aller Sicherheitsbehörden voran und zielen darauf ab, den geheimdienstlichen Wildwuchs ein wenig zu beschneiden. Beispiel: das zentrale V-Leute-Register und die Qua-

Bildungs- und Öffentlichkeitsarbeit des VS

Schon seit geraumer Zeit macht der VS einen gehörigen Wandel durch und betreibt – verstärkt nach seinem grandiosen Image- und Vertrauensverlust – eine offensive Öffentlichkeitsarbeit, nicht zuletzt aus Akzeptanz- und Legitimationsgründen, so etwa mit Hilfe von kostenfreien Wanderausstellungen, Broschüren, Veranstaltungen und Vorträgen zu »Extremismus«-Themen aller Art. Er mischt sich meinungsbildend in den öffentlichen Diskurs und die politische Willensbildung ein und munitioniert dabei auch massiv die Medien. Mehr und mehr wirkt er hinein in zivilgesellschaftliche Projekte sowie in Schulen und Hochschulen, Bildung, Wissenschaft und Forschung.

Diese ideologische Beeinflussung zivilgesellschaftlicher Institutionen ist eine inakzeptable Kompetenzüberschreitung. Denn der VS ist und bleibt ein Geheimdienst mit klandestinen Strukturen und Methoden, der nun parallel hierzu meinungsbildend, dabei auch desinformierend in die pädagogische Weiterbildung eingreift. Politische Bildungsarbeit, die ihrem Namen und Auftrag etwa zur Demokratie- und Menschenrechtsbildung gerecht wird, muss demgegenüber gerade frei, kritisch und weitgehend staatsunabhängig sein. Ein Inlandsgeheimdienst hat hier jedenfalls nichts zu suchen und aus gutem Grund gibt es für solch geheimdienstliche Bildungsmaßnahmen – über bloße Information der Öffentlichkeit hinaus – auch keine Gesetzesgrundlage.

lifizierung von V-Leuten. Zum einen sollen für Auswahl und Führung von V-Leuten bundeseinheitliche Standards gelten, zum anderen soll das V-Leute-Unwesen nicht mehr allein föderal betrieben werden, sondern Bund und Länder sollen sich über ihre V-Leute-Einsätze zentral austauschen, um sie besser kanalisieren, nicht etwa koordinieren, zu können. Denn in der geplanten V-Leute-Zentraldatei sollen keine Klarnamen enthalten sein, sondern nur die Tarnnamen, sodass keine Identifizierung der eingesetzten V-Leute möglich sein wird.

All diese Vorhaben und Maßnahmen werden nichts daran ändern, dass V-Leute aus gewaltgeneigten Nazi-Szenen eben keine »Agenten« des demokratischen Rechtsstaates sind, sondern staatlich alimentierte Naziaktivisten – zumeist gnadenlose Rassisten und Gewalttäter, über die sich der VS zwangsläufig in kriminelle Machenschaften verstrickt. Nichts wird sich daran ändern, dass mühsam rekrutierte, kriminell gewordene V-Leute, wie bislang schon, von den führenden VS-Behörden selbst gegen polizeiliche Ermittlungsmaßnahmen abgeschirmt werden, um sie langfristig halten und weiter abschöpfen zu können. Es wird sich wohl auch nichts daran ändern, dass sich V-Leute verschiedener VS-Behörden gegenseitig zu Straftaten verabreden, nicht wissend, dass der jeweils andere ebenfalls V-Mann ist. Das V-Leute-System wird also auch weiterhin geheim, kriminell und selbstreferenziell bleiben und jeden Ansatz einer demokratischen Kontrolle ins Leere laufen lassen.

3. Die offiziellen Vorschläge greifen allesamt nicht nur zu kurz, sie sind auch kontraproduktiv, gefährlich und verschärfen die Lage zusätzlich – insbesondere dann, wenn der VS noch gestärkt, zentralisiert und mit neuen Befugnissen ausgestattet und der behördliche Informationsaustausch zwischen VS und Polizei institutionalisiert und intensiviert wird: So etwa in gemeinsamen Abwehrzentren oder zentralen Verbunddateien, wie sie bereits installiert worden sind und von Geheimdiensten und Polizei gemeinsam genutzt werden. Damit werden Polizei und der Inlandsgeheimdienst »Verfassungsschutz« auf problematische Weise vernetzt und verzahnt.

4. Mit abermals verstärkter Ämterverquickung und gemeinsamen Datenpools von Polizei und Geheimdiensten erfährt die exekutive Staatsgewalt eine weitere problematische Entgrenzung. Solche Zusammenführungsreformen höhlen – trotz anderslautender Beteuerungen, trotz eingebauter Hürden – föderale Strukturen aus und verletzen das verfassungskräftige Gebot der Trennung von Geheimdiensten und Polizei. Danach müssen diese Sicherheitsbehörden strikt voneinander getrennt sein und auch grundsätzlich getrennt arbeiten – immerhin eine historisch bedeutsame Konsequenz aus den bitteren Erfahrungen mit Reichssicherheitshauptamt und Gestapo der Nazizeit, die zentralistisch sowie geheimdienstlich und zugleich exekutiv-vollziehend tätig waren. Mit dem Trennungsgebot sollte in der Bundesrepublik eine unkontrollierbare und damit undemokratische Machtkonzentration der Sicherheitsbehörden sowie eine neue Geheimpolizei von vornherein verhindert werden. Mit den neuen Abwehrzentren und der Verbunddatei entsteht nun die Gefahr, dass Geheimdienste tendenziell zum verlängerten nachrichtendienstlichen Arm der Polizei mutieren und diese zum verlängerten Exekutivarm der Geheimdienste. So wächst mehr und

Auf- und Nachrüstung als Konsequenz aus NSU-Skandal und Staatsversagen?

Die herrschende Sicherheitspolitik tut gerade so, als habe die skandalöse Nichtermittlung des rassistischen Hintergrundes der NSU-Mordserie an fehlenden Befugnissen und Kooperationsmöglichkeiten gelegen, die man den Sicherheitsorganen jetzt endlich zugestehen müsse. Nach allem, was man weiß, kann man demgegenüber gerade nicht etwa von solchen Defiziten, nicht nur von Pannen oder Konfusion des polizeilichen Staats- und geheimdienstlichen Verfassungsschutzes sprechen, vielmehr in hohem Maße von ideologischen Scheuklappen der Sicherheitsorgane, von Ignoranz und systematischer Verharmlosung des neonazistischen Spektrums – begünstigt auch durch eine jahrzehntelang einseitig ausgerichtete Politik der »Inneren Sicherheit« auf den so genannten Links- und Ausländerextremismus sowie Islamismus.

Tatsächlich gab es Befugnisse, Ermittlungs- und Kooperationsmöglichkeiten bislang schon mehr als genug – nach jahrelanger Aufrüstung im Zuge staatlicher »Antiterrorbekämpfung« und etwa im Rahmen der Verbunddatei »Gewalttäter Rechts«, der Zentraldatei »Rechtsextremistische Kameradschaften« sowie der »Informationsgruppe zur Beobachtung und Bekämpfung rechtsextremistischer/-terroristischer, insbesondere fremdenfeindlicher Gewaltakte« (IGR). Solche ressortübergreifenden Kooperationsprojekte gibt es bereits seit Beginn der 1990er Jahre – und es ist zu fragen, was diese Projekte eigentlich seitdem mit welchen Resultaten bewirkt haben.

Als Reaktion auf die Neonazi-Mordserie und als »Konsequenz« aus dem Ermittlungsversagen der Sicherheitsbehörden wurde 2012 das »Gemeinsame Abwehrzentrum gegen Rechtsextremismus« (GAR) eingerichtet. Dem Vorbild des »Gemeinsamen Terrorismus-Abwehrzentrums« zur Bekämpfung des »islamistischen Terrorismus« in Berlin-Treptow folgend arbeiten im GAR die Bundes- und Landeskriminalämter, die VS-Behörden des Bundes und der Länder, »Bundesnachrichtendienst« (BND) und »Militärischer Abschirmdienst« (MAD) sowie die Bundesanwaltschaft und Europol zusammen – insgesamt 40 Behörden mit bis zu 140 Behördenvertretern, davon jeweils mindestens 50 Kräfte vom »Bundeskriminalamt« (BKA) und VS.

Das GAR soll die Kooperation und Koordination der Sicherheitsbehörden bei der Bekämpfung von Rechtsextremismus und -terrorismus verbessern sowie den Informationsaustausch zwischen den polizeilichen und nachrichtendienstlichen Sicherheitsstellen aus Bund und Ländern bündeln. Die so gewonnenen und zusammengeführten Informationen sollen »schnell und ausgerichtet auf die Umsetzung von operativen Maßnahmen« aufbereitet werden, so das Bundesinnenministerium am 6. Februar 2012. Das bedeutet, dass auf dieser Grundlage gegen Verdächtige mit geheimdienstlichen oder polizeilich-repressiven Maßnahmen vorgegangen werden kann. Inzwischen ist das GAR auf weitere »Phänomenbereiche« ausgedehnt und zum »Gemeinsamen Extremismus- und Terrorismus-Abwehrzentrum« (GETZ) erweitert worden. Nun wird also ressortübergreifend außer »Rechtsextremismus/-terrorismus« vor allem die Ausforschung von »Linksextremismus/-terrororimus« und »Ausländerextremismus« betrieben.

Die gemeinsame zentrale Verbunddatei »gewaltbezogener Rechtsextremismus« von Polizei und VS ist 2012 parallel zu der bereits seit 2007 bestehenden gemeinsamen Antiterror-Verbunddatei »islamistischer Terrorismus« eingerichtet worden. Die neue Verbunddatei wird von allen bundesdeutschen Polizeien und Geheimdiensten des Bundes – mit Ausnahme des BND – und der Länder bestückt und genutzt. In dieser Datei werden allerdings nicht nur rechtskräftig verurteilte Gewalttäter oder Personen mit klarem Gewaltbezug gespeichert, sondern auch mutmaßlich Rechtsextreme, die lediglich aufgrund geheimdienstlicher Vorfelderkenntnisse als gewalttätig oder gewaltbereit eingestuft werden. Es handelt sich also im Kern um eine Präventivdatei mit Daten von Verdächtigen. Erfasst werden dabei auch Kontaktpersonen, die – nicht nur flüchtige – Kontakte zu gewaltbereiten Neonazis halten. Insgesamt sollen etwa 10.000 Datenprofile zusammengeführt und in die Verbunddatei eingestellt werden.

mehr zusammen, was nicht zusammengehört, werden wichtige demokratische Lehren aus der deutschen Geschichte vollends entsorgt, wird einer fatalen Machtkonzentration Vorschub geleistet.

Es ist absurd, wie ausgerechnet eine der größten bundesdeutschen Staats- und »Verfassungsschutz«-Krisen, wie selbst das ideologisch und strukturell bedingte Versagen der VS-Behörden im Zusammenhang mit den NSU-Morden von Innenministern und -politikern reflexartig und populistisch dazu genutzt wird, weitere Nachrüstungsmaßnahmen für solche Versager- und Skandalbehörden durchzusetzen – und damit auch noch im Kampf gegen den Neonazismus demokratie-unverträgliche

Strukturen auszubauen, die aufgrund der Erfahrungen mit der Nazizeit gerade verhindert werden sollten.

Der tödlichen Bedrohung durch Neonazis kann auch mit weiterer technischer Aufrüstung und institutioneller Verquickung kaum wirksam begegnet werden, schon gar nicht, solange die Sicherheitsbehörden des Bundes und der Länder ihre ideologischen Scheuklappen nicht ablegen, das neonazistische Spektrum verharmlosen und den rassistischen Hintergrund von schweren Straftaten nicht zur Kenntnis nehmen wollen, solange der VS bundesweit mit seinem kriminellen V-Leute-System heillos in Neonazi-Szenen verstrickt ist, sie mitfinanziert und Erkenntnisse über mögliche Verbrechen für sich behält und solange die Tatsache ignoriert wird, dass Rassismus und Fremdenfeindlichkeit weit in die Mitte der Gesellschaft reichen und eben auch weit hinein in staatliche Institutionen wie Polizei und »Verfassungsschutz«.

Wer die problematischen Folgen von nachrichtendienstlichen Mitteln und Methoden nicht hinnehmen will, wer die mit geheimer Tätigkeit zwangsläufig verbundene Abschottung und Eigenmächtigkeit der Geheimdienste für freiheitsschädigend hält und unvereinbar mit einer rechtsstaatlich verfassten, freiheitlichen und offenen Demokratie, muss den VS-Behörden die nachrichtendienstlichen Methoden versagen – und damit die Lizenz zur Gesinnungskontrolle, zum Schnüffeln und Infiltrieren »verdächtiger« Szenen und Parteien, also auch zum Rekrutieren und Führen von V-Leuten. Solchen Überlegungen steht nicht etwa das Grundgesetz entgegen und auch keine Landesverfassung, denn danach muss der »Verfassungsschutz« keineswegs als Geheimdienst ausgestaltet sein. Gut ausgestattete, unabhängige und öffentlich kontrollierbare Dokumentations- und Forschungszentren würden die Rechtsentwicklung der Gesellschaft und die Bedrohungen für die Verfassung ohne gefährliche Methoden erforschen und erklären können, mit wesentlich besseren diagnostisch-analytischen Fähigkeiten. Alles andere ist Sache von Politik und Zivilgesellschaft, im Fall von Straftaten und Gewalt Sache von Polizei und Justiz, deren Wirken jedoch unbedingt einer kritischen und unabhängigen Beobachtung und Kontrolle zu unterziehen ist.

Philipp Vergin

Alte Kameraden – Zur braunen Geschichte des BND

Über mögliche Verstrickungen des Bundesnachrichtendienstes (BND) in das Terrornetzwerk des »Nationalsozialistischen Untergrundes« (NSU) gibt es bisher kaum Anhaltspunkte. Nur wenige Informationen, einige Gerüchte und Theorien bringen den BND mit dem NSU in Verbindung.

Der BND mit Sitz in Pullach bei München sowie in Berlin ist neben dem »Bundesamt für Verfassungsschutz« (BfV) und dem »Militärischen Abschirmdienst« einer der drei deutschen Nachrichtendienste des Bundes und zuständig für die Auslandsaufklärung. Erst seit dem 20. Dezember 1990 ist die Tätigkeit der über 6.000 MitarbeiterInnen durch ein Gesetz geregelt. Der BND gehört zum direkten Geschäftsbereich des Bundeskanzleramtes. Der Zuschuss aus dem Bundeshaushalt ist in den letzten Jahren kontinuierlich gestiegen und beträgt für das Haushaltsjahr 2013 rund 531,171 Millionen Euro.[1]

Der BND ist zuständig für die Beschaffung sicherheits- und außenpolitisch relevanter Erkenntnisse aus dem Ausland beziehungsweise über das Ausland.[2]

Er darf nachrichtendienstliche Mittel, wie zum Beispiel Observation, Legendierungen und Tarnkennzeichen, anwenden. Mit seinen Offizieren, Beamten und Angestellten agiert er zumeist vom sicheren Boden der Bundesrepublik aus: Insgesamt unterhält der BND weltweit 200 Dienststellen, davon mehr als 100 in Deutschland. Darunter sind Verbindungsbüros zu den Landesregierungen und zum BfV, konspirative Außenstellen für die Spionage, ein Dienst speziell für Wirtschaftsspionage, Verwaltungsaußenstellen, Befragungsstellen für AsylbewerberInnen, Stellungen für Observationskommandos, Fälscherwerkstätten,

---

[1] Deutscher Bundestag (2012): Haushaltsgesetz 2013, EP 04, S. 26.

[2] Siehe §1 Abs. 2 BND-Gesetz, abrufbar unter: www.gesetze-im-internet.de/bndg/index.html (4.3.2013).

Scheinfirmen oder konspirative Wohnungen.[3] Die staatsterroristische Erfahrung mit der »Geheimen Staatspolizei« (Gestapo) im Faschismus führte zum grundgesetzlich verankerten Gebot, Polizei- und Geheimdiensttätigkeit nicht zu vermischen. Daher besitzt der BND noch keine polizeilichen Exekutivbefugnisse.

Eine ganz andere Erfahrung aus dem Faschismus brachte der ehemalige General Reinhard Gehlen mit in den BND: Die nach dem Generalmajor der Wehrmacht und Chef der Militärgeheimdienstabteilung »Fremde Heere Ost« (FHO) benannte »Organisation Gehlen« (OG) war der Vorläufer und Ursprung des BND. Das größte Problem bei der Gründung: Die Organisation benötigte Experten mit militärischer, nachrichtendienstlicher und polizeilicher Erfahrung. Nachdem es Gehlen und seinen engsten Vertrauten 1945 gelungen war, fast das gesamte Archiv der FHO aus dem Hauptquartier des Heeresgeneralstabs nach Bayern zu transportieren und zu vergraben, dienten sie sich erfolgreich dem US-Militärgeheimdienst »Counter Intelligence Corps« an. Nach Verhören im Kriegsgefangenenlager wurde die OG von den US-amerikanischen Besatzungsbehörden ab Ende März 1946 gebildet. Die Amerikaner ließen Gehlen weitgehend freie Hand. Der »suchte sich die Leute vom Fach ohne Skrupel aus.«[4] Und Gehlens Werber hatten leichtes Spiel mit ihren Appellen an nationalkonservative Gesinnung und verwurzelten Antikommunismus. Zum Kern der OG, die ihren Sitz in der ehemaligen »Rudolf-Heß-Siedlung« in Pullach hatte, stieß schnell die Hälfte aller früheren Angehörigen und hohe Ex-Offiziere der Abteilung FHO.[5] Die alte militärische Elite nahm ihren Platz in der neuen Elite ein. Die OG wurde auch Auffangbecken und Tarnung für hochkarätige Schergen des NS-Terrorapparates. Für sie war die OG interessant, um mit einer neuen Identität ausgestattet zu werden. Kolonnen ehemaliger SS-, SD- und Ge-

---

[3] Vgl. Schmidt-Eenboom, Erich (1993): Der BND, Berlin: ECON.

[4] Vgl. Walde, Thomas (1971): ND-Report, Die Rolle der geheimen Nachrichtendienste im Regierungssystem der Bundesrepublik Deutschland, München: Piper, S. 64.

[5] Vgl. Koch, Peter-Ferdinand (1994): Die feindlichen Brüder – DDR contra BRD. München: Scherz, S. 328; Zolling, Hermann/Höhne, Heinz (1971): Pullach Intern. Hamburg: Hoffmann und Campe, S. 117f., Reese, Mary Ellen (1992): Organisation Gehlen. Der kalte Krieg und der Aufbau des deutschen Geheimdienstes. Berlin: Rowohlt, S. 133., Koch, a.a.O., S. 328.

stapo-Angehöriger traten in Gehlens Dienst ein.[6] Einer der ersten war SS-Standartenführer Wilhelm Krichbaum, der ab 1945 zum wichtigsten Anwerber der OG für Personal aus dem ehemaligen »Reichssicherheitshauptamt« (RSHA) wurde. Das Rekrutierungssystem funktionierte. »Alte Kameraden« warben »Alte Kameraden«. Laut einer Untersuchung von 1965 waren 71 Mitarbeiter wegen »nachweisbarer Teilnahme an nationalsozialistischen Gewaltdelikten« still aus dem Dienst gedrängt worden, der Großteil der SS-Leute konnte jedoch im BND bleiben.[7] Gehlen nahm das nicht nur in Kauf, sondern impfte so weiten Teilen des Dienstes eine antikommunistische und revanchistische Grundhaltung ein.[8] So verwundert es nicht, dass für die OG und den BND unter anderem der ehemalige Gestapo-Chef in Lyon Klaus Barbie,[9] der ehemalige Eichmann-Mitarbeiter Alois Brunner,[10] der ehemalige Leiter des »Judenreferats« des »Auswärtigen Amtes« Franz Rademacher[11] und der Erfinder der mobilen Gaswagen Walther Rauff[12] arbeiteten.

Als die Westmächte Ende 1947 die Gründung eines Westdeutschen Staates als unumgänglich betrachteten, wurde die Entnazifizierung end-

---

[6] Vor 1954 gehörten mindestens 50 Mitarbeiter der OG früher der Waffen-SS, der SS oder dem SD der SS an, vgl.: »CIA Information Act – Reinhard Gehlen: Former NAZI and SS membership in ZIPPER«, 15.10.2004, abrufbar unter: www.gwu.edu/~nsarchiv/NSAEBB/NSAEBB138/CIA%20Information%20Act%20-%20Reinhard%20Gehlen.pdf (4.3.2013).

[7] Vgl. Carstens, Peter (2009): Eine »zweite Entnazifizierung«, in: Frankfurter Allgemeine Zeitung, 18.3.; Carstens, Peter (2009): Braune Kellergeister, in: Frankfurter Allgemeine Zeitung, 19.3.

[8] Vgl. Koch, a.a.O., S. 329, Zolling/Höhne, a.a.O:, S. 217f.

[9] Vgl. Hammerschmidt, Peter (2011): »Daß V-43 118 SS-Hauptsturmführer war, schließt nicht aus, ihn als Quelle zu verwenden.« Der BND und sein Agent Klaus Barbie, in: Zeitschrift für Geschichtswissenschaft, 59 Jg., (2011), Heft 4, S. 333-348.

[10] Vgl. Bönisch, Georg/Wiegrefe, Klaus (2011): Braune Vergangenheit: BND vernichtete Akten zu SS-Verbrecher Brunner, in: Spiegel Online, 20.7.2011, abrufbar unter: www.spiegel.de/panorama/justiz/braune-vergangenheit-bnd-vernichtete-akten-zu-ss-verbrecher-brunner-a-775536.html (4.3.2013).

[11] Vgl. Frohn, Axel/Wiegrefe, Klaus (2011): Auf Pullachs Lohnliste, in: Der Spiegel, Nr. 41.

[12] Vgl. u.a. FOCUS-Online, 25.9.2011, und Deutscher Bundestag (2011): Antwort der Bundesregierung auf die Kleine Anfrage »Aufklärung über die Zusammenarbeit des BND mit NS-Tätern«, Drucksache 17/7271.

gültig zu einem politischen Hindernis und fand ein jähes Ende.[13] Der Historiker Lutz Niethammer prägte hierfür den Begriff der »Mitläuferfabrik« – Säuberung und Rehabilitierung seien zu einem Vorgang verschmolzen.[14] 1951 begann dann die Diskussion über die Einrichtung eines westdeutschen Geheimdienstes. Eine treibende Kraft war Hans Globke. Seit Gründung der Bundesrepublik war der Kommentator der »Nürnberger Rassengesetze« aus dem Innenministerium des NS-Staates zunächst als Ministerialdirigent, dann als Staatssekretär die rechte Hand des Kanzlers Konrad Adenauer (CDU). Offiziell wurde die OG am 1. April 1956 als BND in den Dienst der Bundesrepublik übernommen. Ohne gesetzliche Grundlage erhielt der Dienst seine Aufträge seitdem überwiegend aus dem Bundeskanzleramt. Der frühere Kanzleramtsministers Horst Ehmke (SPD) brachte die Prioritätensetzung auf die Formel: »DDR, DDR, DDR.«[15]

Inwieweit der BND ab den 1940er Jahren in die »Stay-behind«-Konzepte der NATO und die Aktivitäten von »Gladio« eingebunden war, ist weitgehend unerforscht. Der Wahlspruch der NATO-Geheimarmee »Durch Schweigen bewahre ich die Freiheit« steht für die Omertà, die der BND über dieses Thema verordnet hat. Überlegungen, wonach der NSU Teil eines europaweiten Netzwerkes war, das in der Tradition der »Strategie der Spannung« Anschläge und Morde verübt, um den Sicherheitsbehörden die benötigte Legitimation zu geben, fehlen die Belege. Aus den Aussagen der beiden BND-Zeugen im NSU-Untersuchungsausschuss, Ex-BND-Präsident August Hanning und einem Mitarbeiter im Bereich »Proliferation« (Weitergabe von Waffen), ließen sich wenig überraschend keine Zusammenhänge herstellen. Ein Bericht des Magazins »Der Spiegel«, wonach innerhalb des BND eine geheime Abtei-

---

[13] Vgl.: Kielmansegg, Peter Graf (2000): Nach der Katastrophe. Eine Geschichte des geteilten Deutschland. Berlin: Siedler, S. 110ff., Benz, Wolfgang (1986): Die Gründung der Bundesrepublik, Von der Bizone zum souveränen Staat. München: Dtv 2. Auflage, S. 39ff., Winkler, Heinrich August: Der lange Weg nach Westen, Bd. II, a.a.O., S. 118f.

[14] Vgl.: Niethammer, Lutz (1982): Die Mitläuferfabrik, Die Entnazifizierung am Beispiel Bayerns. Bonn/Berlin: Dietz.

[15] Zit. nach Schmidt-Eenboom, Erich: Vortrag »Über den Bundesnachrichtendienst«, 22.10.1993.

lung (»Verbindungsstelle 61«) existiere und von der Staatsanwaltschaft Heidelberg gegen einen Mitarbeiter dieser »Verbindungsstelle« wegen Bildung einer »bewaffneten Gruppe« ermittelt werde, belegt zwar nicht die Existenz eines »tiefen Staates« in der BRD, lässt aber aufhorchen. Aufgabe der Stelle sei es, »Kontakt zu ausländischen Streitkräften und zur nahegelegenen Außenstelle des US-Nachrichtendienstes CIA in Wiesbaden zu halten«.[16]

Bezüge zwischen BND und NSU sind an mehreren Stellen denkbar. Im Zuge des NSU-Skandals berichtete das Magazin »Stern«,[17] dass angeblich zwei US-amerikanische Geheimdienstmänner am Tatort in Heilbronn waren, als die Polizistin Michèle Kiesewetter ermordet wurde. Und nachdem es aus Polizeikreisen hieß, dass nach dem Tod von Böhnhardt und Mundlos am 4. November 2011 in Eisenach »die Dienste« den Ermittlern auf den Füßen gestanden hätten, äußerte der Vorsitzende der Fraktion DIE LINKE im Thüringer Landtag Bodo Ramelow den Verdacht, dass es womöglich der BND gewesen sei, der das Trio angeworben habe und mit Agenten vor Ort gewesen sei.[18] Ähnliche Vermutungen stellte auch der Journalist Andreas Förster basierend auf einer Aussage eines Beamten der Polizeidirektion Gotha an.[19] Und nach Informationen der »Frankfurter Allgemeinen Sonntagszeitung« orteten Zielfahnder Mitglieder des späteren NSU im September 1998 in Budapest und im August 2000 in Bulgarien.[20] Nach Berichten anderer Medien stießen Fahnder auch auf Spuren in die Schweiz und nach Südafrika. Eine zentrale

---

[16] Spiegel Online (2013): »Verbindungsstelle 61«: Ermittlungen gegen Chef von geheimer BND-Gruppe, 8.2.2013, abrufbar unter: www.spiegel.de/politik/deutschland/verbindungsstelle-61-staatsanwaelte-ermitteln-gegen-hohen-bnd-mann-a-882145.html (4.3.2013).

[17] Vgl. Stern Online, 30.11.2011.

[18] Vgl. Mudra, Kai (2011): Ramelow hinterfragt Rolle des BND in Bezug auf Nazi-Terror, in: Thüringer Allgemeine, 22.12.2011, abrufbar unter: www.thueringer-allgemeine.de/web/zgt/suche/detail/-/specific/Ramelow-hinterfragt-Rolle-des-BND-in-Bezug-auf-Nazi-Terror-1507584392 (4.3.2013).

[19] Vgl. Förster, Andreas (2012): Versagen, verharmlosen, vertuschen – Über den Aufklärungswillen der Behörden, in: Antifaschistisches Infoblatt, Jg. 2012, Nr. 94.

[20] Vgl. Wehner, Markus (2011): Schießen lernen in Südafrika?, in: FAZ.net, 26.11.2011, abrufbar unter: www.faz.net/aktuell/politik/inland/rechtsextre-

Rolle könnte dabei der seit 1986 in Pretoria lebende deutsche Rechtsextremist Claus Nordbruch spielen. Im September 1999 trat er als Referent in Jena beim »Thüringer Heimatschutz« (THS) auf, der Quellorganisation des NSU. Und mehrere Thüringer Neonazis sollen sich im Jahr 2000 auf seiner Farm aufgehalten und dort Schießübungen absolviert haben. Nach dessen Enttarnung 2001 empfing Nordbruch dort auch den früheren THS-Chef und V-Mann des Thüringer Verfassungsschutzes Tino Brandt. Ein Jahr zuvor hatte er dem deutschsprachigen Neonazi-Fanzine »Blood & Honour« ein Interview gegeben, in dem er zum Besuch seiner Farm in Südafrika einlud und zum Gebrauch von Waffen aufrief: »Zur Verteidigung und zum Nahkampf empfehle ich eine 12er Repetierschrotflinte, den Colt Python.357 Magnum, die Heckler & Koch MP5. Für die Jagd hat sich ein halbautomatischer Karabiner 308 oder 30.06 bewährt und wenn's ganz massiv kommt, ist das Sturmgewehr R 5 überaus nützlich.«[21] Nach ihrem Untertauchen sollen die NSU-Mitglieder Uwe Böhnhardt, Uwe Mundlos und Beate Zschäpe erwogen haben, zu Nordbruch zu fliehen. Auch eine Visitenkarte von ihm hätte sich in ihrem Nachlass befunden.[22] Und der Thüringer Geheimdienst unterhielt, das berichteten hochrangige Mitarbeiter des Verfassungsschutzes im Untersuchungsausschuss, Kontakte zum BND zu Fragen der Gründung von Tarnfirmen.

Doch von all dem will der BND nichts mitbekommen haben. Dass in dem Dienst aber eine Abteilung mit dem Thema »Rechtsextremismus« befasst war, ist unstrittig. Wie lange das Thema bearbeitet wurde, weiß man allerdings selbst im BND offenbar nicht genau. Zumindest bis 1998 existierte die Organisationseinheit »12E«, die für die Bereiche »Rechtsterrorismus« und »Rechtsextremismus« zuständig war. Nachforschungen ergaben, dass es bis November 2001 eine eigenständige

---

mismus/zwickauer-terrorzelle-schiessen-lernen-in-suedafrika-11542216.html (4.3.2013).

[21] Zitiert nach: http://nordbruch.org/speeches-essays-publications/ein-offenes-wort-dem-spiegel (4.3.2013).

[22] Vgl. Gude, Hubert/ Röbel, Sven/Söfjer, Jan (2012): Nachlass der Zwickauer Terrorzelle: Rabattmarken und Pistolen, in: Spiegel Online, 18.4.2012, abrufbar unter: www.spiegel.de/panorama/justiz/nsu-terroristen-legten-depots-mit-1424-schuss-munition-an-a-828329.html (4.3.2013).

Bearbeitung des Bereichs »Rechtsterrorismus« gegeben hat. Ab August 2001 oblag die Bearbeitung dann dem Sachgebiet »Aktuelle Gefährdungs- und Sicherheitslage« und war in einem Sammelbereich für Terrorismus versteckt. Nach Umstrukturierungen der Abteilungen 2001 und 2002 verloren sich dann alle Spuren und Zuständigkeiten. Und obwohl im Oktober 2010 das österreichische Nachrichtenmagazin »profil« meldete, dass der BND 2002 eine Reise des Rechtsextremisten Jörg Haider zum damaligen irakischen Diktator Saddam Hussein mit »mehreren 100.000 Euro« finanziert habe,[23] kann heute im BND niemand mehr Unterlagen über Beobachtungen zum Treiben von Rechtsextremisten im Ausland finden. Auch heute steht man Aktivitäten zur Aufklärung rechtsterroristischer Strukturen ablehnend gegenüber.

Stets stand der Feind links, stets durchzog ein brauner Faden die Arbeit, und die Tendenz zur Verselbstständigung war auch dem demokratisch unkontrollierbaren BND immanent. Mit dem ultrarechten Gründungspersonal des Dienstes wurden Traditionen begründet. Die politischen und personellen Kontinuitäten dürften bis heute reichen. Möglich, dass rechte Terrorgruppen daher nicht in erster Linie zum Beobachtungs-, sondern auch zum Rekrutierungsfall für die Schlapphüte wurden. Die Frage, ob und welche Verstrickungen es zwischen BND und NSU gegeben hat, wird aller Wahrscheinlichkeit nach durch die Untersuchungsausschüsse in Bund und Ländern nicht geklärt werden können.

---

[23] Vgl. Nikbakhsh, Michael/Kramar-Schmid, Ulla/Staudinger, Martin (2010): Haider-Millionen: Was wusste der deutsche Bundesnachrichtendienst?, in: Profil, 16.10.2010, abrufbar unter: www.profil.at/articles/1041/560/279853/haider-millionen-was-bundesnachrichtendienst u. ebd. (2010): Jörg Haiders Observation durch den BND (23.10.2010), abrufbar unter: www.profil.at/articles/1042/560/280395/joerg-haiders-observation-bnd (4.3.2013).

Stefan Wogawa

Die »guten Agenten des MAD«?

Schon vor der Diskussion um das Versagen der Sicherheitsbehörden angesichts der Mordserie der Neonazi-Terrorgruppe »Nationalsozialistischer Untergrund« (NSU) stand der »Militärische Abschirmdienst« (MAD) in der Kritik: Abschaffen oder dem »Bundesamt für Verfassungsschutz« (BfV) angliedern, lauteten die Vorschläge. Der MAD ist der kleinste der drei Bundesgeheimdienste und untersteht dem »Bundesministerium der Verteidigung« (BMVg). Er besteht aus dem zentralen MAD-Amt in Köln sowie 14 Außenstellen und hat 1.300 Mitarbeiter – Militärs und Zivilisten.[1] Im Bereich des BMVg wirkt der MAD als Verfassungsschutzbehörde.[2] Mit BfV und dem »Bundesnachrichtendienst« (BND) tauscht er Informationen aus. Der MAD erhielt 2012 etwa 75 Millionen Euro aus dem Bundeshaushalt.[3] Im Jahr 2000 waren es etwa 62 Millionen.[4] Neben der Auswertung offener Quellen dürfen seine Mitarbeiter in besonderen Fällen »nachrichtendienstliche Mittel« einsetzen.[5] Von den fünf Abteilungen des MAD sind zwei für nachrichtendienstliche Aufgaben zuständig.[6]

---

1 Vgl. Busch, Heiner (2004): Staatsschützerische Großbaustelle. Mehr Platz für die Geheimdienste im Gebäude der Macht, in: Bürgerrechte & Polizei/CILIP Nr. 78, Jg. 2004, Nr. 2, S. 14-28.

2 Vgl. www.kommando.streitkraeftebasis.de/portal/a/kdoskb/weitdstst/mad (11.3.2013).

3 Vgl. Blechschmidt, Peter (2012): Was wäre wenn es uns nicht gäbe?, in: Süddeutsche.de, 5.11.2012, abrufbar unter: www.sueddeutsche.de/politik/militaerischer-abschirmdienst-die-geheimen-von-der-truppe-1.1459116-3 (11.3.2013).

4 Vgl. Schütte, Matthias (2004): Die Sicherheitsbehörden des Bundes (Teil 2), in: Unterrichtsblätter für die Bundeswehrverwaltung Jg. 2004, Nr. 1, S. 12-15.

5 Vgl. Homepage der Streitkräfte Basis der Bundeswehr, abrufbar unter: http://bit.ly/1339sBg

6 Vgl. Jungholt, Thorsten (2011): MAD – der geheimste aller Abschirmdienste, in: DIE WELT Online, 26.5.2011, abrufbar unter www.welt.de/politik/deutschland/article13396754/MAD-der-geheimste-aller-Geheimdienste.html (11.3.2013).

Laut des erst 1990 verabschiedeten »Gesetzes über den Militärischen Abschirmdienst« ist der MAD nur zuständig, wenn sich »Bestrebungen oder Tätigkeiten gegen Personen, Dienststellen oder Einrichtungen im Geschäftsbereich des Bundesministers der Verteidigung richten und von Personen ausgehen oder ausgehen sollen, die diesem Geschäftsbereich angehören oder in ihm tätig sind«. Darüber hinaus gehören »Bestrebungen, die gegen den Gedanken der Völkerverständigung, insbesondere gegen das friedliche Zusammenleben der Völker gerichtet sind«, zu seinen Aufgaben. Seit 2004 darf der MAD auch in Bundeswehrstützpunkten im Ausland operieren.

Bei der Gründung des MAD wurde auf Personal aus der »Wehrmacht«, der »Schutzstaffel« (SS), dem Geheimdienst der NSDAP »Sicherheitsdienst« (SD) und der »Geheimen Staatspolizei« (Gestapo) gesetzt.[7] BND beziehungsweise »Organisation Gehlen« und MAD waren zeitweise personell eng verflochten. Brigadegeneral Josef Selmayr gehörte dem Wehrmachtsgeheimdienst »Fremde Heere Ost« an, der späteren Keimzelle der »Organisation Gehlen« und des BND, und war als Kriegsverbrecher verurteilt. Er wurde Amtsleiter des MAD. Auch Generalleutnant Gerhard Wessel arbeitete beim Wehrmachtsgeheimdienst, nach dem Krieg half er, den MAD zu gründen, den er dann im Bundeswehr-Führungsstab beaufsichtigte, später leitete er den BND.[8]

Auch wenn die Bundeswehr in einer mehrteiligen Serie des Magazins »Y« ihre Geheimen ironiefrei als »Die guten Agenten des MAD« [9] bejubelt, ist die Geschichte des 1956 gegründeten Dienstes von Skandalen geprägt. Eine Auswahl:

- An der »Spiegel-Affäre« von 1962, dem Versuch, nach kritischen Veröffentlichungen über die Bundeswehr im Magazin »Der Spiegel« die Pressefreiheit einzuschränken, waren auch Angehörige des MAD mit

---

[7] Vgl. Teidelbaum, Lucius (2008): MAD in Germany. Der unbekannte Dritte unter den deutschen Geheimdiensten, in: IMI-Magazin April 2008, S. 20-22.

[8] Vgl. Der Spiegel Nr. 31/1967 sowie Roewer, Helmut/Schäfer, Stefan/Uhl, Matthias (2003): Lexikon der Geheimdienste im 20. Jahrhundert. München: Herbig Verlag, S. 416 und 494f. Möglicherweise war Wessel vor Sedlmayr kurzzeitig MAD-Amtsleiter; vgl. ebd.

[9] Homepage des Bundeswehrmagazins »Y«, abrufbar unter: http://bit.ly/MgvGr7 (11.3.2013).

der Geheimoperation »Sabotage« beteiligt. Der Einsatz wurde als »Gefechtsübung« verschleiert.[10]

- Von April bis Juli 1974 hörte der MAD eine Sekretärin von Verteidigungsminister Georg Leber (SPD) ab. Sie wurde zu Unrecht der Spionage verdächtigt, ihre Wohnung ohne Wissen des Ministers verwanzt. Zwei Jahre später war ein Büro des Kommunistischen Bundes Westdeutschlands im Visier des MAD. Als die Abhöraktionen bekannt wurden, musste Leber zurücktreten. Von weiteren derartigen Aktionen waren Bundeswehrpiloten und die Zentrale der SPD-nahen »Friedrich-Ebert-Stiftung betroffen«.[11]
- Im April 1982 befürchtete man im SPD-geführten Bundeskanzleramt Demonstrationen gegen den Parteitag der SPD in München. Daraufhin formulierte ein Oberst der MAD-Zentrale den Befehl, »V-Leute« einzusetzen, um »möglicherweise geplante Aktionen extremistischer Organisationen« zu erkunden.[12]
- General Günter Kießling, Stellvertreter des NATO-Oberbefehlshabers in Europa, wurde 1983 vorgeworfen, er sei homosexuell und deshalb ein Sicherheitsrisiko. Grund der Vorwürfe war ein von MAD-Leuten kolportiertes Gerücht. Verteidigungsminister Manfred Wörner (CDU) schickte den General Ende 1983 in den Ruhestand, doch angebliche Zeugen wurden als Lügner entlarvt.[13] Kießling wurde rehabilitiert.[14]

---

[10] Vgl. Gunkel, Christoph (2012): Jagd auf »Libelle«. 50 Jahre SPIEGEL-Affäre: Jagd auf Rudolf Augstein, in: Spiegel Online, 17.9.2012, abrufbar unter http://einestages.spiegel.de/s/tb/25531/50-jahre-spiegel-affaere-jagd-auf-rudolf-augstein.html (11.3.2013) sowie Bönisch, Georg/Wiegrefe, Klaus (2012): Ein Abgrund von Lüge, in: Der Spiegel, Jg. 2012, Nr. 38, abrufbar unter: www.spiegel.de/spiegel/print/d-88656050.html (11.3.2013).

[11] Vgl. Diederichs, Otto: Geheimdienstliche Sumpfblüten. Versuch einer Chronologie, in: Bürgerrechte & Polizei/CILIP Nr. 93, Jg. 2009, Nr. 2, S. 21-29, hier: S. 28.

[12] Der Spiegel (1982): Übereifriger MAD, Jg. 1982, Nr. 15, abrufbar unter: www.spiegel.de/spiegel/print/d-14342542.html (11.3.2013).

[13] Vgl. Schwarz, Eugen Georg (1993): Kameraden ließen den General allein, in: Der Focus, Jg. 1993, Nr. 47, S. 62.

[14] Kießling veröffentlichte später in der neu-rechten Zeitung »Junge Freiheit« und polemisierte auf Internetseiten rechter Gruppen heftig gegen die Ausstellung »Verbrechen der Wehrmacht« sowie eine seiner Ansicht nach »völkerrecht-

- Der stellvertretende MAD-Chef und Leiter der Spionageabwehr, Oberst Joachim Krase, lieferte über 25 Jahre Informationen an die DDR-Staatssicherheit. Krase hatte offenbar 1969 selbst Kontakt zum DDR-Geheimdienst aufgenommen. Bis zu seiner Pensionierung 1984 war die Spionageabwehr des MAD weitgehend lahm gelegt.[15]
- In einer »Basiskartei Zersetzung« hatte der MAD Informationen über Bundesbürger erfasst, die der »Wehrkraftzersetzung« verdächtigt wurden, darunter die Schriftsteller Heinrich Böll und Bernt Engelmann, der Wissenschaftler Walter Jens sowie die Hamburger Kultursenatorin Helga Schuchardt.[16] Die Datei wurde erst 1985 vom Bundesbeauftragten für den Datenschutz als »vollständig gelöscht« bezeichnet.[17]
- Der frühere MAD-Chef Elmar Schmähling, Flottillenadmiral a.D., kritisierte nach seinem Ausscheiden 1983 ein unzulässiges Auftragsverständnis im »Abwehrbereich Extremismus« sowie Versuche, den MAD »zum Instrument einer Partei« zu machen und gesetzlich vorgeschriebene Informations- und Kontrollwege durch »Parteiinformations- und Weisungswege zu überlagern«.[18]
- Mit Martin Thomas wurde 1987 in Bremen erstmals ein Abgeordneter der »Grünen« in eine »Parlamentarische Kommission« eines deutschen Parlaments zur Geheimdienstkontrolle gewählt. Im Auf-

---

lich und moralisch fragwürdige Siegerjustiz« während der Nürnberger Prozesse; vgl. Wogawa, Stefan (1999): Gefährliche Nähe. Eine Dokumentation zu Bundeswehr, Wehrmachtstradition und Rechtsradikalismus, Erfurt: Gewerkschaft hbv Thüringen, S. 34.

15 Vgl. Eichner, Klaus/Schramm, Gotthold (2010): Konterspionage. Die DDR-Aufklärung in den Geheimdienstzentren. Berlin: Edition Ost, S. 123f. Werner Großmann, letzter Chef der Auslandsaufklärung der Staatssicherheit, schreibt aber, Krase sei lediglich »abgeschöpft« worden; vgl. Großmann, Werner (2001): Bonn im Blick. Die DDR-Aufklärung aus Sicht ihres letzten Chefs. Berlin: Das Neue Berlin, S. 149.

16 Der Spiegel (1985): Wir brauchen eine wehrhafte Demokratie, Jg. 1985, Nr. 30, S. 17-20.

17 Deutscher Bundestag (1985): Drucksache 10/2777, 22.1.1985.

18 Emde, Heiner (1986): Spionage und Abwehr in der Bundesrepublik Deutschland. Von 1979 bis heute. Bergisch Gladbach: Bastei Lübbe, S. 262f.

trag der CIA lieferten daraufhin Verfassungsschutz, Staatsschutz und MAD Informationen über den Abgeordneten.[19]

- Am 17. Juli 2005 erfasste der MAD eine Rede des damaligen PDS-Landtagsabgeordneten Bodo Ramelow auf einem PDS-Parteitag als »nicht der Geheimhaltung unterliegende Information«. In der Rede war Ramelow auf die Kooperation mit der »Wahlalternative Arbeit und Soziale Gerechtigkeit« (WASG) bei den bevorstehenden Bundestagswahlen eingegangen. Die Daten seien bei »der Inbetriebnahme eines neuen Dokumentenmanagementsystems des MAD irrtümlich recherchierbar gemacht« worden, hieß es 2006 in einem Schreiben an den Bundestagsabgeordneten. Die Daten seien gelöscht. Der MAD-Präsident entschuldigte sich persönlich.[20]
- Unmittelbar nach dem Tod der NSU-Terroristen Uwe Mundlos und Uwe Böhnhardt wurde im November 2011 in Eisenach auch der MAD aktiv.[21] Über Monate verschwiegen 2012 BMVg und MAD dem Bundestagsuntersuchungsausschuss zum NSU, dass beim MAD eine 1995 angelegte Akte über den späteren NSU-Terroristen Mundlos existierte. Andererseits haben Mitglieder der Linksfraktionen in den NSU-Untersuchungsausschüssen darauf hingewiesen, dass der MAD die exaktesten Akten zum NSU-Komplex hat und diese auch Verfassungsschutzämtern zur Verfügung stellte – in Thüringen findet sich nicht einmal eine Eingangsbestätigung.[22] Verteidigungsminister Thomas de Maizière (CDU) wurde schon Anfang März 2012 darüber informiert, der Untersuchungsausschuss erst im August nach intensiven Nachfragen eines Parlamentariers.[23]

---

19 Vgl. Diederichs, a.a.O.

20 Vgl. Wogawa, Stefan (2007): Die Akte Ramelow. Ein Abgeordneter im Visier der Geheimdienste. Berlin: Karl-Dietz-Verlag, S. 144ff.

21 Heilig, René (2012): Ein wenig durchgeknallt eben, in: Neues Deutschland, 13.9.2012, abrufbar unter: www.neues-deutschland.de/artikel/238377.ein-wenig-durchgeknallt-eben.html (11.3.2013).

22 Vgl. den Beitrag von Bodo Ramelow in diesem Buch.

23 Vgl. ebd. und Gebauer, Matthias/Röbel, Sven (2012): MAD-Affäre bringt de Maiziére in Erklärungsnot, in: Spiegel Online, 12.9.2012, abrufbar unter: www.spiegel.de/politik/deutschland/mad-affaere-bringt-de-maiziere-in-erklaerungsnot-a-855459.html (11.3.2013).

Mehrfach sind einst hochrangige Militärs des MAD durch ihr späteres Agieren am rechten Rand aufgefallen. Ein ehemaliger Amtsleiter, Brigadegeneral a.D. Paul Albert Scherer, unterzeichnete einen Solidaritätsaufruf des rechten »Schiller-Instituts« zur Unterstützung kroatischer Nationalisten unter dem Titel »Tut endlich was für Kroatien«.[24] Scherer, 1977 pensioniert, gehörte als einer der wenigen Generale der Bundeswehr der SPD an.[25] Er war als MAD-Chef für die Abhöraktionen verantwortlich, die in der Konsequenz zum Rücktritt von Minister Leber führten.[26] Und Konteradmiral a.D. Günter Poser, im BMVg für das »Militärische Nachrichtenwesen« und den MAD zuständig, schied 1973 aus Protest gegen die Ostpolitik des Bundeskanzlers Willy Brandt (SPD) aus dem Dienst. Der Vielschreiber in rechten Medien war für ein Jahr stellvertretender Bundesvorsitzender der Rechtspartei »Die Republikaner«.[27]

Ebenso auffällig ist Generalmajor a.D. Gerd Helmut Komossa, ein ehemaliger MAD-Amtsleiter, der zu den Erstunterzeichnern eines Aufrufs zum 60. Jahrestag des Kriegsendes gehörte. Darin wurde gefordert, den 8. Mai 1945 auch als »Tag der Niederlage der Wehrmacht, der Beginn der deutschen Teilung und des teilweise grausamen Schicksals der Zivilbevölkerung und der Soldaten in den ersten Nachkriegsjahren« anzusehen.[28] Als der Bundestag 1997 einen Untersuchungsausschuss zu rechtsradikalen Vorkommnissen in der Bundeswehr einsetzte, bezeichnete Komossa das in der neu-rechten Wochenzeitung »Junge Freiheit« als »neuen Totalitarismus, bei dem die Verleugnung der eigenen Nation zum Grundprinzip gehört«.[29] In der »National-Zeitung« des Vorsit-

---

[24] Vgl. Wogawa, Gefährliche Nähe, a.a.O. Scherer hatte schon Ende der 1980er Jahre Kontakt zu LaRouche; vgl. www.lyndonlarouche.org/larouche-germany.htm (11.3.2013).

[25] Vgl. Der Spiegel (1975): Leber MAD-Plan, Jg. 1975, Nr. 46.

[26] Vgl. Lorscheid, Helmut/Müller, Leo A. (1986): Deckname Schiller. Die deutschen Patrioten des Lyndon LaRouche. Reinbek: Rohwolt, S. 40.

[27] Vgl. http://de.wikipedia.org/wiki/Günter_Poser.

[28] Busch, Oliver (2008): Souverän, aber eben nicht allmächtig, in: Junge Freiheit, 15.2.2008 , abrufbar unter: www.jungefreiheit.de/Archiv.611.0.html?onlinearchiv/file.asp?Folder=08&File=200808021551.htm&STR1=komossa&STR2=mad &STR3=&STR4= (11.3.2013).

[29] Komossa, Gerd (1997): Ein drohendes Klima der Bespitzelung, in: Junge Freiheit Jg. 1997, Nr. 52 und Jg. 1998, Nr. 1.

zenden der Neonazi-Partei »Deutsche Volksunion«, Gerhard Frey, äußerte Komossa 2005 über seine frühere Zugehörigkeit zur Wehrmacht, er wisse »aus eigener Erfahrung, wie der deutsche Soldat gekämpft hat, zu Lande, zu Wasser und in der Luft – wie es das Gesetz befahl. Nicht ohne Grund hat der Soldat der Wehrmacht in der ganzen Welt Anerkennung gefunden.«[30]

Der 1982 wegen Rädelsführerschaft in einer rechtsterroristischen Vereinigung verurteilte Ex-Anwalt Manfred Roeder trat im Januar 1995 als Referent an der Führungsakademie der Bundeswehr auf. Vom Chef des Stabes eingeladen, hielt er einen Vortrag zur »Übersiedlung von Russlanddeutschen in den Raum Königsberg«. Die Führungsakademie habe nichts über Roeder – »Symbolfigur der Neonazis« (»Der Spiegel«) – und dessen Aktivitäten gewusst, hieß es später. Gleich mehrere Abteilungen des BMVg waren mit der Übergabe von Bundeswehrmaterial an Roeders »Deutsch-Russisches Gemeinschaftswerk« betraut. Vom BfV war der MAD schon 1993 über das Wirken Roeders und anderer rechter Gruppen bei der Ansiedlung Russlanddeutscher in Kaliningrad informiert worden.[31]

Im NSU-Untersuchungsausschuss des Bundestages wurde deutlich, dass der MAD, wenn er Neonazis erkannte, diese oft als V-Leute anwarb, statt sie aus dem Wehrdienst zu entfernen. Bis Ende der 1990er Jahre wurden derartige Wehrpflichtige fast nie vorzeitig entlassen, berichtete ein früherer MAD-Abteilungsleiter im November 2012 dem Untersuchungsausschuss.[32] Auch bei der ominösen »Operation Rennsteig« von BfV und »Thüringer Landesamt für Verfassungsschutz« sowie MAD zwischen 1997 und 2003 gegen die regionale militante Neonazi-Szene, darunter die NSU-Keimzelle »Thüringer Heimatschutz«, spielte der MAD die Rolle des Spitzel-Anwerbers. Der Thüringer Verfassungsschutz verweist in seiner internen Monatsschrift »Nachrichtendienst« 1998 auf

---

[30] National-Zeitung Nr. 25/2005.

[31] Der Spiegel (1998): Sie drängen in die Elite, in: Der Spiegel, Jg. 1998, Nr. 19. Auch eine Traditionsorganisation der »Waffen-SS« war 1996 und 1997 vom BMVg mit ausgemusterten LKW beschenkt worden.

[32] Vgl. Die Zeit (2012): Bundeswehr duldete bekennende Neonazis, in: Zeit Online, 8.11.12, abrufbar unter: www.zeit.de/politik/deutschland/2012-11/nsu-bundeswehr-geheimdienst (11.3.2013).

solche Kontakte: »Dass unser vor zwei Jahren hoffnungsvoll begonnenes Projekt, mit Hilfe der Bundeswehr junge wehrpflichtige Neonazis zu resozialisieren, den Bach herunter ist, nehmen wir resigniert zur Kenntnis.«[33] Die Aufdeckungen neonazistischer Umtriebe in Bundeswehrkasernen in Thüringen durch Journalisten waren für das TLfV schädliche »Spätfolgen der Pressekampagne aus dem letzten Sommerloch«. Zu den bekannt gewordenen Vorfällen gehörte, dass der MAD 1995 versuchte, Uwe Mundlos als Quelle anzuwerben. Der spätere Terrorist leistete von April 1994 bis März 1995 Wehrdienst im Panzergrenadierbataillon 381 in Bad Frankenhausen. Mit mehreren Soldaten war er im Dienst wegen des Singens von rechten Liedern und »teilweise durch rechtsextremistisch zu wertendes Verhalten« aufgefallen.[34] Mundlos gab die Mitgliedschaft in einer rechten »Skingruppe« zu und lehnte die Kooperation mit dem MAD ab.

Und die Konsequenzen? MAD-Präsident Ulrich Birkenheier kündigte im Februar 2013 einen kühnen »Paradigmenwechsel« an – den Aufbau einer Pressestelle. Birkenheier hält das von ihm geleitete Amt für »wertvoll und unverzichtbar«.[35] Auch für das BMVg ist der eigene Geheimdienst offenbar immer noch ein Prestigeobjekt. Im Zuge der Bundeswehrreform sind aber der Abbau von 182 Planstellen und Einsparungen von 11,5 Millionen Euro bis 2017 vorgesehen.[36]

---

[33] Thüringer Landesamt für Verfassungsschutz (1998): Nachrichtendienst, Jg. 1998, Nr. 5.

[34] Gebauer, Matthias (2012): Geheimdienst wollte Neonazi Mundlos anwerben, in: Spiegel Online, 11.9.2012, abrufbar unter www.spiegel.de/politik/deutschland/militaergeheimdienst-mad-wollte-nazi-killer-mundlos-als-quelle-werben-a-855180.html (11.3.2013).

[35] Clement, Rolf (2013): Der MAD möchte verstanden werden, in: tagesschau.de, 18.2.2013, www.tagesschau.de/inland/mad116.html (11.3.2013).

[36] Vgl. Blechschmidt, Peter (2012): Die geheimen von der Truppe, in: Süddeutsche.de, 5.9.2012, abrufbar unter: www.sueddeutsche.de/politik/militaerischer-abschirmdienst-die-geheimen-von-der-truppe-1.1459116-3 (11.3.2013).

Friedrich Burschel

Verfassungsschutzwissenschafts-journalismus

Von der Uni über den Geheimdienst in die Publizistik, Forschung und Bildung

»Wer von diesen Altkommunisten noch unter den Lebenden weilt, ist für Revolutionsromantiker ungefähr so interessant wie es jene ehemaligen SS- und Wehrmachtshelden, die von Stalingrad erzählen, für junge Neonazis sind.«[1] Dieser Satz bezieht sich auf den einstigen Vorsitzenden der »Deutschen Kommunistischen Partei«, Herbert Mies, und ist von Autoren verfasst, die Paradebeispiele für eine inakzeptable Radikalisierung einer staatlich geförderten Wissenschaftspublizistik sind. Es geht um das Machwerk »Linksextrem – Deutschlands unterschätzte Gefahr?« der Politikwissenschaftler Harald Bergsdorf und Rudolf van Hüllen.

Bergsdorf ist Lehrbeauftragter an der Friedrich-Wilhelms-Universität Bonn und seit ein paar Jahren Leiter der »Landeskoordinierungsstelle gegen Rechtsextremismus« in Nordrhein-Westfalen.[2] Zwischendrin oder parallel zur Lehre an den Universitäten in Jena und Bonn war der CDU-Mann bis 2005 Mitarbeiter des CDU-geführten Thüringer Innenministeriums – in jener Zeit eine Hexenküche, in der die Ingredienzien des aktuellen Geheimdienst-Skandals um den »Nationalsozialistischen Untergrund« (NSU) zusammengerührt wurden. Seit 2005 war er Grundsatzreferent der CDU-Landtagsfraktion in Nordrhein-Westfalen. Die PDS verunglimpfte er als »extremistisch« und setzte sie mit der Partei »Die Republikaner« gleich.[3] Bergsdorf schrieb in dieser Zeit für verschiedene Zeitungen und Zeitschriften wie das CSU-Parteiorgan »Bayernkurier«,

---

[1] Bergsdorf, Harald/Van Hüllen, Rudolf (2011): Linksextrem – Deutschlands unterschätzte Gefahr? Paderborn: Schöningh, S. 72.

[2] www.kompetent-fuer-demokratie.de/nordrhein-westfalen_50.html (10.2. 2013).

[3] Kuschel, Frank/Die Linkspartei.PDS Fraktion Thüringer Landtag (2006): Drucksache 4/2352, 23.8.2006.

das Periodikum der »Konrad-Adenauer-Stiftung« (KAS) »Die politische Meinung« oder das erzkatholische Blatt »Die Neue Ordnung«. Sein Tenor: Die PDS sei »linksextremistisch«,[4] verharmlose den millionenfachen Judenmord der Nazis[5] und arbeite »ähnlich wie rechtsextreme Ideologien – mit Sündenböcken und Verschwörungstheorien«.[6]

Sein Mitautor van Hüllen war fast 20 Jahre lang Mitarbeiter im »Bundesamt für Verfassungsschutz« (BfV). Bis 2006 arbeitete er dort als Referent und Referatsleiter in der Abteilung »Linksextremismus und Linksterrorismus«. Wie Bergsdorf studierte er an der Universität Bonn, die mit Professoren wie Manfred Funke und Hans-Hellmuth Knütter – neben den sächsischen Thinktanks in Chemnitz und Dresden – als wichtiger Hort der politikwissenschaftlichen Reaktion gilt. Ihm sei es wichtig, über die Forschung hinauszugehen und im Alltag aktiv zu sein, »wo oftmals didaktisches Geschick und Einfühlungsvermögen für den Erfolg größere Bedeutung haben als lückenlose Beherrschung wissenschaftlicher Diskurse«,[7] so van Hüllen. Zahlreiche einschlägige Veröffentlichungen zum Thema stammen von ihm. Seine Doktorarbeit hat er 1988 zu den damals noch politisch schwer verdächtigen Grünen vorgelegt.[8] Was er in der Danksagung jedoch vergaß zu erwähnen ist, dass er seit 1987 Mitarbeiter des BfV war.

Bergsdorf und Hüllen stehen für eine Generation von WissenschaftlerInnen, die zwischen Behörden, insbesondere dem Inlandsgeheimdienst, der Wissenschaft und den Medien hin- und herwechseln und die Grenzen zwischen Wissenschaftsfreiheit und beamtetem Verfolgungsauftrag verwischen. Dieser Weg ist keine Einbahnstraße: Die gezielte Anwerbung von SozialwissenschaftlerInnen ist heute Programm.

---

[4] Bergsdorf, Harald (2002): Wer frisst wen? Zur Kooperation zwischen Sozialdemokraten und PDS, in: Die politische Meinung, Jg. 2002, Nr. 388.

[5] Bergsdorf, Harald (2001): Die PDS und rechtsextremistische Parteien, in: Die Neue Ordnung Jg. 2001, Nr. 5.

[6] Bergsdorf, Harald (2004): (K)ein Requiem für die PDS. Die PDS vor den Wahlen 2004, in: Die politische Meinung Jg. 2004, Nr. 414.

[7] www.zak.kit.edu/1371.php (10.2.2013).

[8] Van Hüllen, Rudolf (1990): Ideologie und Machtkampf bei den Grünen. Untersuchung zur programmatischen und innerorganisatorischen Entwicklung einer deutschen »Bewegungspartei«. Bonn: Bouvier.

»Um (...) die Analysekompetenz innerhalb der Verfassungsschutzbehörden zu erhöhen, bedarf es einer stärkeren Einbindung von Fachwissenschaftlern, wozu insbesondere Historiker, Islamwissenschaftler, Politologen und Soziologen gehören«, schrieb Armin Pfahl-Traughber.[9] Auch er gehört zu dieser Geheimdienst-Wissenschaft-Publizistik-Kohorte und kennt den Weg vom Studium in den Verfassungsschutz und weiter in die Lehre an der »Fachhochschule des Bundes«. Nach Studium und Promotion in Duisburg und Marburg wechselte er zum BfV. Sein bemerkenswerter publizistischer Output sorgte schon zu Beginn seiner Zeit beim Inlandsgeheimdienst für Irritation. Die »taz« monierte 1994: »Problematisch wird es, wenn Angestellte von staatlichen Institutionen als Journalisten arbeiten, ohne ihren Arbeitgeber zu offenbaren. Noch problematischer wird es, wenn dieser Arbeitgeber Bundesamt für Verfassungsschutz heißt«.[10] Pfahl-Traughber schreibt auch für den SPD-Pressedienst »blick nach rechts« und für das linke »Dokumentationsarchiv des österreichischen Widerstandes« (DöW) sowie für das sozialdemokratische Portal »Endstation Rechts«. Dieses Hin- und Her-Switchen zwischen Geheimdienst, Journalismus und Wissenschaft – und das meist ohne Offenlegung der Verstrickungen – entspricht dem Zeitgeist: »Attraktiv finden die neuen Leute zudem, dass der Weg zurück zur Wissenschaft möglich scheint. ›Wir wollen weg von diesem Image: einmal Verfassungsschutz, immer Verfassungsschutz‹, sagt die Berliner Amtsleiterin Schmid. Ein paar Jahre dort, vermutet sie, könnten bald eine unter mehreren Etappen in der beruflichen Laufbahn eines Hochqualifizierten werden«, hieß es 2004 im Magazin »Der Spiegel«. Besonders fasziniert

---

[9] Grumke, Thomas/Pfahl-Traughber, Armin (Hrsg.) (2010): Offener Demokratieschutz in einer offenen Gesellschaft. Öffentlichkeitsarbeit und Prävention als Instrumente des Verfassungsschutzes. Barbara Budrich: Heidelberg; vgl. auch: Cziesche, Dominik (2004): Der Spion, der aus der Uni kam, in: Der Spiegel, Jg. 2004, Nr. 52.

[10] Siegler, Bernd (1994): Verfassungsschützer als Journalist. VS-Mann schreibt für FAZ und SPD, in: taz, 17.11.1994; Der taz-Autor unterstellte Pfahl-Traughber auch eine kontinuierliche Verharmlosung des »Rechtsextremismus« und machte auf dessen Autorenschaft für die Zeitschrift »MUT«, einer Gründung des Ex-NPD-Mannes Bernhard Wintzek, aufmerksam, vgl. Franziska Hundseder (1988): Was der Kanzler so liest. »Mut« – eine Zeitschrift zwischen NPD und CDU, in: Die Zeit, 26.2.1988.

seien diese »Hochqualifizierten« vom Fundus, den sie im Dienst vorfänden. Wer sonst kann schon mit Abhörprotokollen aus der Telefonüberwachung und mit V-Mann-Berichten arbeiten?[11] Diesen skrupel- und gedankenlosen KarrieristInnen graust es auch nicht davor, dass sich mit dieser Art von geheimdienstlich und oft am Rande oder jenseits der Legalität angehäuftem Material jede wissenschaftliche Arbeit verbietet. Unwissenschaftlich und intransparent erhoben, nicht veri- noch falsifizierbar und für den offenen wissenschaftlichen Diskurs meist nicht freigegeben, erübrigt es sich, von Wissenschaft zu sprechen.

Über Pfahl-Traughber heißt es im Magazin »Der Spiegel« weiter: »Seit einigen Wochen muss er sich um diese Unterscheidung nicht mehr scheren. Pfahl-Traughber arbeitet jetzt als Professor an der Fachhochschule des Bundes im nordrhein-westfälischen Swisttal. Dem Gewerbe ist er treu geblieben: Er bildet Verfassungsschützer aus.«[12] Auch der Mitherausgeber seines oben erwähnten Buches Thomas Grumke ist diesen Weg gegangen. Nach einer Zeit im Wissenschaftsbereich und beim »Zentrum Demokratische Kultur« in Berlin ging er 2004 zum Verfassungsschutz in Nordrhein-Westfalen.[13] Auch für ihn hat sich die Entscheidung ausgezahlt: Heute ist er Professor an der Fachhochschule für Öffentliche Verwaltung in Dortmund.

Diese AutorInnen aus dem Graubereich zwischen Publizistik, Geheimdienst, Bildung und Forschung tauchen auch in den einschlägigen Zitierkartellen einer rechtskonservativen, bisweilen gar neurechten »Extremismus«-Community auf, wo die Übergänge zwischen Amt, Wissenschaft und Medien fließend sind.[14] So beispielweise der Ex-Chef des BfV Peter Frisch,[15] die Pressesprecherin des BfV Tania Puschnerat, Pro-

---

[11] Cziesche, a.a.O.

[12] Ebd.

[13] Vgl. Burschel, Friedrich (2012): Der Referent, der aus der Kälte kam. Der Inlandsgeheimdienst und die Politische Bildung, in: Ramelow, Bodo (Hrsg.): Made in Thüringen? Nazi-Terror und Verfassungsschutz-Skandal. Hamburg: VSA, S. 141f.

[14] Mohr, Markus/Rübner, Hartmut (2010): Gegnerbestimmung. Sozialwissenschaft im Dienst der »inneren Sicherheit«. Unrast: Münster.

[15] Vgl. Burschel, Fritz: Nicht mehr ganz Frisch. Der Verfassungsschutz als Fremdkörper in einer offenen Gesellschaft, in: Der Verfassungsschutz, das bayerische Innenministerium und der Extremismus der Mitte, in: »Zivilgesellschaft-

fessor Klaus Schroeder vom Forschungsverbund SED-Staat, der Hohenschönhausener Gedenkstättenleiter Hubertus Knabe, der Mitarbeiter des »Bayerischen Rundfunks« Jürgen P. Lang, Viola Neu von der KAS, der in bizarre Pseudonym-Kapriolen verwickelte Politologe Patrick Moreau, der Kriminalist Bernd Wagner vom »Zentrum für Demokratische Kultur« oder MitarbeiterInnen des »Hannah-Arendt-Instituts für Totalitarismusforschung« (HAIT) tauchen immer wieder auch in dem von den beiden Platzhirschen der Extremismus-Doktrin, Eckhard Jesse und Uwe Backes, herausgegebenen Zentralorgan der nationalen »Extremismus-Forschung«, dem »Jahrbuch Extremismus & Demokratie«, auf. Sie beanspruchen die Deutungshoheit nicht nur zu Fragen des »Extremismus«, sondern auch zur Geschichte der DDR sowie der BRD. Diese fragwürdige und von ehemaligen und aktiven GeheimdienstlerInnen mitbestimmte Deutungsweise erlebt eine enorme Konjunktur und findet Zugang zu höchsten Regierungskreisen. Die Aufgabe dieser Gruppe von VerfassungsschutzwissenschaftsjournalistInnen ist es, die bundesrepublikanische Ideologie und ihre Gründungsmythen zu ehren und zu schützen. Was diese Gruppe zu sagen hat, soll einschüchtern, einkreisen, markieren und die bundesrepublikanische Hagiographie fortschreiben.

Aus der dem Kalten Krieg nachhallenden Interpretation der Geschichte der Bundesrepublik ergibt sich der Anspruch, einzige und letzte ExegetInnen der DDR-Geschichte zu sein. Sie wird im simplen Extremismus-Konstrukt als Verlängerung der Diktatur nach 1945 betrachtet und nicht selten mit dem Nationalsozialismus gleichgesetzt. Dem stand die angeblich wehrhafte Bundesrepublik gegenüber, in der noch die gewendeten Nazis Garanten der Verteidigung und des Bestandes der Demokratie wurden, denn freilich »gab es ehemals ›tiefbraune‹ Nationalsozialisten in herausgehobenen Funktionen; Figuren, die gläubige Anhänger Hitlers, aber meist an keinen Verbrechen direkt beteiligt waren«, heißt es kühn und historisch falsch in dem Pamphlet von Bergsdorf und van Hüllen.[16]

liche Bewegungen – Institutionalisierte Politik« des Kurt Eisner Vereins, Jg. 2012, Nr. 22, München, abrufbar unter: www.bayern.rosalux.de/fileadmin/ls_bayern/dokumente/20121212SR_22_Verfassungsschutz_NSU_Bayern.pdf (23.2.2013).

[16] Bergsdorf/Van Hüllen, a.a.O., S. 173.

Alles, was die BRD-Vergangenheit zu verklären hilft, ist willkommen. Alles, um die DDR zu dämonisieren und linke Gesellschaftskritik zu stigmatisieren, ist erlaubt. Im Visier haben diese AutorInnen dabei stets die »Ex-Kommunisten« der SED-Nachfolgepartei, die als »nicht lupenrein demokratisch« verdächtigt und in die »linksextremistische« Ecke gedrängt wird. Denn – und hier kommt die Gleichsetzung des Nazi-Regimes mit der DDR und des heutigen »Rechts-« mit dem »Linksextremismus« zum Tragen – »gerade die singulären Massenverbrechen der Hitler-Diktatur mahnen, den Blick für jeglichen Extremismus und jegliche Menschenrechtsverletzungen zu schärfen und jegliche Demokratiefeindschaft zu analysieren«.[17] Der Linken, sowohl der Partei als auch der Bewegung, wird permanent und undifferenziert als »linksextremistisch« vorgeworfen, »stets die Transformation der Gesellschaft und die Überwindung des Kapitalismus« im Schilde zu führen.[18] Dass damit Kritik am Kapitalismus stigmatisiert wird, ohne dass dieser im Grundgesetz festgeschrieben ist und dass die BRD zum allein zulässigen Zustand der Demokratie erklärt wird, trägt autoritäre Züge.

Kaum jemand zweifelt die Wissenschaftlichkeit dieser Denkschule an.[19] Kaum jemand kritisiert die autoritäre Demokratie-Zwangsvorstellung, der sich zu unterwerfen hat, wer am öffentlichen Diskurs teilnehmen will und nicht vom »Verfassungsschutz« in »hoheitlichen Verruf«[20] gebracht werden möchte. Viel zu selten melden sich angesehene WissenschaftlerInnen wie etwa Arno Klönne zu Wort, der vermutet, Bergs-

---

[17] Ebd., S. 11.

[18] Lang, Jürgen P.: Ist DIE LINKE eine demokratische Partei? In: Backes, Uwe/Gallus, Alexander/Jesse, Eckhard (Hrsg.) (2009): Jahrbuch Extremismus & Demokratie. Baden-Baden: Nomos, S. 161-179, hier: S. 163.

[19] Eine Ausnahme ist seit langem u.a.: Wippermann, Wolfgang (2010): Politologentrug. Ideologiekritik der Extremismus-Legende, in: Standpunkt, Jg. 2010, Nr. 10 abrufbar unter: www.rosalux.de/fileadmin/rls_uploads/pdfs/Standpunkte/Standpunkte_10-2010.pdf (23.2.2013).

[20] Der Bürgerrechtler und Professor Jürgen Seifert sprach von »hoheitlicher Verrufserklärung«, wenn der »Verfassungsschutz« politische Akteure der Verfassungsfeindlichkeit zieh, zit. nach Kohlstruck, Michael: Der administrative Verfassungsschutz der Ämter für Verfassungsschutz ist ein Fremdkörper in einer offenen, pluralen, auf Transparenz und rationalen Diskurs unter Gleichen ausgerichteten Zivilgesellschaft, unveröffentlichtes Manuskript, 21.3.2012.

dorf und van Hüllen meinten wohl, »unsere Verfassung sei so etwas wie ein neues ›Sozialistengesetz‹, ein Verbot sozialistischer, gesellschaftlicher Entwürfe«.[21] Auch der renommierte Politologe Richard Stöss fordert eine Trennung von Wissenschaft und Geheimdienst: »Im Kern liegen die Probleme mit dem Extremismus-Begriff wohl darin, dass ein weit verbreitetes Bedürfnis in den Sozialwissenschaften besteht, sich von einer Begrifflichkeit zu distanzieren, die von Verfassungsschutzbehörden benutzt wird.« Und weil mit dieser Begrifflichkeit der Behörden Rechtsextremismus und Linksextremismus verglichen oder gar gleichgesetzt, demokratische Linke mithin mit Neonazis und Faschismus auf eine Ebene gestellt würden. Hier sehe er eine Diskriminierung von Menschen, »die sich einem demokratischen Sozialismus verpflichtet fühlen.«[22] Wo Stöss jedoch ein »weit verbreitetes Bedürfnis« in den Sozialwissenschaften sieht, Wissenschaft und Verfassungsschutz zu trennen, bleibt schleierhaft. Es ist für Stöss' Gegenspieler in diesem Streitgespräch, Uwe Backes, ein Leichtes, seinen Kontrahenten vorzuführen. Denn Stöss benutzt den (Rechts-)Extremismus-Begriff selber weiter. Backes kann sogar unwidersprochen den Alleinvertretungsanspruch seiner Zitier-Community in Sachen Demokratie behaupten: Man müsse diejenigen »politischen Akteure« ausfindig machen, »die das Spiel nicht bedingungslos spielen wollen, die also die Demokratie nicht als ›the only game in town‹ anerkennen«.[23] Die grausige und zwanghafte Demokratie-Vorstellung lässt einem freien und emanzipatorisch denkenden Menschen im Grunde nur die Rolle des Spielverderbers.

---

[21] Klönne, Arno: Wie Geschichte verfälscht wird: www.nrhz.de/flyer/beitrag.php?id=18313 (10.2.2013); vgl.: Nelles, Dieter (2012): Extremismus unterschätzt?, in: Journal für Politische Bildung, Jg. 2012, Nr. 2, S. 92f.

[22] Streitgespräch zum Thema Linksextremismus zwischen Richard Stöss und Uwe Backes, in: Dovermann, Ulrich (Hrsg.) (2011): Linksextremismus in der Bundesrepublik Deutschland, in: Schriftenreihe der Bundeszentrale für politische Bildung, Bd. 1135, Bonn, S. 291-318, hier: 292.

[23] Ebd., S. 293; vgl.: Nelles, Dieter (2012): Extremismus unterschätzt?, in: Journal für Politische Bildung, Jg. 2012, Nr. 2, S. 92f., und www.kritisch-lesen.de/rezension/der-deutschen-neues-sorgenkind (22.2.2012).

Sabine Berninger

Rassistische Ermittlungen im Fall des NSU

Am 15. März 2013 erntete Ex-Innenminister Otto Schily (SPD) Anerkennung für folgende Bemerkung vor dem Untersuchungsausschuss des Bundestages zum »Nationalsozialistischen Untergrund« (NSU): Dass es den Sicherheitsbehörden nicht gelungen sei, der »Mörderbande, die sich selbst den Namen Nationalsozialistischer Untergrund gegeben hat«, rechtzeitig auf die Spur zu kommen, sei »ein höchst schockierender und äußerst bedrückender Sachverhalt, für den ich die politische Verantwortung übernehme‹«.[1]

Noch am Tag nach dem Anschlag mit einer Nagelbombe in Köln-Mülheim am 9. Juni 2004, bei dem 22 Menschen überwiegend türkischer und kurdischer Herkunft teils schwer verletzt worden waren, hatte der frühere Innenminister erklärt, es gebe bisher keine Hinweise auf eine terroristische Tat und man gehe von einem kriminellen Hintergrund aus. »Nachdem Petra Pau (DIE LINKE) auszugsweise den Brief einer Kurdin verlas, deren Wohnung kurz nach der Tat von Sicherheitskräften gestürmt und durchwühlt worden sei, äußerte sich Schily sehr betroffen über den Umgang von Sicherheitskräften mit Opfern und Zeugen der NSU-Straftaten.«[2]

Barbara John, Ombudsfrau für die Opfer und Opferangehörigen der so genannten »Zwickauer Zelle«, dankte am 8. März 2012 den Mitgliedern des Untersuchungsausschusses des Bundestages dafür, dass sie zu Beginn ihrer Arbeit den Blick auf die Angehörigen der Opfer richteten. Auf die Familien, die jahrelang nicht nur allein gelassen wurden, sondern »aus dem Kreis der Anständigen ausgeschlossen worden (sind), indem man sie selbst verdächtigt hat, die Taten in irgendeiner Weise mitverursacht zu haben.«

---

[1] Deutscher Bundestag (2013): Ex-Innenminister Schily: Übernehme politische Verantwortung für Fahndungspannen nach NSU-Taten, 15.3.2013.

[2] Ebd.

Diese Richtung der Ermittlungen begann unmittelbar nach dem Attentat auf Enver Şimşek, dem ersten Mordopfer der Jenaer Gruppe, und setzte sich dann bei allen folgenden Morden und Anschlägen fort. Aus heutiger Sicht scheint es unvorstellbar, wie sich die Ermittlungsbehörden derart irren konnten. Aber es scheint nur so, weil derartige »Ermittlungspannen« immer wieder vorkommen und häufig wesentlich durch gesellschaftsimmanenten Rassismus geprägt sind, wie das Statement der Mitarbeiterin der Thüringer Opferberatungsstelle »ezra« in der bereits erwähnten Sitzung des Untersuchungsausschusses belegt. Christina Büttner berichtete von drei jugendlichen Asylsuchenden, die von Einlassern einer Thüringer Diskothek angegriffen und verletzt worden waren und von der herbeigerufenen Polizei zunächst auf den rechtmäßigen Aufenthalt hin kontrolliert wurden. Um die ärztliche Behandlung einer blutenden Wunde kümmerten sich die Beamten nicht. Weil die Aufnahme einer Aussage wegen sprachlicher Schwierigkeiten nicht möglich war, schickte man die Opfer nach Hause. Mit der kontaktierten Opferberatung wurde später ein Termin mit der Polizei vereinbart: »Als der betroffene junge Mann, der Dolmetscher, der Begleiter von der Opferberatung und der Vormund vom Jugendamt dort eintrafen, kamen sie in einen Raum, in dem der ermittelnde Beamte saß. Hinter seinem Schreibtisch hing an der Wand ein Plakat, einer Zeitung entnommen, mit der Überschrift: Sarrazin – hat er recht, oder ist er nur ein Hassredner? – Oben drüber stand handschriftlich geschrieben: ›Er hat recht!!!‹«[3]

Jana Georgi wurde am 26. März 1998 in Saalfeld (Thüringen) auf offener Straße von einem 15-jährigen Sympathisanten der rechten Szene erstochen. Der Täter gab laut Polizeiberichten »Rache« als Tatmotiv an. Georgi habe ihn vor einiger Zeit als Scheiß-«Fascho« beschimpft.[4] Die Wanderausstellung »Opfer rechter Gewalt seit 1990« »porträtiert 169 Menschen, die seit 1990 rechter Gewalt zum Opfer fielen. Viele wurden getötet, weil für sie im Weltbild der extremen Rechten kein Platz ist; manche, weil sie den Mut hatten, Nazi-Parolen zu widersprechen.«[5]

---

[3] 6. Sitzung des 2. Untersuchungsausschusses, 8.3.2012, öffentliche Anhörung von Auskunftspersonen.

[4] www.opfer-rechter-gewalt.de/1998/03/26/jana-georgi-14-jahre (25.3.2013).

[5] www.opfer-rechter-gewalt.de (25.3.2013).

Die »Amadeu Antonio Stiftung« zählt bis Ende 2012 mindestens 183 Todesopfer, offiziell von der Bundesregierung und den Landesregierungen anerkannt sind lediglich 63.[6] Jana Georgi zählt nicht dazu.

Es habe sich »eine neue Spur aufgetan, die alle Fälle miteinander verbindet: Fahnder haben in den Trümmern des explodierten Hauses in Zwickau eine Waffe gefunden, die bei den so genannten Döner-Morden benutzt wurde«, schrieb »Spiegel Online« am 11. November 2011.[7] Und es lägen »zureichende tatsächliche Anhaltspunkte dafür vor, dass die Mordtaten einer rechtsextremistischen Gruppierung zuzurechnen sind«, so wird die Bundesanwaltschaft zitiert. Doch so neu war die Spur nicht. Dass die zehn Morde seit der Hinrichtung Enver Şimşeks am 9. September 2000 mit immer derselben Waffe, einer Pistole mit Schalldämpfer aus tschechischer Produktion, Ceska Typ 83, Kaliber 7,65 Millimeter, begangen wurden, war den Ermittlungsbehörden bekannt. Auch dass es sich bei den Mordopfern bis auf die in Heilbronn ermordete Polizistin um Menschen ausländischer Herkunft gehandelt hatte, ist eine »Verbindung«, die bekannt war. Es ist unbegreiflich, dass Hinweisen, es könne sich um rassistisch motivierte Gewalttaten von rechts handeln, nur sehr oberflächlich oder gar nicht nachgegangen wurde.

Stattdessen suchte man im Kreis der Angehörigen, stellte die Familien und Freundeskreise der Getöteten unter eine Art Generalverdacht. Und bediente sich dabei rassistischer Vorurteile.

»›Die Täter hätten wohl entdeckt werden können, wenn es zwischen den Behörden über Zuständigkeitsgrenzen hinweg einen besseren Informationsaustausch gegeben hätte‹, diese selbstkritische Bilanz zog Hartwig Möller am 27. September 2012 vor dem Untersuchungsausschuss (...). Angesichts von ›Fehleinschätzungen‹ sei man bei der Aufklärungsarbeit ›falsche Wege gegangen‹, so der ehemalige Leiter der Abteilung

---

[6] Erkol, Aslan/Winter, Nora (2013): 183 Todesopfer rechtsextremer und rassistischer Gewalt seit 1990, abrufbar unter: www.mut-gegen-rechte-gewalt.de/news/chronik-der-gewalt/todesopfer-rechtsextremer-und-rassistischer-gewalt-seit-1990 (25.3.2013).

[7] Spiegel Online (2011): Heilbronner Polizistenmord: Ermittler finden Tatwaffe der Döner-Morde, abrufbar unter: www.spiegel.de/panorama/justiz/heilbronner--polizistenmord-ermittler-finden-tatwaffe-der-doener-morde-a-797237.html (25.3.2013).

Verfassungsschutz im Düsseldorfer Innenministerium.«[8] Derart falsche Wege gingen und gehen Ermittlungsbehörden schon häufiger und immer noch. Wie Robert Andreasch beschreibt, warnte im April 2012 ein Polizeisprecher davor, »vorschnell auf einen rechtsextremistischen Hintergrund zu schließen«, als Unbekannte in Nürnberg versuchten, »einen 52-Jährigen mit rassistischen Drohschriften aus seiner Wohnung in einem Mehrfamilienhaus zu vertreiben«. In den Schriften hieß es unter anderem: »›Afrikanische Primaten – Neger – sind in diesem Haus, in diesem Stadtteil, in diesem Land, auf diesem Kontinent unerwünscht‹ und ›Deine finale Rückverschubung nach Negerland ist für den 20.04.2012, 5 Uhr 45 vorgesehen. Halte dich bereit!‹«[9] Nein, auf einen rechtsextremistischen Hintergrund zu schließen, wäre wohl nicht vorschnell, sondern im Gegenteil logisch gewesen.

In Bezug auf die Mordserie des rechtsterroristischen NSU hätte man spätestens nach dem fünften Mord im Juni 2004 einem Wegweiser in die richtige Richtung folgen können: Der Untersuchungsausschuss hatte am 15. März 2013 auch Christine Hammann befragt, 2004 Leiterin des Referates »Politisch motivierte Kriminalität rechts/links« im Bundesinnenministerium: »Sie hatte kurz nach dem Kölner Anschlag in einem Vermerk an den Minister dafür plädiert, auch in Richtung politischer Hintergründe weiter zu ermitteln. Dieser Vermerk wurde allerdings von einem Vorgesetzten Hammanns mit dem Vermerk zurückgeschickt, er enthalte nichts, was der Minister nicht schon wisse.«[10]

Auch Thüringer Ermittlungsbehörden sind solche falschen Wege nicht fremd. Es verwundere wenig, schrieb die Journalistin Korinna Klasen im Mai 2000, »dass die thüringischen Sicherheitsbehörden nach dem Brandanschlag auf die Erfurter Synagoge in der Nacht vom 20. April

---

[8] www.bundestag.de/dokumente/textarchiv/2012/40680586_kw39_pa_2ua_nsu/index.htm (27.3.2013).

[9] Andreasch, Robert (2012): Rechtsterroristische Strukturen sind nicht bekannt geworden. Die Verharmlosung des militanten Neofaschismus: das Beispiel Bayern, in: Burschel, Friedrich/Güttinger, Kira (Hrsg.): Vergessener Terror von rechts. Verharmlosung und Leugnung von (Neo-)Nazi-Umtrieben in Deutschland. Papers, Rosa-Luxemburg-Stiftung, abrufbar unter: www.rosalux.de/publication/38892/vergessener-terror-von-rechts.html (25.3.2013).

[10] Deutscher Bundestag, a.a.O.

[Anm.d.Verf.: 2000] die Täter in der linken Szene suchen wollten. Die bestechende Logik von Staatsschutz und Innenministerium: Dass im Bekennerschreiben von einem Anschlag mit ›antisemitischem Hintergrund‹ die Rede war sowie die Unterschrift ›Die Scheitelträger‹ übersteige das intellektuelle Niveau der rechten Szene Thüringens. Auch sei die extreme Rechte bisher nicht durch offenen Antisemitismus aufgefallen. Und: Bei dem Begriff ›Scheitelträger‹ handele es sich um ein linkes Schimpfwort.«[11] Der damalige Innenminister Christian Köckert (CDU) zeigte in einer Stellungnahme vor dem Landtag am 3. Mai 2000 für diese Theorie Verständnis: »Dieses Vorgehen zu Beginn der Ermittlungen war sachlich geboten und richtig.«[12]

Die Thüringer Landesregierung hatte über Jahre Warnungen nicht nur von antifaschistischen Gruppierungen vor rassistisch und rechtsextrem motivierter Gewalt als Panikmache abgetan, wissenschaftliche Forschung zu rassistischen, antisemitischen, völkischen, nationalistischen Einstellungen durch die Beschwörung linksextremistischer Gefahren relativiert. Ein beredtes Beispiel dafür war der Umgang mit den im Rahmen des »CIVITAS-Programmes« der Bundesregierung arbeitenden Projekten »Mobit« und »ABAD«: Mit dem Satz »Die Landesregierung hat als Grund für die Versagung diese Votums (...) unter anderem eine ›nicht (...) am Gemeinwohl orientierte Arbeit für Opfer rechtsextremer Straftaten‹ des Projektes ABAD kritisiert« hatte der zuständige Referatsleiter im »Bundesministerium für Familie, Senioren, Frauen und Jugend« (BMFSFJ), Dr. Obst, gegenüber UnterstützerInnen des Projektes die Argumentation der Thüringer Landesregierung übernommen, warum die Anlaufstelle für Betroffene von rechtsextremen und rassistischen Angriffen und Diskriminierungen nicht weiter gefördert werden sollte. Diese Projekte versuchten laut Innenminister Trautvetter, ein »›örtliches Gegengewicht zu wahrgenommenen Tendenzen‹ zu schaffen. Er halte es aber nicht für richtig, an die Problematik rechtsextremer Gewalt mit einem politischen Ansatz heranzugehen.«[13] Bereits im Oktober 2003

---

[11] Klasen, Korinna (2000): Patriotische Taten, in: Jungle World, 3. Mai 2000.

[12] Thüringer Landtag (2000): Plenarprotokoll der 16. Sitzung des Thüringer Landtags, 3. Mai 2000.

[13] Zitiert nach: Dittes, Steffen (2004): Ansatz des CIVITAS-Programms ist in Thüringen gescheitert, in: Flüchtlingsrat INFO Nr. 27.

hatte die Landesregierung das Konzept der aufsuchenden Arbeit kritisiert und »unterstellt, dass ABAD sich Opfer verschaffe, die tatsächlich nicht existieren würden«, und sich damit von den Leitlinien des Bundesprogramms, unter anderem »aufsuchende Beratung zur Aufnahme eines Erstkontaktes« verabschiedet. »Das Fehlen einer unterstützenden Stellungnahme durch die Landesregierung war dann auch der einzige im Ablehnungsbescheid (des BMFSFJ) vom 13.1.2004 aufgeführte Grund zur Versagung der Weiterförderung.[14] Die ›fachlichen Bedenken‹ waren bereits im September 2003 im Bundesministerium geäußert worden: ›eine einseitige Parteinahme für potentielle Opfergruppen‹«.

Diesem Verdacht der einseitigen Parteinahme machte sich keine der mit den Ermittlungen zur Mordserie des NSU befassten Behörden seit dem 9. September 2000 verdächtig. »Stattdessen hat man frühzeitig die Angehörigen der Opfer im Visier gehabt. Die Möglichkeit, dass die Taten fremdenfeindliche Motive haben könnten, hat man jahrelang nicht in Erwägung gezogen. Über viele Jahre fahndeten Sicherheitsbehörden in vermeintlichen innertürkischen Mafiakreisen oder nach vermeintlichen Tätern in der Türkei. Begriffe wie ›Döner-Morde‹ oder ›SOKO-Bosporus‹ machten in der gesamten Medienlandschaft die Runde und erweckten den Eindruck, als trugen die Opfer eine Mitschuld an ihrer Ermordung.«[15] So wurde nicht nur die Richtung der Ermittlungen bestimmt, sondern auch Meinungsmache betrieben. Über Jahre suggerierten diverse Verfassungsschutzberichte, PolitikerInnen, Zeitungen, Nachrichtensendungen mehr oder minder eindringlich Verstrickungen der Opfer, ihrer Angehörigen oder der Täter in kriminelle Milieus, organisierte Kriminalität, Drogenmafia, Menschenhandel oder – wie im Fall der zuletzt ermordeten Michèle Kiesewetter – ins »Zigeunermilieu« der Sinti und Roma. Aiman A. Mazyek, Vorsitzender des »Zentralrats der Muslime in Deutschland« und Mitglied der »Deutschen Islamkonferenz«, betitelte seinen Beitrag im 2012 erschienenen Buch »Made in Thüringen?

---

[14] Krückels, Rahel (2004): Anlaufstelle für Betroffene von rechtsextremen und rassistischen Angriffen und Diskriminierungen in Thüringen: Eine Dokumentation des Projektes, Flüchtlingsrat Thüringen e.V. Erfurt.

[15] Koordinationsrat der Muslime (2012): Dossier: NSU Rechtsterror, Koordinationsrat der Muslime, S. 3, abrufbar unter: www.islam.de/files/pdf/nsu_terror_dossier.pdf (25.3.2013).

Nazi-Terror und Verfassungsschutz-Skandal«[16] mit »Das Problem sitzt tiefer: Islamfeindlichkeit und Ignoranz«. Und Romani Rose, der Vorsitzende des »Zentralrats Deutscher Sinti und Roma«, appellierte in seinem Beitrag, das Vertrauen in den Rechtsstaat müsse erst wieder hergestellt werden.[17]

»Ich kann Ihnen versichern, dass es im Interesse aller deutscher Sicherheitsbehörden liegt, keine Bevölkerungsgruppe unter Generalverdacht zu stellen«, schrieb der Präsident des Bundeskriminalamtes (BKA) Jörg Ziercke im Mai 2012 in einem Brief an Rose. »Allerdings sieht Ziercke die Schuld, dass die Täter in den Reihen von Sinti und Roma verortet wurden, weniger bei der Polizei als bei den Medien. Sie hätten die Spekulationen in die Welt gesetzt, durch die Sicherheitsbehörden seien sie ›nach meinem Kenntnisstand jedoch nicht befördert‹ worden, heißt es in dem Schreiben. (...) Dass die Medien den falschen Verdacht allein in die Welt setzten, wie Ziercke behauptet, stimmt aber nicht. So zitierte etwa der Stern damals einen anonymen Ermittler, die ›heißeste‹ Spur führe ins ›Zigeunermilieu‹. Auch eine Heilbronner Staatsanwältin äußerte sich ähnlich.«[18]

Semya Şimşek versucht in ihrem Buch »Schmerzliche Heimat« Jahre nach dem Mord an ihrem Vater eine sachliche Antwort darauf zu formulieren, warum ihre Familie in den Fokus der Ermittler geriet. Sie schreibt, dass sie bis zu einem gewissen Punkt verstehe und akzeptieren könne, »dass die Polizei alle Möglichkeiten prüfen musste (...). Aber die Art, wie sie es tat, war unerträglich, all die Verdächtigungen und Unterstellungen.«[19]

Sie beschreibt, wie der Verdacht auf ihrer Mutter lag. »Von der ersten Vernehmung an haben sie sie hart angefasst. Sie hauten auf den

---

[16] Mazyek, Aiman A. (2012): Das Problem sitzt tiefer: Islamfeindlichkeit und Ignoranz, in: Ramelow, Bodo (Hrsg.): Made in Thüringen? Nazi-Terror und Verfassungsschutz-Skandal. Hamburg: VSA: Verlag.

[17] Rose, Romani (2012): Vertrauen in den Rechtsstaat wiederherstellen, in: ebd.

[18] Schmidt, Wolf (2012): Das Bedauern des Bundeskriminalamts, abrufbar unter: http://taz.de/Sinti-und-Roma-statt-NSU-unter-Verdacht/!93230/ (25.3.2013).

[19] Simsek, Semya/Schwarz, Peter (2013): Schmerzliche Heimat. Deutschland und der Mord an meinem Vater. Berlin: Rowohlt, S. 87.

Tisch und schrien sie an, (...) sie solle es endlich zugeben.« Wie die Ermittler nach Hause kamen oder sie selbst, die 14-jährige, in ihrem Internat aufsuchten. Wie eine Verbindung zum Drogenmilieu vermutet wurde, schließlich war Herr Simsek jahrelang jede Woche zum Blumenkaufen nach Rotterdam gefahren oder der Familie weisgemacht wurde, Herr Simsek habe ein Doppelleben geführt und noch eine andere Familie oder andere Frauen gehabt (dies sei nur ein taktischer Versuch gewesen, räumte ein Ermittler später ein). Wie der Sprinter der Familie verwanzt wurde, wie Bekannte, Verwandte, Geschäftspartner vernommen wurden (...). Nicht ins Bild passende Hinweise der Vernommenen wurden ignoriert: dass bei Berlin ein türkischer Händler von Skinheads verprügelt worden und ein anderer mit Brandwunden davongekommen sei, als »Glatzen versucht hätten, ihn mitsamt seinem Stand anzuzünden (...) Das fand der Vernehmungsbeamte aber uninteressant. Er wechselte das Thema und fragte weiter nach Kurdenbanden und PKK.«[20]

Bis heute sei ihr rätselhaft, warum man sie, die Angehörigen, nicht vom ersten Tag an informierte, schreibt Semya Şimşek über die Zeit nach dem Auffliegen der Terrorgruppe NSU. »Stattdessen mussten wir uns wieder einmal allein mit dem auseinandersetzen, was die Medien verbreiteten, wir mussten wieder allein die richtigen von den weniger richtigen Meldungen zu unterscheiden versuchen und uns irgendwann von Apparat zu Apparat zu einem Zuständigen durchfragen. Als ich das später einmal ansprach, meinte ein Beamter des BKA, sie hätten unsere Nummern nicht gehabt. Was für eine dumme Ausrede. Die Polizisten hatten elf Jahre lang keine Schwierigkeiten, uns zu erreichen. In Wahrheit war es wohl so, dass einfach niemand an uns dachte, niemand sich für uns interessiert hat.«[21]

---

[20] Ebd., ab S. 93.
[21] Ebd., S. 183.

Fehler der Inlandsgeheimdienste und die Chancen des Strafprozesses

Ein Interview mit Yavuz Selim Narin zum Prozessauftakt gegen den »Nationalsozialistischen Untergrund«

Am 17. April 2013 begann vor dem Oberlandesgericht München der Prozess gegen Beate Zschäpe und weitere Beschuldigte. Ihr wird die Mittäterschaft bei der Ermordung von zehn Menschen vorgeworfen. Neun rassistische Morde, die bis heute rätselhafte Ermordung einer Polizistin, zwei Sprengstoffanschläge mit zahlreichen Verletzten und mindestens 14 Banküberfälle – das ist das blutige Fazit des »Nationalsozialistischen Untergrundes« (NSU). Mit dem Prozess soll die strafrechtliche Aufklärung der Taten vollzogen werden. In einem Interview mit Yavuz Selim Narin, einem der Rechtsanwälte der Nebenklage, im Vorfeld des Prozesses betrachteten wir, welche Erwartungen an den Prozess gestellt werden können, und ob dieser eine mögliche Antwort auf die vielfältigen gesellschaftlichen Ursachen für das Entstehen und Morden der rechtsterroristischer Strukturen bieten kann. Das Gespräch führte Christian Schaft.

Sehr geehrter Herr Narin, Sie vertreten im Prozess gegen Beate Zschäpe ab dem 17. April die Angehörigen des NSU-Opfers Theodoros Boulgarides, der im Juli 2005 in seinem Laden erschossen wurde. Sie wurden von der Familie Boulgarides im Mai 2011, das heißt ein halbes Jahr vor der Selbstenttarnung des NSU, beauftragt. In welche Richtung wurde von den Behörden zu dem damaligen Zeitpunkt ermittelt und wie haben die Angehörigen diese Ermittlungen wahrgenommen und empfunden?

Yavuz Selim Narin: Zunächst wurde, was an sich kriminalistisch nicht zu beanstanden ist, im Umfeld der Mordopfer ermittelt. Allerdings wurde bereits hier auf Grundlage von Vorurteilen völlig pietätlos, unanständig und ebenso dilettantisch vorgegangen. Die Familie wurde öffentlich diffamiert, diskreditiert, verleumdet und in ein kriminelles Licht gerückt. Man bezichtigte die Opfer als Drogenhändler, Menschenschmuggler, Pädophile, nahm als Motive Schutzgelderpressung oder Wettschulden an. Die Ermittler sprachen gar von einer ominösen Organisation, welche in einer »türkischen Parallelwelt« agiere und von »rigiden, archaischen Verhaltensregeln« geprägt sei. Die Ermordeten hätten dieser Organisation angehört, ohne hiervon selbst Kenntnis gehabt zu haben und hätten gegen eine Verhaltensregel verstoßen, welche sogar den Opfern selbst unbekannt gewesen sei. Angesichts derartiger Presseberichte distanzierte sich das soziale Umfeld zunehmend von den Betroffenen. Frau Boulgarides verlor ihre Anstellung, ihre Töchter wurden in der Schule angefeindet.

Bevor die NSU-Mordserie bekannt wurde, wurden die Opfer also durch die Behörden immer wieder falschen Anschuldigungen ausgesetzt. Ein rassistischer Hintergrund der Taten wurde somit ausgeblendet und gar nicht erst in Erwägung gezogen?

Vor den Untersuchungsausschüssen beteuerten leitende Staatsanwälte und Polizeibeamte, sie hätten auch die Spur einer möglichen ausländerfeindlichen Motivation der Morde »gleichrangig« geprüft. Dies entspricht allerdings nicht der Wahrheit, wie wir heute wissen. Tatsächlich gab es deutliche Hinweise sowohl für einen rassistischen Hintergrund der Mordserie als auch für eine Verbindung der Mordserie zum Nagelbombenanschlag in der Kölner Keupstraße. Die Auswahl der Opfer, die Verwendung von Fahrrädern und eine frappierende Ähnlichkeit der Phantombilder waren für die türkische Bevölkerung in Köln Anlass genug, einen solchen Zusammenhang herzustellen. Obwohl die Staatsanwaltschaft Köln derartige Hinweise anfangs als »Verschwörungstheorien« zurückwies, bat sie die federführende Staatsanwaltschaft Nürnberg-Fürth, beide Sachverhalte auf eine mögliche Verbindung hin zu prüfen. Zeugen der Morde erkannten die Täter auf in Köln angefertigten Videoaufnahmen als Urheber des Bombenanschlags wieder. Dennoch wurde eine vergleichende Analyse beider Fälle in Nürnberg mit dem Argument abgelehnt, man dürfe »Äpfel und Birnen« nicht vergleichen. Während man es in Köln mit einem »Globalvorstoß gegen Türken« zu tun habe, handle es sich bei den Morden um gezielte Einzelaktionen.

Spätestens nach einer operativen Fallanalyse des bayerischen Profilers Alexander Horn erhärtete sich bei den Ermittlern der Verdacht, man habe es mit rechtsradikalen »Türkenhassern« zu tun. Die Sicherheitsbehörden beschlossen allerdings nach Rücksprache mit der »Spitze des bayerischen Innenministeriums« im Rahmen einer »Medienstrategie«, diesen rassistischen Hintergrund gegenüber der Öffentlichkeit zu verschweigen. Der Leiter der SoKo-Bosporus, Wolfgang Geier, gab vor dem Untersuchungsausschuss des Bundestags an, man habe so eine »Hysterie bei türkischen Kleingewerbetreibenden« vermeiden wollen. Derselbe Wolfgang Geier äußerte allerdings zur maßgeblichen Zeit gegenüber der Presse, man stoße auf eine »Mauer des Schweigens«, wenn man die Hinterbliebenen der Mordopfer befrage, was belege, dass die »Türken nicht in der Gesellschaft angekommen« seien. Ähnlich äußerten sich der damalige bayerische Innenminister Dr. Günther Beckstein und der leitende Nürnberger Oberstaatsanwalt Dr. Walter Kimmel. Obwohl man also über die wahren Hintergründe der Taten erheblich mehr wusste, hat man gegenüber der Öffentlichkeit weiterhin die Opfer zu Tätern erklärt und deren Angehörige als Kriminelle dargestellt.

Betrachten wir die Situation nach der Enttarnung des NSU. Wie konnte in Ihren Augen die Bildung rechtsterroristischer Strukturen und das Morden durch den NSU möglich werden?

Die Untersuchungsausschüsse in Bund und Ländern haben eine äußerst fragwürdige Haltung der Sicherheitsbehörden gegenüber militanten Rechtsextremisten aufgezeigt. Kriminelle Neonazis wurden über V-Leute mit öffentlichen Geldern gefördert, ihnen wurde der Lebensunterhalt ebenso gezahlt wie die Herstellungskosten für rassistisches Propagandamaterial. Dies führte so weit, dass der Verfassungsschutz seiner Klientel bei Straftaten sogar die Kosten für rechtsextreme Szeneanwälte als »Auslage« erstattete. Gleichzeitig wurden Neonazis vor Strafverfolgung geschützt, indem man entweder ordentlich arbeitende Polizeibeamte gezielt auf falsche Fährten lenkte oder Straftäter bei bevorstehenden Maßnahmen warnte. Begleitet wurde diese schützende Haltung durch eine systematische Verharmlosung der Gefahren, die von Rechtsradikalen ausgingen. Der bayerische Verfassungsschutz hielt es etwa nicht für notwendig, das militante »Blood & Honour«-Netzwerk im Verfassungsschutzbericht zu erwähnen, bis dieses im Jahr 2000 verboten wurde. Andererseits wurden zivilgesellschaftliche Initiativen, die sich mit der Aufklärung rechter Umtriebe beschäftigen, gezielt kriminalisiert, als linksextremistisch diffamiert und damit existentiell bedroht. So war etwa der »a.i.d.a. München e.V.« noch bis vor kurzem im bayerischen Verfassungsschutzbericht aufgeführt, obwohl die Rechtswidrigkeit dieser Maßnahme gerichtlich festgestellt worden war.

Also überspitzt gefragt: Wäre die Neonazi-Mordserie überhaupt ohne den Verfassungsschutz und dessen aktuelle Strukturen möglich gewesen?

Die Untersuchungsausschüsse haben eine strategische und logistische Unterstützung neonazistischer Netzwerke durch die Inlandsgeheimdienste dargelegt. Sowohl der von Tino Brandt geführte »Thüringer Heimatschutz« (THS) als auch das »Thule-Netz« des bayerischen V-Mannes Kai Dalek wurden maßgeblich von den Verfassungsschutzämtern gefördert. Auch weitere V-Leute aus dem Umfeld des NSU haben eine undurchsichtige Rolle gespielt. Bei aller Kritik am Verfassungsschutz dürfen wir den »Militärischen Abschirmdienst« (MAD) nicht vergessen. Die Inlandsgeheimdienste haben gemeinschaftlich nicht nur eine Infrastruktur für den NSU aufgebaut, auch haben sie beim Untertauchen des »Trios« und während dessen Zeit im so genannten Untergrund eine fragwürdige Rolle gespielt.

Vieles spricht dafür, dass diese nicht nur mehr wussten, sondern die Strafverfolgung gezielt vereitelten. Das »Bundesamt für Verfassungsschutz« (BfV) hatte etwa im Juli 2004 eine vertrauliche Broschüre über die Gefahren des bewaffneten Rechtsextremismus, das »BfV-Spezial Nr. 21« herausgegeben. Darin ist im Theorieteil von Kleinstgruppen die Rede, welche nach dem Vorbild der britischen »Combat 18«, die Nagelbombenanschläge und gezielte Exekutionen zu verantworten hat, handeln könnten. Im Personenteil der Broschüre ist die Gruppe der Jenaer Bombenbauer, nämlich Uwe Mundos, Uwe Böhnhardt und Beate Zschäpe, explizit aufgeführt. Erstaunlich ist, dass diese Broschüre ausgerechnet zur Zeit des Nagelbombenanschlags in Köln, im Juni 2004, im Druck war. Die Behauptung, man habe das so genannte Trio nicht im Blick gehabt, erscheint wenig glaubhaft, zumal am Tag des Anschlags, der hier für V-Leute zuständige Beschaffungsleiter Rechtsextremismus beim BfV, außerhalb der Dienstzeit telefonisch über das polizeiliche Lagezentrum mit seinem Gegenüber beim »Landesamt für Verfassungsschutz« (LfV) in Nordrhein-Westfalen verbunden werden wollte. Über die Inhalte des Gesprächs findet sich in den Akten nichts. Aus »gesundheitlichen Gründen« können die Teilnehmer außerdem nicht von den Untersuchungsausschüssen vernommen werden. Um dem Täter auf die Schliche zu kommen, veröffentlichte die Polizei damals außerdem Videoaufnahmen der Täter und überwachte die erfolgten Zugriffe. Am häufigsten wurde auf die Homepage von einer Kölner IP-Adresse aus zugegriffen – diese führte zum Bundesamt für Verfassungsschutz.

Die vergangenen eineinhalb Jahre haben in großem Maßstab diese und weitere Versäumnisse und Fehler sowie das streckenweise Versagen der Inlandsgeheimdienste aufgedeckt. Was erwarten Sie von der Bundesanwaltschaft hinsichtlich der Aufklärung der NSU-Mord-, Raub- und Anschlagsserie?

Nach allem bisher Geschehenen ist eine gewisse Skepsis gegenüber der Arbeit der Sicherheits- und Justizbehörden angebracht. Auch wenn sich die Bundesanwaltschaft in der Vergangenheit schwere Fehler geleistet hat – sie prüfte in der Mordserie etwa ihre Zuständigkeit anhand von vier Presseartikeln (!) und lehnte die Übernahme der Ermittlungen ab – muss man ihr zugutehalten, dass die Komplexität der Materie angesichts der knappen Zeit kaum abschließend aufzuarbeiten ist. Das vom Generalbundesanwalt beauftragte Bundeskriminalamt verdient durch sein bisheriges Verhalten auch keinen Vertrauensvorschuss. So war es ein Mitarbeiter des BKA, der unmittelbar nach dem Abtauchen des Trios eine in der Bombenwerkstatt gefundene Adressliste mit Kontaktpersonen des Trios als für die »Fahndung nicht relevant« einstufte und damit die Zielfahnder in die Irre führte. Auch die im Rahmen der Soko-Bosporus vom BKA geführten Ermittlungen zur Tatwaffe zeichnen kein positives Bild der Behörde. Gleichwohl wäre es ungerecht, alle Ermittler pauschal zu kritisieren. Damals wie heute gibt es Beamte, die versuchen, ihren beruflichen Pflichten und ihrem Amtseid gerecht zu werden. Hier möchte ich als positives Beispiel den Thüringer Polizeibeamten Mario Melzer erwähnen. Im Unterschied zu vielen anderen sagte dieser vor den Untersuchungsausschüssen umfassend und glaubhaft aus, ohne sich auf vermeintliche Erinnerungsschwierigkeiten zu berufen. Als er in den 1990er Jahren engagiert gegen rechte Straftaten ermittelte, unterstellten ihm seine Vorgesetzten, er betreibe eine »Hexenjagd« auf Tino Brandt, setzten ihn unter Druck und behinderten ihn in seiner Arbeit.

Auch nach dem Auffliegen des NSU bot Mario Melzer dem LKA umgehend seine Hilfe an, was allerdings auf wenig Gegenliebe stieß. Anders als viele Beamte, die in der Vergangenheit kläglich versagten, durfte Herr Melzer nicht an den Ermittlungen der Bundesanwaltschaft mitwirken. Als Vertreter der Nebenklage werden wir die Arbeit der Ermittlungsbehörden daher aufmerksam und kritisch begleiten.

Wie bewerten Sie die bisherige Arbeit der Untersuchungsausschüsse auf Bundes- und Landesebene in diesem Zusammenhang?

Die Untersuchungsausschüsse leisten überwiegend sehr gute Arbeit. Vor allem die Abgeordneten des Deutschen Bundestags treten dort, von kleineren parteipolitischen Unstimmigkeiten abgesehen, fraktionsübergreifend geschlossen auf. Erschreckend ist allerdings, mit welcher Unverfrorenheit Vertreter der Exekutive zum Teil die Arbeit der Ausschüsse behindern oder versuchen, sie zu vereiteln. Zeugen flüchten sich oft wenig glaubhaft in vermeintliche Erinnerungslücken oder schieben jegliche Verantwortung weit von sich. Auf die Frage, warum man zu bestimmten Vorgängen Akten nicht angelegt beziehungsweise vernichtet habe, antwortete etwa der ehemalige Präsident des bayerischen LfV grinsend, man »wollte keine unnötige Bürokratie schaffen«.

Bezeichnend ist auch die Haltung des Bundesinnenministers: Während der Bundespräsident durch die Einladung der Opferfamilien eine versöhnliche Geste zeigte, verweigerte dieser dem Untersuchungsausschuss im Hinblick auf den V-Mann Thomas Richter, alias »Corelli«, jegliche Zusammenarbeit. Das Ministerium lenkte erst unter öffentlichem Druck ein, nachdem der Untersuchungsausschuss mit einer Verfassungsklage drohte.

Was erwarten Sie von dem kommenden Prozess gegen Beate Zschäpe und die weiteren Beschuldigten?

Soweit eine Aufklärung der Vorgänge um den rechten Terror angestrebt ist, wird der Strafprozess meines Erachtens überbewertet. Dieser wird ohne die Hilfe der Untersuchungsausschüsse in Bund und Ländern und die Begleitung durch eine kritische Öffentlichkeit nur wenig neue Erkenntnisse liefern können. Der Senat wird in erster Linie darauf bedacht sein, den Beschuldigten die angeklagten Sachverhalte formell unangreifbar nachzuweisen und ein möglichst nicht revisibles Urteil zu fällen. Eine umfassende Aufarbeitung oder die Ermittlung der Hintergründe dürfen wir meines Erachtens vom Prozess nicht erwarten. Auch befürchte ich eine restriktive Handhabung entsprechender Beweisanträge der Nebenklage. Die Öffentlichkeitsmaxime zeichnet ein rechtsstaatliches Verfahren aus und dient der Kontrolle des richterlichen Handelns. Umso bedauerlicher sind daher die Wahl eines viel zu kleinen Gerichtssaals und die Einschränkung des Zugangs für Medienvertreter.

In der Regel ist die Aufarbeitung und Auseinandersetzung mit rassistischen Einstellungen und diskriminierenden Gesetzen nicht Aufgabe eines Strafprozesses, wohl aber eine notwendige Konsequenz. Welche Möglichkeit sehen Sie in diesem Zusammenhang, der Gefahr einer Wiederholung neonazistischer Morde zu begegnen und welche Schlussfolgerungen müssen in der Politik, der Gesellschaft, der Justiz und den Ämtern aus diesem Prozess und der Aufdeckung des NSU gezogen werden?

Eine lange überfällige, konsequente Ahndung rechtsextremistischer Straftaten wäre ein Mittel der Prävention. Wenn ein wegen versuchten Mordes verurteilter Neonazi wie Carsten Sczepanski, alias »Piato«, noch im Gefängnis als V-Mann angeworben und binnen kürzester Zeit auf freien Fuß gesetzt, gegen andere Gewalttäter bewusst nicht ermittelt wird oder diese vor polizeilichen Maßnahmen gewarnt werden, fühlen sich Straftäter in ihrem Handeln bestätigt.

Damit stellt sich auch die grundlegende Frage nach der Legitimität von Inlandsgeheimdiensten. Diese haben in der Vergangenheit durch ihr Handeln keinen Mehrwert an Sicherheit geleistet. Mitarbeiter der Verfassungsschutzbehörden und des MAD haben es sich in einem rechtlicher Kontrolle weitgehend entzogenen Bereich gemütlich gemacht und können dort in allzu großer Nähe zu Extremisten und Kriminellen die staatliche Macht missbrauchen. Sobald kritische Fragen aufgeworfen werden, verweigern die Behörden den Untersuchungsausschüssen

Auskünfte unter Hinweis auf kaum greifbare Begriffe wie »Staatswohl« oder den »Kernbereich exekutiven Handelns«.

Angesichts der bisher in Erfahrung gebrachten Tatsachen fällt es mir heute schwer, an »Zufall« zu glauben, wenn etwa ausgerechnet am Tag der Übernahme der Ermittlungen durch die Bundesanwaltschaft Akten zum »Thüringer Heimatschutz« beim BfV in einer Nacht- und Nebelaktion vernichtet werden. Hierfür gibt es bis heute keine plausible Erklärung. Der verantwortliche Mitarbeiter, ein »Einzeltäter«, hüllt sich in Schweigen. Hans-Christian Ströbele (Mitglied des Bundestages, Bündnis 90/Die Grünen) äußerte damals völlig berechtigt, das Bundesamt für Verfassungsschutz habe mit den Aktenvernichtungen möglicherweise etwas verbergen wollen, das schlimmer oder peinlicher wäre als der Vorgang der Aktenvernichtungen selbst.

Durch Vertuschung und Verharmlosung, so hat das Fiasko um den NSU gezeigt, erweist man nicht nur dem Ansehen der Bundesrepublik einen Bärendienst, sondern zerstört dauerhaft das Ansehen der Justiz und erschüttert das Vertrauen der Menschen in den demokratischen Rechtsstaat.

Murat Çakir

Die türkische Sicht auf die NSU-Morde[1]

Seit dem Auffliegen der neonazistischen Terrorzelle »Nationalsozialistischer Untergrund« (NSU) zeigen verantwortliche Politiker in Ankara bei jeder Gelegenheit ihre Betroffenheit über die Morde und ihren Willen, »die NSU-Morde stärker unter die Lupe« nehmen zu wollen. Ayhan Sefer Üstün, Abgeordneter der regierenden AKP (»Partei für Gerechtigkeit und Aufschwung«) und Vorsitzender des Untersuchungsausschusses für Menschenrechte im türkischen Parlament, will am Prozessauftakt gegen die NSU-Terroristin Beate Zschäpe am 17. April 2013 in München persönlich teilnehmen und damit »Solidarität mit den Familien der Opfer« zeigen.

Ob die türkische Regierung damit die Familien der Opfer zufriedenstellen kann, ist nicht ausgemacht. Zumindest für Semiya Şimşek-Demirtaş, Tochter des ersten NSU-Opfers Enver Şimşek, bedarf es mehr. Noch am 15. Februar 2013 meldete die »Deutsche Welle«, dass Şimşek-Demirtaş, die inzwischen ihr Geburtsland Deutschland verlassen habe und in die Türkei übersiedelt sei, den türkischen Behörden vorwarf, »sich zulange mit den beruhigenden Stellungnahmen der deutschen Ermittler zufrieden gegeben« zu haben.[2]

Dieser Vorwurf ist nicht unberechtigt. Zwar nehmen sowohl der Premier Recep Tayyip Erdoğan und sein Außenminister Ahmet Davutoğlu in Fraktionssitzungen oder vor der türkischen Presse kein Blatt vor dem Mund, wenn der »Rassismus in Europa« angeprangert und die Aufklärung der Morde gefordert wird, aber außer diesen innenpolitisch motivierten Aussagen sind konsequente regierungsamtliche Schritte nicht in Sicht. Mehr noch, der Untersuchungsbericht von Üstün und seinem Ausschuss bescheinigt den »Bemühungen der Bundesregierung

---

[1] Anmerkung d. Red.: Der Beitrag wurde vor der Debatte um die Zulassung türkischer JournalistInnen beim Münchener Prozess gegen Beate Zschäpe und mutmaßliche Helfer des NSU verfasst.

[2] www.dw.de/t%C3%BCrkei-nimmt-nsu-morde-st%C3%A4rker-unter-die-lupe/a-16601697 (5.3.2013).

und ihren Ministerien erfolgreiche Schritte im Kampf gegen den Rechtsextremismus«.[3] Der Ausschuss stellt »mit Freude fest«, dass die Bundesregierung eine Ombudsfrau für die Hinterbliebenen der Opfer ernannt habe und im Bundesinnenministerium »konkrete Schritte für die Bekämpfung des Rechtsextremismus unternommen« werden. Mit keinem Wort aber werden die Kontakte und die Zusammenarbeit deutscher und türkischer Stellen vor dem Auffliegen der NSU erwähnt. Der Bericht wurde am 13. Juni 2012 mit den Stimmen der 16 Regierungsabgeordneten und neun Oppositionsabgeordneten der CHP (»Republikanische Volkspartei«) und der neofaschistischen MHP (»Partei der nationalistischen Bewegung«) angenommen. Das einzige negative Votum kam vom sozialistischen Abgeordneten der BDP (»Partei des Friedens und der Demokratie«), Ertuğrul Kürkçü.

Kritische Stimmen in den türkischen Medien sehen darin einen Versuch der Regierung, die berechtigte Kritik der Hinterbliebenen abzuwehren und gleichzeitig die NSU-Morde für innenpolitische Zwecke zu instrumentalisieren. Es sei eine Doppelmoral, einerseits den Deutschen und ihren Behörden jahrelang unterschwellig Rassismus vorzuwerfen, aber gleichzeitig den türkischen Nationalismus zu pflegen. Es mag sein, dass diese Vorwürfe sich wie Verschwörungstheorien anhören, aber die Tatsache, dass türkische Sicherheitsbehörden von Anfang an in die Ermittlungen involviert waren und in Zusammenhang mit den Morden auch von türkischen Stellen falsche Fährten gelegt wurden, wirft viele Fragen auf.

Bis zu den Morden in Hamburg (Süleyman Turşucu am 27. Juni 2001) und München (Halil Kiliç am 29. August 2001) fanden sich in türkischen Medien, außer Kurznachrichten, keinerlei Berichte über die Morde. Auslandsausgaben der regierungsnahen türkischen Zeitungen wurden auf die Mordserie erst dann aufmerksam, als Mitte 2005 die so genannte »Soko Bosporus« eingesetzt wurde. Die türkische Berichterstattung

---

[3] TBMM İnsan Hakları İnceleme Komisyonu: 2000–2006 Yıllarında Almanya'da Neo. nazilerce İşlenen Cinayetler Hakkında İnceleme Raporu (Untersuchungsausschuss für Menschenrecht des Großen Türkischen Nationalparlaments: Untersuchungsbericht über die zwischen 2000–2006 von Neonazis begangenen Morde in Deutschland), vgl.: www.tbmm.gov.tr/komisyon/insanhaklari/docs/2012/raporlar/neo_nazi_cinayetleri.pdf (5.3.2013).

sprach immer wieder vom Verdacht der »organisierten Kriminalität«. In den Jahren 2005 bis 2007 konnte man verfolgen, wie türkische Medien versuchten, Verbindungen zur kurdischen PKK (»Arbeiterpartei Kurdistans«) herzustellen.

Nach den letzten Morden 2006 (Mehmet Kubaşik am 4. Aprik 2006 in Dortmund und Halit Yozgat am 6. April 2006 in Kassel) wurde die mediale Jagd auf die PKK endgültig eröffnet. Im türkischen Fernsehen wurden zahlreiche Talkshows und Nachrichtensendungen gezeigt, in denen türkische »Terrorismusexperten« über »Drogengeschäfte der PKK und in diesem Zusammenhang stehende Morde in Deutschland« spekulierten. Die türkischen Tageszeitungen wärmten diese These immer wieder auf: Am 30. April 2006 berichtete die Tageszeitung »Hürriyet«, dass »türkische Sicherheitsbehörden hinter den Morden PKK-Mitglieder vermuten, die unabhängig von der Organisationszentrale Drogengeschäften und Schutzgelderpressung nachgehen«.

Obwohl in den gleichen Medien der Verdacht von türkischen MigrantInnen in Deutschland über einen möglichen rassistischen Hintergrund genannt wurde, gingen türkische Medien lieber Verschwörungstheorien nach: Die liberale Tageszeitung »Radikal« berichtete am 1. November 2006, dass »deutsche und türkische Ermittler bei allen acht Opfern« festgestellt hätten, »dass sie von dem islamistischen YIMPAS-Konzern um ihre Anlagegelder geprellt wurden«. Die »Spur zu Islamisten« würden deutsche wie türkische Ermittler »sehr ernst nehmen«. Erstmals wurde hier von einer gemeinsamen deutsch-türkischen Arbeitsgruppe der Polizei berichtet.

Auch die regierungsnahe Tageszeitung »Sabah« berichtete am 30. September 2007, dass »die SOKO Bosporus unter der Leitung von Wolfgang Geier und die türkische Ermittlungskommission CESKA unter der Leitung von Mehmet Ali Keskinkılıç zusammenarbeiten«. Beide Kommissionen würden »PKK-Verbindungen untersuchen«. In den folgenden Wochen wurde diese Version von allen bürgerlichen Medien der Türkei verbreitet. So berichteten die Tageszeitungen »Bugün«, »Hürriyet«, »Sabah«, »Star«, »Yeni Şafak«, »Zaman« und andere im Oktober 2007, dass das Generaldirektorat der türkischen Polizei einen »Ergebnisbericht« veröffentlicht habe und dieser Bericht »die getöteten 8 Türken als Drogenverkäufer bezeichnet«. In diesem Artikel, welcher dem Soko-

Chef Geier ausgehändigt worden sei, werde »eine kurdische Familie aus Diyarbakır beschuldigt, die Drogenverkäufer von einem fünfköpfigen Killerkommando exekutiert haben zu lassen«.[4] Lange Zeit wurde diese These aufrecht gehalten und im Zusammenhang mit anderen Berichten über die kurdische Bewegung wurde die so genannte PKK-Verbindung als »Tatsache« dargestellt. Als jedoch diese »Tatsache« von deutschen Stellen nicht bestätigt werden konnte, verpufften diese Berichte und waren kein Thema mehr.

Umso überraschter waren dann die Kolumnisten der regierungsnahen Medien, als feststand, dass die Morde von einer neonazistischen Terrorbande begangen worden waren. Die Öffentlichkeit in der Türkei war nach dem Bekanntwerden des NSU sehr betroffen. Die Tatsache, dass Menschen nur aufgrund ihrer Herkunft ermordet wurden, weckte Erinnerungen an Mölln, Solingen, Hünxe und andere rassistische Gewalttaten. Zehntausende Kommentare unter entsprechenden Nachrichten veranlassten die türkischen Medien, zeitweise die Kommentarfunktion ihrer Internetseiten abzuschalten.

Überwältigt von dem großen öffentlichen Interesse, kritisierten nun PolitikerInnen der Regierungspartei offen die Bundesregierung in scharfen Tönen und forderten konkrete Maßnahmen zum Schutz der »Türken in Deutschland«. Die Tatsache, dass der Verfassungsschutz und die Geheimdienste in Deutschland in diesem Zusammenhang beschuldigt und immer mehr fahrlässige Fehler bekannt wurden, nahmen türkische Medien zum Anlass, den »deutschen tiefen Staat« anzuprangern. Angeregt durch die sozialistischen Abgeordneten der BDP bildete die Menschenrechtskommission des türkischen Parlaments einen Unter-

---

[4] Ausnahmslos geben alle Zeitungen als Quelle für diesen Bericht »Ankara« an. Insider in der Türkei wissen, dass bei dieser Quellenangabe ohne Nennung einer Nachrichtenagentur immer eine staatliche Stelle gemeint ist. Die Hauptstadtbüros der regierungsnahen Zeitungen veröffentlichen immer solche Meldungen ohne eine redaktionelle Überarbeitung. Auch dieser Bericht, der in allen genannten Zeitungen und im Internet veröffentlicht wurde, war wortgleich und beinhaltete sogar den gleichen Fehler: Ein »Valfgang Geirer« sei »Vorsitzender des Bundeskriminalamtes«. Daher liegt der Verdacht nahe, dass hinter der Berichterstattung über etwaige »PKK-Verbindungen« staatliche Stellen der Türkei stehen. Siehe auch: www.haber3.com/seri-cinayetler-pkk8217nin-isi--293586h.htm (5.3.2013).

suchungsausschuss. Die Ausschussmitglieder reisten nach Deutschland und führten mit Vertretern der Bundesregierung und dem Bundestags-Untersuchungsausschuss Gespräche.

Obwohl hochrangige Regierungspolitiker, wie der türkische Justizminister Sadullah Ergin noch im Februar 2013 von »Umtrieben des deutschen tiefen Staates« sprachen, war in den offiziellen Gesprächen zwischen beiden Regierungen nicht davon die Rede. Im Gegenteil, die türkische Regierung bescheinigte der Bundesregierung ernsthafte Aufarbeitungs- und Aufklärungsschritte. Seit 2012 ist in den gängigen Medien der Türkei eine Berichterstattung zu verfolgen, die nicht anders ist als in Deutschland, wobei die Gewichtung auf das Thema NSU in den Auslandsausgaben der türkischen Tageszeitungen höher ist als in der Türkei. Die Aufmerksamkeit der Öffentlichkeit in der Türkei hat aufgrund der Entwicklungen im eigenen Land etwas abgenommen.

Doch die Fragen, die in den gängigen türkischen Medien nicht gestellt werden, werden heute in den alternativen türkischsprachigen Medien gestellt. Insbesondere für linke Medien, aber auch für jene, die von den Selbstorganisationen türkeistämmiger und kurdischer MigrantInnen in Deutschland herausgegeben werden, sind die NSU-Morde weiterhin Thema Nummer eins. Alternative türkischsprachige Medien verfolgen mit großem Interesse die Arbeit des Untersuchungsausschusses des Bundestages und kritisieren die »gezielte und bewusste Vertuschung durch staatliche Behörden«.

So kommentiert beispielsweise die türkischsprachige Wochenzeitung »Yeni Hayat« (»Neues Leben«), dass »es außer Zweifel steht, dass es eine Staatliche Mitverantwortung an den NSU-Morden und an der politischen Stimmung gibt, die nicht ›nur‹ diese Morde und Anschläge ermöglicht haben«.[5] Türkeistämmige und kurdische Selbstorganisationen erklären, dass sie den Rassismus in Deutschland nicht als ein Randphänomen sehen, »das sich auf einen rechten, ›extremistischen‹ Rand der Gesellschaft schieben lässt. Er ist in der Mitte der Gesellschaft vorhanden und hat Struktur sowie Methode«.[6]

---

[5] www.yenihayat.de/category/deutsch (5.3.2013).

[6] Siehe u.a.: www.allmendeberlin.de/ (5.3.2013).

Sowohl migrantische Selbstorganisationen als auch die türkischsprachigen alternativen Medien sind der Auffassung, dass die NSU-Morde bewiesen haben, dass staatliche Behörden, insbesondere der Verfassungsschutz und die Geheimdienste, »nicht blind auf dem rechten Auge« seien, weil sie Neonazis für ihre Zwecke nutzen würden. Daher wäre es notwendig, das Grundgesetz gerade vor diesen Diensten zu schützen. Es gäbe »kein Fehler im System der Dienste«, sondern »das System selbst« sei der Fehler für einen demokratischen Rechtsstaat.

In der Tat: Solange die herrschenden Macht- und Eigentumsverhältnisse, auf denen jegliche rassistische, antisemitische und wohlstandschauvinistische Grundhaltungen basieren, nicht hinterfragt, solange die institutionalisierten Diskriminierungs- und Ausgrenzungsmechanismen des staatlichen Handelns nicht zurückgedrängt und der in der gesellschaftlichen Mitte fest verankerte Rassismus, welcher wiederum von rechtspopulistischer Rhetorik der neoliberalen Eliten gefördert wird, nicht konsequent angegangen wird, solange wird es auch nicht möglich sein, den fruchtbaren Boden des Rechtsextremismus, Neonazismus und anderen neofaschistischen Umtrieben in der bürgerlichen Gesellschaft auszutrocknen.

Die einzige Lehre, die aus den NSU-Morden gezogen werden kann, ist die, dass der Neonazismus kein Betriebsunfall der bürgerlichen Demokratie ist, sondern ein Verbrechen, der seine Lebensquelle in der Aushöhlung der Demokratie, der Ausgrenzung von Minderheiten und sozialer Ungerechtigkeit findet. Das demokratische Rechts- und Sozialstaatlichkeitsprinzip des Grundgesetzes und die geltende Strafgesetzgebung reichen vollkommen aus, um den Neonazismus zu bekämpfen. Notwendig dafür ist aber der politische Wille. Solange die verantwortliche Politik diesen Willen nicht zeigt, solange wird sie sich den Vorwurf gefallen lassen müssen, das sie nichts, aber absolut nichts gegen die neonazistischen Mörder unternommen hat. Genau das ist die einhellige Meinung der türkeistämmigen und kurdischen MigrantInnen in Deutschland, wie sie in den zahlreichen Internetkommentaren zum Ausdruck kommt.

Christian Schaft

Wenn Menschen zu Dönern werden[1]

Wie Stereotype in der journalistischen Berichterstattung verankert sind

Die Berichterstattung über die Mordserie des »Nationalsozialistischen Untergrundes« (NSU) Ende 2011 zeigte, wie Stereotype Tag für Tag durch die Medien das Bild der Gesellschaft beeinflussen. Plötzlich wurden die Opfer der rechten Terrorgruppe verdinglicht, ihnen wurden die Gesichter und die Menschlichkeit genommen – sie wurden zu »Dönern« gemacht. Eine aktuelle Studie[2] der Universität Erfurt hat untersucht, wie JournalistInnen durch die stereotype Berichterstattung das Bild der Mehrheitsbevölkerung über ethnische Gruppen prägen.

Bei der Frage nach der Macht der Sprache auf gesellschaftliche und politische Prozesse müssen die Medien mitgedacht werden. Ihnen kommt durch die sprachliche Vermittlung von Nachrichten die besondere Rolle zu, Begriffe zu verwenden, die dann Teil der Alltagssprache werden. Eine Reflexion über die Sprache und ihre Macht bezüglich der Manifestation in Denk- und somit gesellschaftlichen Machtstrukturen findet bei der täglichen Mediennutzung nicht statt. Mit der ständigen, notwendigen Reduktion der Nachrichtenflut erzeugen Medienschaffende eine Abbildung der Realität. Stereotype finden daher zwangsläufig Verwendung in den Texten der JournalistInnen, denn sie sind zunächst wertfrei, bilden aber Eigenschaften von Personen und Gruppen stark vereinfacht und auf wenige Merkmale reduziert ab. Daher stand im Zentrum der Studie die Frage, ob JournalistInnen Stereotype für die Berichterstattung über ethnische Gruppen verwenden und ob dies bewusst oder unbewusst geschieht.

---

[1] Der Text ist ein leicht überarbeiteter Nachdruck aus dem antifaschistischen Magazin »der rechte rand«, Nr. 140/2013). Mit freundlicher Genehmigung der Redaktion.

[2] Addicks, Elisabeth u.a. (2012): Stereotype Berichterstattung über ethnische Gruppen in deutschen Tageszeitungen, Erfurt: Friedrich-Ebert-Stiftung Thüringen. Kostenfreier Download unter www.fes-thueringen.de.

Die Frage nach der Art und Weise der Verwendung von Stereotypen wurde durch die Analyse von vier regionalen Tageszeitungen aus Hessen und Thüringen untersucht. Vier Wochen aus dem Zeitraum von Oktober bis Dezember 2011 wurden unter der Leitfrage herangezogen, ob die Aufdeckung der NSU-Mordserie einen Einfluss auf die Berichterstattung hatte. Dies konnte bestätigt werden. Kurz nach dem Bekanntwerden der Morde zeigt sich eindeutig, dass Anfang November die Thematisierung und Nennung ethnischer Gruppen rapide zunahm. Ebenso schnell allerdings verebbte das Interesse der JournalistInnen an der Berichterstattung wieder. Während in der zweiten Novemberwoche noch ein Drittel der untersuchten Artikel einen Bezug zu ethnischen Gruppen hatte, waren es im Dezember bereits weniger als 18%. Dies zeigt, dass ethnische Gruppen in der deutschen Tagespresse vorrangig immer noch Teil der ereignisorientierten Berichterstattung sind.

Besonders aufschlussreich war die Analyse der erhobenen Zeitungsartikel im Bezug auf die verwendeten Stereotype. Drei Formen der stereotypen Zuschreibungen konnten erkannt werden: So werden ethnische Gruppen unterschieden nach der Zugehörigkeit zu Nationen, Glaubensrichtung und sozial konstruierten Kollektiven. Vier Beispiele sollen hier exemplarisch der Unterscheidung der Stereotypenformen dienen: »die Griechen«, »die Muslime«, »die Flüchtlinge« und MigrantInnen. Letztere wurden in der Presse im Regelfall unter der Bezeichnung »Ausländer« zusammengefasst. Die Gruppe der Muslime wurde fast durchgängig mit dem Klischee religiöser FanatikerInnen und im Zusammenhang mit islamistischem Terrorismus in Verbindung gebracht. Zudem wurde von einer Gefahr für die deutsche Mehrheitsbevölkerung gesprochen. Aussagen wie Islamisten planten, »Deutschland mit terroristischen Anschlägen zu überziehen«[3], waren keine Seltenheit und komplettierten das Stereotyp gewaltbereiter Muslime. Nur selten wurde diesem Bild widersprochen. Doch selbst wenn, wie in der »Oberhessischen Zeitung«[4], explizit erwähnt wurde, dass »von den rund vier Millionen Muslimen in Deutschland (...) gerade einmal rund 37 000 Personen der islamisti-

[3] Bundesanwaltschaft schlägt Alarm, Wiesbadener Tagblatt, 15.12.2011.

[4] Mit Sitz der Lokalredaktion in Alsfeld.

schen Szene zugehörig sind«[5], wurde auch bei relativierenden Vergleichen immer wieder das Bild einer gefährlichen Glaubensgemeinschaft gezeichnet.

Bei der Gruppe der Nationenstereotype zeigt die Berichterstattung über Griechenland sehr gut, wie Stereotype Vorurteile prägen. »Griechenland-Pleite« war und ist immer noch das Schlagwort auch in der lokalen Tagespresse. Die Darstellung Griechenlands als Nation fand im Erhebungszeitraum ausschließlich im Zusammenhang der Finanz- und Bankenkrise statt. Zudem verfestigten sich neue Stereotype als Synonyme für die bis dato traditionellen und vorurteilsbehafteten Bilder des »faulen Südländers«. In der aktuellen Berichterstattung wird auf neue Formulierungen zurückgegriffen, wie die der »mediterranen Laxheit«[6] oder den »griechischen Verhältnissen«[7] in der Finanzwelt.

Im Gegensatz zu den dargestellten Gruppenstereotypen, die sich konkret auf Nationen und Glaubensgemeinschaften beziehen, stellt das Stereotyp des »Ausländers« eine andere Form dar. Hier wird undifferenziert eine Abgrenzung zwischen Deutschen und Angehörigen ethnischer Gruppen gezogen, welche nicht Teil der Mehrheitsbevölkerung sind. Merkmalszuschreibungen aufgrund körperlicher und äußerlicher Erscheinungen wurden bei dieser Gruppe bei den untersuchten Tageszeitungen besonders häufig in Zusammenhang mit kriminellen Vorfällen gebracht. Neben dem Aussehen spielte bei der Darstellung von MigrantInnen auch die Sprache eine besonders wichtige Rolle, um die Differenzierung zur Mehrheitsbevölkerung darzustellen. Stark verallgemeinernde Beschreibungen führten dazu, dass die Merkmale »kriminell« und »fremd« auffallend häufig miteinander verknüpft wurden. Selbst bei der Darstellung von MigrantInnen als Opfer von rassistisch motivierten Gewalttaten wurde die Abgrenzung als »fremd« vorgenommen, wenn beispielsweise von dem Opfer »ausländischer Herkunft«[8] gesprochen wurde. Auch bei Berichten über interkulturelle Begegnungen

---

[5] Unterscheiden zwischen Islam und gewaltbereitem Islamismus, Oberhessische Zeitung , 5.11.2011.

[6] Cameron verteidigt sein Nein zur Euro-Rettung, Thüringer Allgemeine, 13.12.2011.

[7] Disziplin mit »Merkozy«, Oberhessische Zeitung, 5.11.2011.

[8] Serie von Defiziten und Fehlern, Freies Wort, 19.11.2011.

wurde immer wieder durch Attribute wie »ausländisch«, »einheimisch« oder »fremd« die Abgrenzung von einem »Wir« zu den »Anderen« vorgenommen. Überdies war besonders auffällig, dass in kaum einem Artikel MigrantInnen selber zur Wort kamen. Sie waren lediglich Objekt der Berichterstattung, wurden aber kaum als mündige Personen dargestellt. Berichtet wurde über sie, nicht von ihnen.

Nach der Zeitungsanalyse wurden Interviews mit JournalistInnen geführt. Diese sollten die Frage klären, ob Medienschaffende bewusst oder unbewusst Stereotype verwenden. Hier zeigten sich unterschiedliche Reaktionen in Hessen und Thüringen. Während in Hessen ethnische Gruppen alltäglicher Bestandteil der Tagespresse sind, wurde in Thüringen von den Beteiligten oft auf den geringen Anteil an MigrantInnen im Bundesland verwiesen, der es erschweren würde, sie in die »normale Berichterstattung« mit aufzunehmen. Einige JournalistInnen betrachten MigrantInnen nicht als Teil der in ihren Augen »normalen Berichterstattung«. Weiterhin zeigten die Interviews, dass es an Vereinbarungen über die (Nicht-)Verwendung bestimmter sprachlicher Bezeichnungen fehlt – und auch an der Sensibilität für abwertende Bedeutungen von Begriffen wie »Asylant«. Sie werden zum Teil in der Berichterstattung verwendet, ohne zu hinterfragen, welche Wirkung sie auf die LeserInnen haben. Grundsätzlich wurde aber erwähnt, dass die Nennung der Nationalität oder der ethnischen Herkunft in den Berichten unwichtig sei. Die analysierten Artikel und deren sprachlicher Aufbau bewiesen indes zum Teil das Gegenteil.

Nur in einem Fall regte die Verwendung eines Stereotyps bei den befragten JournalistInnen zum Nachdenken über die eigene Sprache an. Der Begriff »Döner-Morde« wurde von allen Befragten eindeutig als diskriminierend und abwertend erkannt und aus der eigenen Berichterstattung verbannt – allerdings erst nachdem Pressemitteilungen von Agenturen wie dpa oder dapd in den eigenen Blättern abgedruckt wurden. Stereotype sind unabhängig davon Bestandteil der alltäglichen journalistischen Arbeit. Den Medienschaffenden kann nicht generell unterstellt werden, dass sie diese bewusst verwenden, um ethnische Gruppen negativ darzustellen. Ein grundlegendes Problem offenbarten die Interviews aber deutlich: JournalistInnen nehmen zwar Stereotype bewusst wahr und sind sich durchaus der Macht der Sprache bewusst. Sie erkennen aber nicht, wann die eigene Sprache stereotyp geprägt ist, sie sind sich der Tragweite nicht bewusst, welche Bilder sie mit den verwendeten Stereotypen prägen. Die notwendige Sensibilität fehlt zum Teil. So kommt es, dass Angehörige ethnischer Gruppen aufgrund fest zugeordneter Merkmalseigenschaften abgegrenzt werden und so medial wie auch gesellschaftlich Fremde in der Mehrheitsgesellschaft bleiben.

Auf Grundlage der Forschungsergebnisse wurde ein Leitfaden entwickelt, der sowohl die JournalistInnen als auch die LeserInnen und RezipientInnen von Medien zum Nachdenken über die mediale Berichterstattung anregen soll:

Erstens: Stereotype sind Ergebnis des natürlichen Prozesses der Reduktion der Wirklichkeit. Wahrgenommenes muss in Kategorien eingeordnet werden, um es zu verstehen. Es ist allerdings notwendig, sich der eigenen stereotypen Denkmuster bewusst zu werden.

Zweitens: Damit einhergehen Prozesse der Reflexion und des Weiterdenkens: Woher kommen verwendete Stereotype und welche Denk- und Abgrenzungsmechanismen gehen damit einher?

Drittens: Es reicht nicht, über ethnische Gruppen zu schreiben. Man muss mit Angehörigen ethnischer Gruppen ins Gespräch kommen und sie mit einbeziehen und so mit ihnen sprechen und nicht über sie. So lassen sich Vorurteile abbauen und sprachliche Probleme bezüglich Eigen- und Fremdzuschreibung lösen.

Viertens: Während des Schreibens oder des Schaffens medialer Inhalte ist eine ständige Reflexion der eigenen Sprache und der Suche nach sprachlichen Alternativen zu Stereotypen notwendig, um die eigenen Zuschreibungen zu hinterfragen.

Fünftens: Auch die LeserInnen sind in der Verantwortung, sich mit Sprach- und Denkmustern auseinanderzusetzen. Medientexte dürfen nicht nur wahrgenommen werden. Die sprachliche Nutzung und Verfestigung von Stereotypen muss im öffentlichen Diskurs hinterfragt werden. Der Umgang mit Medien muss vor dem Hintergrund alltagsrassistischer Tendenzen innerhalb der Gesellschaft neu diskutiert werden.

Petra Pau

Wie gehabt! Als sei nichts gewesen!

13 Jahre lang zog ein Nazitrio namens »Nationalsozialistischer Untergrund« (NSU) raubend und mordend durch Deutschland, unerkannt und unbehelligt. Die Sicherheitsbehörden haben total versagt, alle. Das ist die offizielle Version, eingestanden von Bundesinnenminister Hans-Peter Friedrich, vom Chef des Bundeskriminalamtes Jörg Ziercke und vom Ex-Präsidenten des »Bundesamtes für Verfassungsschutz« Heinz Fromm. Bundeskanzlerin Angela Merkel entschuldigte sich und versprach Aufklärung. Man muss allerdings viele Fragezeichen wegwischen, um dieser amtlichen Darstellung arglos zu folgen. Zum Beispiel: Waren die Mörder Uwe Böhnhardt, Uwe Mundlos und ihre Kumpanin Beate Zschäpe von 1998 bis 2011 wirklich unentdeckt? Und wenn nicht, warum blieben sie dann unbehelligt?

Es gibt Ungereimtheiten, viele, zu viele. Der Untersuchungsausschuss des Bundestages versucht, das Finstere zu erhellen. Zahlreiche Journalistinnen und Journalisten recherchieren, kompetent und hartnäckig. Bei allen Berichten über das NSU-Trio und über das zweifelhafte Agieren der Behörden darf man allerdings eines nicht ausblenden: Bevor die NSU-Bande im Jahr 2000 in Nürnberg ihr erstes Opfer hinrichtete, waren im vereinten Deutschland bereits 105 Menschen aus rechtsextremen und rassistischen Motiven ermordet worden – erschlagen, ertränkt, erschossen. Warum wurde diese Gefahr dennoch so lange, so gründlich, so tödlich unterschätzt? Es ist etwas faul im Staate, oberfaul.

Am 4. November 2011 flog das Nazitrio in Eisenach auf. Das offizielle Entsetzen war groß. Alle Medien gingen auf Sendung. Wochen später wurde die Bundesfamilienministerin nach ihrer Meinung zu alledem befragt. Sie sei für Prävention zuständig, nicht für Mord, antwortete sie lapidar. Kristina Schröder obliegt die Hoheit über die Bundesmittel im Kampf gegen Rechtsextremismus und Rassismus, für Demokratie und Toleranz. Sie ist eine doppelte Fehlbesetzung, von Amts wegen und persönlich. Als Vorbeuge-Ministerin müsste sie ohnehin nach viel weitergehenden Antworten suchen. Warum gibt es angesichts einer rassistischen Mordserie keinen gesellschaftlichen Aufschrei? Und was macht Menschen erneut für Nazi-Parolen empfänglich?

2011 wurde in Sachsen-Anhalt ein neuer Landtag gewählt. Die NPD scheiterte an der Fünf-Prozent-Hürde. Das feierten die anderen Parteien, von CDU bis LINKE, als Sieg der Demokratie. Mir fiel das wieder ein, als Professor Richard Stöss (Freie Universität Berlin) im Bundestags-Untersuchungsausschuss die These wagte, die NPD sei auf dem Weg in die Bedeutungslosigkeit. Es mangele ihr an Mitgliedern, Geld und Erfolg. Also Entwarnung? Man schaue sich die Ergebnisse von Sachsen-Anhalt genauer an. Die NPD erreichte zweistellige Wahlergebnisse – bis zu 19% – bei Arbeitslosen und prekär Beschäftigten, bei Männern bis 30 Jahre, auf dem Lande, bei Probevoten unter Schülerinnen und Schülern. In anderen Regionen – in Ost und West – finden Rechtsextreme eine ähnliche Zustimmung.

Es war ein Zufall und zugleich ein Fingerzeig. Nachdem das NSU-Desaster offenbar wurde, stellten Professor Wilhelm Heitmeyer (Universität Bielefeld) und sein Team Ergebnisse ihrer Langzeitstudie über »Deutsche Zustände« vor. Fazit: Die »Gruppenbezogene Menschenfeindlichkeit« nimmt zu, ebenso die Akzeptanz von Gewalt – inmitten der Gesellschaft. Mögliche Ursachen fassen sie ebenso prägnant zusammen: Das Soziale wird ökonomisiert, die Demokratie wird entleert. Eine Generalabrechnung mit einer Politik, die als neoliberal bezeichnet und von immer mehr Bürgerinnen und Bürgern als ungerecht und entmündigend empfunden wird. Das Neoliberale dominiert politisch und medial dennoch.

In seinem Buch »Die empathische Zivilisation. Wege zu einem globalen Bewusstsein« zitiert Jeremy Rifkin US-Wissenschaftler. Deren Umfragen liefen über 30 Jahre und waren weltweit angelegt. Sie kommen zu ähnlichen Ergebnissen. »Ist die Existenz nicht gesichert, wird kulturelle Vielfalt als bedrohlich empfunden. (...) Im umgekehrten Fall, also bei gesicherter Existenz, werden ethnische und kulturelle Vielfalt positiv bewertet, weil sie interessant und anregend sind.« Natürlich liefern auch soziale Ängste keinerlei Rechtfertigung für rassistische Morde. Aber sie erklären vielleicht, warum so viele darauf so scheinbar gleichgültig reagieren und warum rechtsextremes und rechtspopulistisches Gedankengut durchaus Widerhall findet.

Ein Wissenschaftler-Team im Auftrag der »Friedrich-Ebert-Stiftung« bestätigte kürzlich: Die Mitte ist im Umbruch, instabil und schwindend. Ein Grund dafür seien beschleunigte globale Entwicklungen. Sie werden für viele immer unüberschaubarer und deshalb als diffuse Bedrohung empfunden. Genau das gibt Nazis eine Chance, warnen sie. Ihre Empfehlung heißt: »Mehr Politik wagen!« Dazu gehört ein auskömmlicher gesetzlicher Mindestlohn ebenso wie die Umverteilung von Wohlstand und eine Neubewertung von Arbeit. Sie regen Neues an, so auch ein bedingungsloses Grundeinkommen. Schließlich mahnen sie: »Mehr Europa, aber anders, nämlich sozial und demokratisch.«

Alle diese Gedanken für eine tiefer gehende gesellschaftliche Prävention gegen Rechtsextremismus und Rassismus finden in der Politik und in den Medien kaum Widerhall. Schon das Wort »Rassismus« gilt vielfach als unaussprechlich. Stattdessen sorgen verschwundene Akten und verstockte Beamte für Schlagzeilen. Natürlich müssen die parlamentarischen Untersuchungsausschüsse auch dieser Schwarmdemenz nachgehen. Aber zuweilen beschleicht mich ein schlimmes Gefühl: Das NSU-Desaster war für manche offenbar nur ein TV-Thriller. Zum Schluss waren die Bösen tot, die Guten haben obsiegt und alles geht »seinen geregelten Gang«. Wie gehabt. Als sei nichts gewesen.

Gregor Gysi

Schock, Trauer und Empörung

Die Entdeckung der terroristischen Neonazi-Gruppe »Nationalsozialistischer Untergrund« (NSU) war ein Schock. Sie löste bei den meisten Menschen, so auch bei mir, gleichermaßen Trauer wie auch Empörung aus.

Dass rechtsextreme Ideologie, Nazi-Ideologie insbesondere, auf Vernichtung zielt, wussten wir auch vorher. Rechter Terror ist dem Rechtsextremismus inhärent. Dass er aber bereits diesen Grad an Organisierung erklimmen konnte, ohne dass es bemerkt wurde, konnte man nur befürchten. Jetzt wissen wir es. Nicht durch Aufklärung der Ermittlungsbehörden, sondern durch den Tod von zwei Tätern aus der NSU-Terrorgruppe wurde bekannt, dass es bei uns seit über einem Jahrzehnt organisierten Rechtsterrorismus gibt. Das verdeutlicht auch, dass Einrichtungen wie der Verfassungsschutz nicht in der Lage waren, die tatsächliche Radikalisierungsbereitschaft der Neonazi-Szene richtig einzuschätzen. Oder aber die Verfassungsschutzämter hatten durchaus ein klares Lagebild. Dann aber wäre alles noch viel schlimmer. Natürlich gehört es zu den »kulturellen« Selbstverständlichkeiten der Linken, wenn man den Dunkelmännern, die angeblich die Verfassung schützen sollen, ein gehöriges Misstrauen entgegenbringt. Aber auch jetzt noch bestätigt sich der Eindruck, dass die Einsicht in den politischen Aufklärungsbedarf bei den Geheimdienstlern nicht stattgefunden hat. Sie arbeiten nicht konstruktiv mit, wahrscheinlich können sie es nicht.

Aber noch etwas anderes war schockierend. Obwohl immer dieselbe Tatwaffe verwendet wurde, obwohl die Opfer nichts miteinander zu tun hatten, wurde die Möglichkeit, dass Rechtsextreme als Täter in Frage kommen könnten, nie systematisch verfolgt. Die Möglichkeit wurde seitens der Polizei zwar erwogen, aber sie verschwand wieder. Warum eigentlich? Stattdessen erfuhren die Angehörigen der Opfer Misstrauen, sahen sich Verdächtigungen und Beschuldigungen ausgesetzt, und mussten erleben, wie die Opfer auch nach ihrem Tod noch entwürdigt wurden. Auch wenn ich das nicht gern sage und viele das bestimmt nicht gern hören: Damit wurden auch Teile der Gesellschaft zum Täter. In der Linken spricht man – etwas verwirrend vielleicht – von einem latenten Rassismus in deutschen Behörden. Jetzt griff die Einsicht auch auf die so genannte politische Mitte über, dass Worte wie »Döner-Morde« etwas Abscheulich-Rassistisches ausdrücken.

Es gibt für mich keinen Grund, an der Aufrichtigkeit der Bundeskanzlerin oder des damaligen wie auch des jetzigen Bundespräsidenten zu zweifeln, wenn sie sich schnelle und umfassende Aufklärung wünschten und wünschen. Aber ich vermisse – und das geht an die Adresse der Bundesregierung und der Landesregierungen – die notwendige Entschiedenheit, politische Konsequenzen sowohl aus dem Versagen der Sicherheitsapparate als auch aus der mangelhaften Aufklärung dieses Versagens zu ziehen. Vieles ist noch nicht geklärt, aber doch schon so viel, um sich wenigstens in Umrissen ein Bild zu machen.

Besonders skandalumwittert ist der Thüringer Landesverfassungsschutz. Das beginnt schon damit, dass sein einstiger Chef, Helmut Roewer, ein klares politisches Feindbild hat, und das ist die Linke. In einem Film, der angeblich politischer Aufklärung dienen sollte, wurde die rechtsradikale Szene verharmlost und suggeriert, dass die wirkliche Gefahr für die Demokratie weit links stünde. Roewer selbst ist nunmehr als Autor tätig und publiziert Schriften in einem rechten Verlag. Gleichzeitig sorgte er dafür, dass V-Leute aus der rechten Szene angeworben und für ihre Informantendienste gut bezahlt wurden. Die Angaben von Tino Brandt, insgesamt 200.000 D-Mark erhalten zu haben, sind inzwischen im Bericht der »Schäfer-Kommission« bestätigt worden. Man mag die Rechtfertigung, die der Verfassungsschutz vorträgt, dadurch seien Straftaten verhindert worden, glauben oder nicht – inakzeptabel ist es, wenn der Staat zum Finanzier rechtsradikaler Strukturen wird. Die Nazitruppe »Thüringer Heimatschutz« war mit sehr vielen V-Leuten gespickt, da muss schon etwas zusammengekommen sein, was in die Szene abfloss, selbst wenn nicht jeder so viel Geld erhalten haben mag wie Tino Brandt.

Schwerwiegend ist auch die Erkenntnis, dass der Thüringer Verfassungsschutz nicht in der Lage war, aus den ihm vorliegenden Informationen ein Lagebild zu erarbeiten. Der Schäfer-Bericht, dessen Tonlage manchen als zu milde und nachsichtig erscheinen wird, zeigt deutlich, dass eine Gesamtschau der Daten frühzeitig hätte klarmachen können, dass beim »Chemnitzer Trio« etwas vor sich ging. Um 1999 hätte auffallen können, dass das Trio vom Akquirieren irgendwelcher Spenden zur Geldbeschaffung durch Banküberfälle übergegangen war. Spätestens an dieser Stelle hätte die Polizei unterrichtet werden müssen.

Wenn man den Blick von Thüringen aus in das angrenzende Hessen wirft, dann wird deutlich, dass Rechtslastigkeit in Verfassungsschutzämtern jedenfalls keine Thüringer Eigenart ist. Dort arbeitete jener Verfassungsschützer, der aufgrund seiner weltanschaulichen Neigungen »Klein Adolf« genannt wurde. Er war außerdem während eines der Morde des Neonazi-Trios ungefähr zur Tatzeit am Tatort zugegen. Dass das Zufall war, dürfte niemand glauben. Und was ist eigentlich los, wenn dieser Beamte es nicht einmal für nötig hält, sich als Zeuge zur Verfügung zu stellen? Als sich später herausstellte, dass auch noch zwei Kollegen der vom NSU ermordeten Polizistin Michèle Kiesewetter, einer war ihr Vorgesetzter, Mitglied beim »Ku-Klux-Klan« waren, erhielt die These von einer braunen Staatsaffäre zusätzlich erneute Nahrung. Auch hier wurde lange gegen einen falschen Täterkreis ermittelt. Diesmal waren es die Sinti und Roma, auf die der Verdacht fiel. Ich teile die These von einer braunen Staatsaffäre noch nicht, sie ist nicht zwingend. Aber es ist dringend nötig festzustellen, dass sich die Bundesrepublik Deutschland Beamte in ihren Sicherheitsstrukturen leistet, die das Grundgesetz missachten.

Wie sonst will man erklären, dass man von »Döner-Morden« spricht, ohne auch nur zu merken, wie menschenfeindlich man sich da gerade aufführt? Wie sonst kann man erklären, dass ehemaligen »Ku-Klux-Klan«-Mitgliedern bei der Polizei die Erklärung geglaubt wird, sie hätten nicht gewusst, dass es sich beim Klan um eine rassistische Organisation handelt? Wie war es denn nach der Lübecker Brandnacht vom 18. Januar 1996, als in Lübeck ein von Asylbewerbern bewohntes Haus in Brand gesteckt wurde? Es starben drei Erwachsene und sieben Kinder beziehungsweise Jugendliche. Hier muss ebenso der Polizei wie auch der Staatsanwaltschaft der Vorwurf gemacht werden, obwohl es auch mögliche Tatverdächtige aus der Nazi-Szene gab, sich lieber auf einen der Asylbewerber als Tatverdächtigen festzulegen. Er wurde später freigesprochen. Eine derartige Nachlässigkeit kann Ausdruck von Verdrängung sein. Der Verdrängung eines Problems, das man nicht eingestehen will: dass es einen gewaltbereiten Rechtsextremismus gibt. Jedenfalls muss man eine Ermittlungs-»Kultur« feststellen, die auf einen im Entstehen begriffenen Rechtsterrorismus wie eine Einladung gewirkt haben muss. Die erste Folgerung, die aus dem Ermittlungsversagen beim NSU zu ziehen wäre, ist daher nicht die eine oder andere Korrektur bei den Behörden, nicht die eine oder andere Zentraldatei mehr oder weniger, sondern die Veränderung des »subjektiven Faktors«. Die Bundesrepublik kann sich nicht länger diese Laxheit gegenüber Rechtsextremismus leisten.

Während der Adenauer-Ära musste man sich über die Rechtslastigkeit von Sicherheitsapparaten nicht wundern, schließlich wurden sie mit Leuten aufgebaut, die aus dem Apparat des Naziregimes stammten. Während des »Kalten Krieges« musste man sich über den Antikommunismus des westdeutschen Staates ebenso wenig wundern, schließlich gab es den verfeindeten »Ostblock« mit seinen Menschenrechtsverletzungen. Aber jetzt ist Zeit, damit Schluss zu machen, und zwar sehr ernsthaft. Sonst wird es mit derartigen Versäumnissen immer weitergehen. Man muss endlich Schluss mit der Praxis machen, Antifaschisten zu kriminalisieren, man muss Schluss mit der Praxis machen, Abgeordnete und Strukturen linker Parteien und Organisationen unter den Verdacht der Verfassungsfeindlichkeit zu stellen, sie zu überwachen, nur weil man den Sozialismus nicht mag.

Bisher habe ich die Verharmlosungstendenz mehr oder weniger fallbezogen ins Spiel gebracht.

Die Bundestagsfraktion DIE LINKE hat in einer Großen Anfrage[1] wissen wollen, wie viele Todesopfer rechtsextremer Gewalt es seit 1990 gegeben hat. In ihrer Antwort gibt die Bundesregierung die Zahl von 48 Opfern an. Der »Tagesspiegel« und »DIE ZEIT« gehen von 138 diesbezüglich getöteten Personen aus. Nach Recherchen von Anetta Kahane, Vorsitzende der »Amadeu-Antonio-Stiftung«, wurden sogar 182 Menschen Opfer rechtsextremer Gewalt.

---

[1] Fraktion DIE LINKE im deutschen Bundestag (2011): Drucksache 17/7161. Abrufbar unter: http://dip21.bundestag.de/dip21/btd/17/071/1707161.pdf (25.2.2013)

Zwei Beispiele: Am 14. Juni 2000 wurden die Polizisten Thomas Goretzky, Matthias Larisch-von-Woitowitz und die Polizistin Ivonne Hachtkemper mit gezielten Kopfschüssen bei einer Fahrzeugkontrolle ermordet. Bei dem Täter handelte sich um den auch den Behörden bekannten Neonazi Michael Berger. Die Behörden fanden in seiner Wohnung weitere Waffen und Munition. Warum taucht dieser Mann nicht in der Statistik der rechtsextremen Gewalttäter auf?

Am 7. Oktober 2003 ermordete der Neonazi Thomas A. einen Anwalt, dessen Ehefrau und dessen Tochter. Die Richter bescheinigten dem Mann seine Nazigesinnung. Aber auch dieser Fall wird weder von der Bundesregierung noch der Landesregierung in Nordrhein-Westfalen dem Rechtsextremismus und Rechtsterrorismus zugeordnet.

In einer Rede im Bundestag habe ich nur gefordert, dass die Bundesregierung korrekter erfasst. Ich denke aber, dass dazu mehr nötig ist, als eine Nachbereinigung einer fehlerhaften Statistik. Und das hängt mit dem Thema Verdrängung zusammen. Die politisch Verantwortlichen müssen ebenso wie Ermittlungsorgane und Justiz das Problem in seiner ganzen Dimension sehen.

Die V-Leute-Praxis wird überschätzt. Entweder die gekauften Informationen taugten etwas, dann waren die Verfassungsschützer nicht fähig, damit etwas anzufangen, oder sie taugten nichts, dann hat der Staat entschieden zu viel Geld in die Neonazi-Szene gepumpt. Mit anderen Worten: Es kommt nichts Vernünftiges dabei heraus.

Allerdings stehen die V-Leute einem NPD-Verbot im Wege. Dass das Bundesverfassungsgericht beim ersten NPD-Verbotsverfahren die Hürden für ein Verbot so hoch gehängt hat, hat nichts mit Schonungsbereitschaft gegenüber Neonazis zu tun. Das liegt daran, dass ein Parteienverbot das vielleicht schärfste Schwert ist, das ein Rechtsstaat sich erlauben kann. Daher dürfen keine »kontaminierten« Quellen in einem Verbotsantrag vorkommen. Mit anderen Worten, der Verdacht, der Staat könnte durch bezahlte V-Leute die Situation erst geschaffen haben, die dann einen Beweisgrund in einem Verbotsverfahren sein soll, darf nicht aufkommen. Nur haben die Innenminister nie daran gedacht, die V-Leute »abzuschalten«. Sie haben auf Beobachtung durch V-Leute gesetzt, also darauf, wenigstens gut informiert zu sein. Aber die Zweifel an der Tauglichkeit des V-Leutesystems sind deutlich gestiegen.

Ich glaube jedenfalls, dass der Verfassungsschutz nicht reformfähig ist. Er muss abgeschafft werden. Aufgeklärt haben bisher viele zivilgesellschaftliche Initiativen, aber durch die Untersuchungsausschüsse auch Parlamentarierinnen und Parlamentarier. Wer über das Who-is-Who der Neonazi-Szene Bescheid wissen möchte, erfährt bei derartigen Initiativen mehr, als die VS-Ämter samt ihrer V-Leute preisgeben. Und die Untersuchungsausschüsse haben die Verfassungsschützer vor allem als Aufklärungsverhinderer kennengelernt.

Christian Schaft / Paul Wellsow

Literatur & Dokumente

Diese kommentierte Liste von Literatur und öffentlichen Dokumenten zum »Nationalsozialistischen Untergrund« (NSU), rechter Gewalt und Geheimdiensten ist bei Weitem nicht vollständig. Seit November 2011 ist eine lebhafte Publizistik zu dem Thema entstanden. Unter der Vielzahl von Publikationen wird hier eine Auswahl getroffen, die einen Einstieg ermöglicht. Außer den aufgeführten Titeln gibt es weitere empfehlenswerte Bücher und Broschüren. Die unüberschaubare Zahl an Zeitungsartikeln und Aufsätzen in Zeitschriften, Beiträge für TV, Radio und Internet wurde hier nicht berücksichtigt. Die Publikationen aus dem Bereich des »Verfassungsschutzes« und von den akademischen Hofschranzen der Geheimdienste werden ebenfalls außen vor gelassen, da sie selten Substanzielles zu bieten haben, auf zum Teil nicht überprüfbaren Tatsachenbehauptungen basieren und in der Regel die Verharmlosung der extremen Rechten betreiben. Eine ausführlichere Liste weiterführender Literatur zum Thema Neonazis, Rassismus und Geheimdienste – mit einem Schwerpunkt auf Texten zur Situation in den 1990er Jahren – findet sich in dem Buch »Made in Thüringen? Nazi-Terror und Verfassungsschutz-Skandal« (Hrsg. Bodo Ramelow, VSA: Verlag 2012) sowie unter www.die-linke-thl.de/nc/themen/themen_a_z/i_o/nazi_terror/.

Baumgärtner, Maik/Böttcher, Marcus (2012): Das Zwickauer Terror-Trio: Ereignisse, Szene, Hintergründe. Berlin: Das Neue Berlin.
Chronologisch gehen die Journalisten Maik Baumgärtner (u.a. »Der Spiegel«) und Marcus Böttcher (»Berliner Kurier«) das Entstehen des NSU und dessen Morde und Anschläge an. Fachkundig schreiben sie über rechten Terror in der Vergangenheit neben dem NSU, die internationalen Netzwerke der Neonazi-Szene von »Blood & Honour« bis »Combat 18« oder die Diskussionen der militanten Nazi-Szene über den Gang in den Untergrund. Das Buch orientiert sich eng am zeitlichen Verlauf des Geschehens und an den Ermittlungen gegen den NSU. Der Politikwissenschaftler und Beobachter der NSU-Untersuchungsausschüsse Hajo Funke hat das Vorwort geschrieben.

Bürgerrechte & Polizei/Cilip (2012): Staatlicher Kampf gegen Rechts? Jg. 2012, Nr. 1/2.
Die verdienstvolle Zeitschrift »Bürgerrechte & Polizei/Cilip« widmet sich mit zehn Aufsätzen dem Thema »Staatlicher Kampf gegen Rechts?«: Gerd Wiegel schreibt über den NSU-Untersuchungsausschuss im Bundestag, die Thüringer Abgeordnete der Fraktion DIE LINKE Martina Renner erklärt die Arbeit des Thüringer Untersuchungsausschusses, Heiner Busch kritisiert die Konsequenzen der Innenministerkonferenz aus dem NSU für die deutsche Sicherheitsarchitektur, die wissenschaftliche Mitarbeiterin der Linksfraktion im Bundestag Heike Kleffner befasst sich mit den Konsequenzen für Polizei und Justiz aus dem NSU-Debakel, der Journalist Andreas Förster nimmt die V-Leute-Praxis des »Verfassungsschutzes« unter die Lupe und Ulli Jentsch vom »Antifachistischen Pressearchiv und Bildungszentrum Berlin« schreibt über unabhängige antifaschistische Recherche. Im Anhang des Heftes versteckt sich der wohl spannendste Beitrag: In aller Kürze wird untersucht, wie das Thema NSU in Zeitschriften der Polizei aufgegriffen wurde. Fazit: De facto gar nicht.

Burschel, Fritz/Güttinger, Kira (2012) (Hrsg.): Vergessener Terror von rechts. Verharmlosung und Leugnung von (Neo-)Nazi-Umtrieben in Deutschland (www.rosalux.de/publication/38892/vergessener-terror-von-rechts.html).
Die Broschüre sammelt Beiträge des wissenschaftlichen »Gesprächskreises Rechts 2012« der »Rosa-Luxemburg-Stiftung«. Marcel Eilenstein legt einen Abriss des Rechtsterrorismus in Deutschland bis 1990 vor und David Begrich beleuchtet die Ursprünge der Neonazi-Szene in der DDR. Über die Verharmlosung des militanten Neofaschismus schreibt der Journalist Robert Andreasch. Über Erläuterungen zur Vorgeschichte rechten Terrors und Gewalt soll eine historische Kontextualisierung ermöglicht werden, um dann über die Auswirkungen auf die Gegenwart zu diskutieren. Rechtsanwalt Alexander Hoffmann kritisiert die schleichende Aushöhlung von Freiheitsrechten und Felix Krebs legt einen Befund der katastrophalen Arbeit der Inlandsgeheimdienste am Beispiel Hamburgs vor.

Fraktion DIE LINKE im Sächsischen Landtag (2013): Vorzeigeamt oder Skandalbehörde? Zur Kontroverse über Reformbedarf und Reformierbarkeit des Landesamtes für Verfassungsschutz Sachsen (www.linksfraktionsachsen.de/images/content/publikationen/Broschueren/Brosch_Verfassungsschutz.pdf).
DIE LINKE im Sächsischen Landtag hat die Gutachten verschiedener staatlicher ExpertInnenkommissionen zum NSU und dem »Verfassungsschutz« aus Sachsen und Thüringen untersucht, in ihren wesentlichen Aussagen zusammengefasst und die Ergebnisse kritisch resümiert. Die Fraktion kommt zu dem Schluss, dass sich ein Geheimdienst als Instrument eines Überwachungsstaates mit den Maßstäben einer demokratischen Gesellschaft beißt: »Das Fehlen einer externen Kontrolle und die Tatsache, dass eine Änderung daran und am V-Mann-Unwesen offenbar gar nicht intendiert ist, hat eine fortbestehende, weitgehende Unkontrollierbarkeit des »Verfassungsschutzes« zur Folge. Das ist derart gefährlich und so wenig mit einer offenen, demokratischen Gesellschaft zu vereinbaren, dass die Abschaffung des Landesamtes für Verfassungsschutz als Geheimdienst eine realistische und notwendige Option ist.«

Fuchs, Christian/Goetz, John (2012): Die Zelle. Rechter Terror in Deutschland. Hamburg: Rowohlt Verlag.
Christian Fuchs und John Goetz haben eines der Standardwerke zum NSU vorgelegt. Reportagenhaft stellen sie die Entstehung der Neonazi-Szene rund um den »Thüringer Heimatschutz«, die politische Entwicklung der späteren NSU-Mitglieder, ihr Abtauchen und ihre rassistische Mord- und Anschlagserie dar – leicht lesbar und faktenreich. Parallel zur Geschichte des NSU streuen die Autoren Passagen ein, die den damaligen gesellschaftlichen Kontext beleuchten. So beschreiben sie zum Beispiel die rassistischen Attacken und Pogrome zu Beginn der 1990er Jahre, benennen den nationalistischen Taumel nach der Vereinigung oder revanchistische Forderungen aus den Reihen der »Vertriebenen« und verweisen explizit auf die de facto-Abschaffung des Grundrechts auf Asyl 1993.

Gensing, Patrick (2012): Terror von rechts: Die Nazi-Morde und das Versagen der Politik. Berlin: Rotbuch.
Patrick Gensing weist in seinem Buch vor allem auf den Rassismus in der Gesellschaft hin, der das Entstehen der Neonazi-Szene, der NSU-Terrorgruppe, das unerkannte Agieren und die falsche Fahndung nach den Mördern der so genannten »Döner-Morde« ermöglicht haben. Sein Blick liegt nicht allein auf dem NSU, sondern beleuchtet auch die heutige Neonazi-Szene – speziell die NPD – und die Gesellschaft. Er macht klar: Rassismus, rechte Gewalt und Terror sind nicht neu.

Gössner, Rolf (2012): Geheime Informanten. V-Leute des Verfassungsschutzes: Neonazis im Dienst des Staates. München: neobooks/Droemer-Knaur (eBook).
Das Standardwerk zum Thema V-Leute! Der Rechtsanwalt Rolf Gössner hat seine 2003 erschienene Studie 2012 aktualisiert. Eindrucksvoll legt er unter anderem am Beispiel des an V-Personen gescheiterten NPD-Verbotsverfahrens die jahrzehntelangen Verstrickungen des »Verfassungsschutzes« in die Neonazi-Szene dar. Was heute in Untersuchungsausschüssen erneut belegt wird, zeigte Gössner bereits damals: Über V-Leute sind die Dienste auch an kriminellen Handlungen beteiligt.

Langebach, Martin/Speit, Andreas (2013): Europas radikale Rechte: Bewegungen und Parteien auf Straßen und in Parlamenten. Zürich: Orell Füssli.
Das Thema NSU zieht sich als roter Faden durch das Kapitel zur extremen Rechten in Deutschland in dem Buch »Europas radikale Rechte«. Die Autoren skizzieren kenntnisreich die Entstehung des NSU aus der Neonazi-Szene der 1990er Jahre – aus den Diskussionen über bewaffneten Kampf, »Kameradschaften« oder »Blood & Honour«. Das Buch macht klar, dass »Blood & Honour« trotz Verbot in Deutschland im übrigen Europa bis heute aktiv und wichtig für die internationale Vernetzung der Szene ist. Die Autoren zeigen, wie die heutige NPD aus dem damaligen militanten Neonazi-Spektrum entstehen und zu ihrer heutigen Bedeutung gelangen konnte. Auch wenn das Buch nicht zentral dem NSU, sondern der radikalen Rechten in Europa gewidmet ist, ist es für das Verständnis der heutigen Szene wichtig.

Leggewie, Claus/Meier, Horst (2012): Nach dem Verfassungsschutz. Plädoyer für eine neue Sicherheitsarchitektur der Berliner Republik. Berlin: Archiv der Jugendkulturen.
Nach dem Auffliegen des NSU haben Claus Leggewie und Horst Meier eine Streitschrift für die Abschaffung des »Verfassungsschutzes« vorgelegt. Die »Bestürzung und Verstörung« über die Taten sei groß, weil den Mördern »niemand in den Arm fiel: kein Polizist, nirgends – und weit und breit kein Verfassungsschützer, der Alarm schlug«. Das »Frühwarnsystem« des Geheimdienstes habe versagt. Doch das Problem seien nicht Skandale und Versagen. Der »alltägliche Skandal des Verfassungsschutzes« sei die »tadellose Erfüllung seiner gesetzlichen Aufgaben«. Die Eingriffsmöglichkeiten des Staates in die Grundrechte der Menschen, ohne dass Straftaten vorliegen oder geplant würden, seien das Problem. Der Einsatz von V-Leuten, die Wahrnehmung von rechten Bedrohungen, die Gründung des Dienstes im post-nazistischen Deutschland und seine Skandalgeschichte, der Kampf gegen Linke und das gescheiterte NPD-Verbotsverfahren sind die Themen. Ein anregende Lektüre aus bürgerlich-liberaler Perspektive zur Abschaffung des Inlandsgeheimdienstes.

Meiborg, Gerhard/Schäfer, Gerhard/Volkhard, Wache (2012): Gutachten zum Verhalten der Thüringer Behörden bei der Verfolgung des »Zwickauer Terrortrios« (www.thueringen.de/imperia/md/content/tim/veranstaltungen/120515_schaefer_gutachten.pdf).
Im Mai 2012 legte die vom Thüringer Innenminister eingesetzte »Schäfer-Kommission« ihr Gutachten zum NSU und dem Agieren der Thüringer Behörden vor. Darin werden zahlreiche Fehler und Pannen bei den Sicherheits- und Justizbehörden aufgelistet. Insbesondere dem »Verfassungsschutz« attestieren die Autoren in ihrer materialreichen und detaillierten Studie schwerwiegende Verfehlungen während der Ermittlungen im Umfeld des NSU seit Anfang der 1990er Jahre.

Rosa-Luxemburg-Stiftung Bayern (2012) (Hrsg.): Der Verfassungsschutz, das bayerische Innenministerium und der Extremismus der Mitte, Studienreihe Zivilgesellschaftliche Bewegungen/Institutionalisierte Politik, Jg. 2012, Nr. 22 (www.bayern.rosalux.de/fileadmin/ls_bayern/dokumente/20121212SR_22_Verfassungsschutz_NSU_Bayern.pdf).

War der »Verfassungsschutz« in die NSU-Mordserie verstrickt? Und ist der Geheimdienst noch zeitgemäß oder müsste er reformiert oder gar abgeschafft werden? Diese Fragen stehen im Mittelpunkt des Heftes »Der Verfassungsschutz, das bayerische Innenministerium und der Extremismus der Mitte« von der Bayerischen »Rosa-Luxemburg-Stiftung«. Die AutorInnen betrachten auch, wie in Bayern der »Extremismus der Mitte« seinen Teil zur desaströsen Arbeit des Bayerischen Innenministeriums und des Inlandsgeheimdienstes beitrug.

Röpke, Andrea/Speit, Andreas (2013): Blut und Ehre. Geschichte und Gegenwart rechter Gewalt in Deutschland. Berlin: Ch. Links Verlag.
Die Mordserie des NSU, die Bombenanschläge und Banküberfälle schienen wie eine neue Dimension rechter Gewalt. Doch seit 1945 haben Neonazis immer wieder Terrorgruppen aufgebaut, gemordet, rassistische Anschläge und Überfälle begangen. Die Journalisten Andrea Röpke und Andreas Speit recherchieren seit vielen Jahren kompetent und kontinuierlich in der extremen Rechten. In ihrem neuen Buch legen sie einen umfassenden Überblick über den NSU, die von Behörden seit Jahrzehnten unterschätzte Gefahr von rechts und die Geschichte des rechten Terrors in der Bundesrepublik vor.

Thüringer Landtag (2013): Zwischenbericht des Untersuchungsausschusses 5/1, Drucksache 5/5810, 7.3.2013 (www.die-linke-thl.de/fileadmin/lv/galerie/2013/startseite/NSU_Zwischenbericht.pdf).
Der NSU-Untersuchungsausschuss des Thüringer Landtages zog am 11. März 2013 eine erste Bilanz und stellte seinen Zwischenbericht vor. Das 554 Seiten umfassende Dokument mit dem vorläufigen Resümee aus 31 Sitzungen des Ausschusses, der 55 ZeugInnen vernommen hat und dem bis dato etwa 5.000 Akten übergeben wurden, befasst sich mit der Zeit bis zum Untertauchen des NSU 1998. Detailliert werden die bisherige Arbeit des Ausschusses und die wichtigsten Ergebnisse der Befragungen von ZeugInnen dokumentiert. Am Schluss des Papiers ist das Sondervotum der Fraktion DIE LINKE angehängt, in dem unter anderem Rassismus, das Agieren des Geheimdienstes und die fatale Rolle der »Extremismus-Theorie« beim Verharmlosen der Gefahr von Rechts kritisiert werden.

Weitere Informationen zum NSU im Internet

DIE LINKE im Thüringer Landtag
Ausführliche Chronik, Text- und Dokumentensammlung zum NSU, rechtem Terror, Neonazi-Netzwerken, der Verstrickung der Behörden und der Aufklärung in Thüringen: www.die-linke-thl.de/nc/themen/themen_a_z/i_o/nazi_terror/

Haskala
Website der Thüringer Landtagsabgeordneten Katharina König (DIE LINKE) und Mitglied des NSU-Untersuchungsausschusses u.a. mit ausführlichen Berichten aus den Sitzungen des Thüringer NSU-Untersuchungsausschusses: http://haskala.de/tag/nsu/

Kombinat Fortschritt
Antifaschistische Website aus Mecklenburg-Vorpommern mit zahlreichen Texten zum Umgang mit dem NSU im Bundesland: http://kombinat-fortschritt.com/tag/nsu/

Neonazistische Terrornetzwerke in Sachsen
Gemeinsamer Blog der Mitglieder des Sächsischen NSU-Untersuchungsausschusses der Fraktionen DIE LINKE, SPD und Bündnis90/Die Grünen: http://uansusn.wordpress.com

NSU-Untersuchungsausschuss im Bundestag
Informationen aus dem NSU-Untersuchungsausschuss des Bundestages von der Bundestagsfraktion DIE LINKE: www.linksfraktion.de/themen/rechtsterrorismus-nsu-zwickauer-zelle/

NSU-Affäre in Berlin
Themenseite der Fraktion DIE LINKE im Berliner Senat: www.linksfraktion-berlin.de/politik/themen/nsu_affaere_in_berlin/

NSU Watchblog
Bundesweite Informationen zum »Nationalsozialistischen Untergrund« von verschiedenen antifaschistischen Initiativen und Projekten und unabhängige Beobachtung des NSU-Prozesses: http://nsu-watch.apabiz.de

Rechtsterrorismus in Bayern
Blog zum NSU-Untersuchungsausschuss im Bayerischen Landtag der Fraktion Bündnis 90/Die Grünen: http://nsuua.wordpress.com

Website von Professor Hajo Funke
Sammlung des Politikwissenschaftlers Hajo Funke von der »Freien Universität Berlin« mit Dokumenten, Pressemitteilungen, usw. zum Thema NSU: http://hajofunke.wordpress.com/rechtsextremismus/nsu-bereich/

Zeitschriften und Dokumentationszentren

Antifaschistisches Infoblatt
Gneisenaustraße 2a, 10961 Berlin
http://aib.nadir.org

Antifa – Magazin der VVN-BdA für antifaschistische Politik und Kultur
Franz-Mehring-Platz 1, 10243 Berlin
http://antifa.vvn-bda.de

Antifaschistische Nachrichten
c/o GNN-Verlag
Venloer Straße 440, 50825 Köln
www.antifaschistische-nachrichten.de

Blick nach Rechts
www.bnr.de

Bürgerrechte & Polizei/CILIP
Institut für Bürgerrechte & öffentliche Sicherheit e.V.
c/o FU Berlin
Malteserstr. 74-100, 12249 Berlin
www.cilip.de

der rechte rand
Postfach 30 41 80, 20324 Hamburg
www.der-rechte-rand.de

Gamma – antifaschistischer Newsflyer für Leipzig und Umgebung
http://gamma.noblogs.org

LOTTA – antifaschistische Zeitung aus NRW, Rheinland-Pfalz und Hessen
Am Förderturm 27, 46049 Oberhausen
www.lotta-magazin.de

Rundbrief der AG Rechtsextremismus/Antifaschismus DIE LINKE
Kleine Alexanderstraße 28, 10178 Berlin
www.die-linke.de

ZAG – antirassistische zeitschrift
c/o Netzwerk Selbsthilfe, Mehringhof
Gneisenaustr. 2a, 10961 Berlin
www.zag-berlin.de

Archive, Bildung & Forschung

Antifaschistische Informations-, Dokumentations- und Archivstelle München e.V.
Postfach 400 123, 80 701 München
www.aida-archiv.de

Antifaschistisches Pressearchiv und Bildungszentrum Berlin e.V.
Lausitzerstr. 10, 10999 Berlin
www.apabiz.de

argumente e.V.
Lausitzerstraße 10, 10999 Berlin
www.argumente-netzwerk.de

Duisburger Institut für Sprach- und Sozialforschung
Siegstr. 15, 47051 Duisburg
www.diss-duisburg.de

Forschungsnetzwerk Frauen und Rechtsextremismus
www.frauen-und-rechtsextremismus.de

Forschungsschwerpunkt »Rechtsextremismus und Neonazismus«
Fachhochschule Düsseldorf
Universitätsstr. 1, 40225 Düsseldorf
www.arbeitsstelle-neonazismus.de

Forum für kritische Rechtsextremismusforschung, Engagierte Wissenschaft e.V.
www.engagiertewissenschaft.de/de/fkr

Rosa-Luxemburg-Stiftung
Franz-Mehring-Platz , 110243 Berlin
www.rosalux.de/parteien-demokratie/specials/neonazismus.html

Eine Chronik[1]

1995

Uwe Böhnhardt, Uwe Mundlos und Beate Zschäpe werden erstmals im »Nachrichtendienstlichen Informationssystem« (NADIS) der Verfassungsschutzbehörden gespeichert.

Anfang 1995 versuchte der »Militärische Abschirmdienst« (MAD), Uwe Mundlos als Mitarbeiter und Informant zu gewinnen. Mundlos lehnte das ab.

1997

24. November: Das »Landesamt für Verfassungsschutz« (LfV) Thüringen observiert Böhnhardt und Mundlos bis zum 1. Dezember, wie sie mögliche Bombenbauteile kaufen und in eine Garage bringen.

1998

26. Januar: Die Polizei durchsucht Wohnungen und eine von Zschäpe gemietete Garage; sie entdeckt die Bombenwerkstatt und vier funktionsfähige Rohrbomben mit 1,4kg TNT. Böhnhardt fährt ungehindert davon – das Trio taucht bei einem Bekannten in Chemnitz unter.

Februar: Mandy S. bringt die Flüchtigen bis Spätsommer bei den Brüdern F. und danach bei ihrem Freund Max B. in Chemnitz unter; Zschäpe nutzte auch den Namen Mandy Struck als Tarnname. Im Zwickauer NSU-Versteck werden später Bahncards einer der Brüder gefunden.

Juni: Das »Bundesamt für Verfassungsschutz« (BfV) informiert das Landesamt in Thüringen über ein konspiratives Versteck für die Untergetauchten in Dresden; das Thüringer »Landeskriminalamt« (LKA) bleibt untätig.

September: Die Drei ziehen unter falschem Namen bis April 1999 in eine eigene Chemnitzer Wohnung.

1999

6. Oktober: In Chemnitz erbeuten Böhnhardt und Mundlos in einer Bank mehrere 1.000 DM; es ist der erste von mindestens 13 weiteren Überfällen bis 2011 in Chemnitz, Zwickau, Stralsund, Arnstadt und Eisenach.

2000

Juli 2000-Mai 2001: Umzug des Trios nach Zwickau.

---

[1] Eine ausführliche und ständig aktualisierte Fassung der Chronik mit Quellenangaben finden Sie unter www.die-linke-thl.de/naziterror (erstellt von Steffen Dittes/Sören Frerks/Christian Schaft).

9. September: In Nürnberg wird der Blumenhändler Enver S. ermordet. Es ist der Beginn der NSU-Mordserie; ihr fallen zehn Menschen zum Opfer. Die Tatwaffe neunmal die gleiche Ceska 83.

2001

19. Januar: Sprengstoffanschlag auf ein deutsch-iranisches Geschäft in Köln; ein 19-jähriges Mädchen wird schwer verletzt. 2011 wird die Tat dem NSU zugeschrieben.

9. März: Ein erstes NSU-Bekennervideo wird von den Untergetauchten abgespeichert.

13. Juni: Zweiter Mord an Abdurrahim Ö. in Nürnberg.

27. Juni: Sülleyman T. wird in Hamburg ermordet.

29. August: Ermordung von Habil K. in München.

Herbst: Ein zweites NSU-Bekennervideo entsteht.

2002

März: Die Untergetauchten schreiben einen Unterstützerbrief und speichern ihn ab. Im Neonazi-Fanzine »Der Weisse Wolf« ist zu lesen: »Vielen Dank an den NSU, es hat Früchte getragen ;-) Der Kampf geht weiter...«.

2004

25. Februar: Mehmet T. wird in Rostock ermordet, er ist das fünfte Opfer des NSU.

9. Juni: In Köln explodiert eine Nagelbombe; 22 Verletzte. Der NSU soll den Anschlag verübt haben.

2005

5. Juni: Ermordung von Ismail Y. in Nürnberg; die Polizei vermutet Drogengeschäfte als Hintergrund.

15. Juni: Theodorus S. wird in München ermordet. Ein Handyanruf geht aus der Nähe zu einer Telefonzelle in Zwickau.

2006

4. April: Ermordung von Mehmet K. in Dortmund.

6. April: Halit Y. wird in einem Kasseler Internetcafés ermordet. Ein Mitarbeiter des LfV Hessen ist mindestens noch eine Minute zuvor am Tatort; in seiner Wohnung findet die Polizei NS-Bücher, Waffen, Munition; eine Verbindung zum Mord bleibt ungeklärt.

2007

25. April: Zehnter und letzter Mord an Michèle Kiesewetter; das NSU-Trio war zu dritt in Heilbronn. Die ermordete Polizistin sprach am Vortrag in Oberweißbach von ihrer Sonderschicht.

2011

3. November: Zschäpe soll in einer Eisenacher Wohnung gewesen sein; Polizeihunde schlagen dort später an.

4. November: Böhnhardt und Mundlos begehen ihren letzten Banküberfall in Eisenach; die Polizei spürt das Fluchtwohnmobil auf; ein Schuss wird aus dem Fahrzeug abgegeben. Die Täter setzen es in Brand und richten sich selbst.

4. November: Zschäpe legt Feuer in der Wohnung in Zwickau und flieht; ein Teil des Hauses explodiert. Die Polizei findet unter anderem konspirative Räume, ein Bekennervideo und mindestens 20 Waffen, darunter die Ceska 83 und die Dienstwaffe von Michèle Kiesewetter.

4.-8. November: Die Flüchtige telefoniert mit André E. und verschickt Bekennervideos; sie fährt mit dem Zug nach Chemnitz, Leipzig, Eisenach, Bremen, Hannover, Magdeburg, Halle, wieder nach Eisenach und von dort erneut nach Halle. Schließlich reist sie über Dresden nach Jena. Dort stellt sie sich in Begleitung eines Anwalts der Polizei, die sie zunächst nicht erkennt.

11./13. November: Die Bundesanwaltschaft ermittelt und erlässt Haftbefehl gegen Zschäpe.

13. November: Holger G. wird in Lauenau bei Hannover festgenommen; der Mietvertrag lief auf seinen Namen.

2012

9. Februar: Beginn des Bundestags-Untersuchungsausschusses zum NSU.

16. Februar: Beginn des NSU-Untersuchungsausschusses im Thüringer Landtag.

18. Februar: Generalbundesanwalt Harald Range kündigt für Herbst 2012 an, Anklage zu erheben.

7. März: Der Sächsische Landtag beschließt mit den Stimmen der Fraktion DIE LINKE, Bündnis90/Die Grünen und SPD einen Untersuchungsausschuss.

22. März: DIE LINKE beantragt im Thüringer Landtag die Auflösung des TLfV und die Einrichtung eines Informations- und Dokumentationszentrums. CDU, FDP, Grüne und SPD lehnten das ab.

23. April: Bei der Anhörung des NSU-Untersuchungsausschusses im Thüringer Landtag warfen Wissenschaftler, Experten und Antifaschisten den Thüringer Behörden und der Landesregierung in den 1990er Jahren Versagen beim Kampf gegen Rechts vor.

26. April: Laut Aussagen bayerischer Ermittler vor dem Bundestags-Untersuchungsausschuss haben die bayerische Sonderkommission »Bosporus« sowie ihre Vorgänger und angeschlossenen Kommissionen rund 32 Millionen Daten ausgewertet, sind 3.500 Ermittlungsspuren gefolgt, haben rund 112.000 Personen überprüft, 16 Millionen Funkzellen-, 13 Millionen Kreditkarten- und 60.000 Verkehrsdaten überprüft. Dazu durchforstete man 27.000 Hotelbuchungen sowie rund eine Million Mietwagenrechnungen.

15. Mai: Die Thüringer »Schäfer-Kommission« legt ihren Untersuchungsbericht vor; es ist der erste seit dem Bekanntwerden des NSU. Das Gremium hatte Gründe für die gescheiterte Festnahme der drei Neonazis 1998 recherchiert. Das Ergebnis: Alle Thüringer Behörden, von Landeskriminalamt, Staatsanwaltschaft bis zum TLfV, haben erhebliche Fehler begangen und mitunter systematisch versagt.

24. Mai: Günther Beckstein (CSU) wird vom Bundestagsuntersuchungsausschuss befragt. Der frühere bayerische Innenminister sah 2006 keine Anhaltspunkte für eine rassistische Mordserie und sieht keine Versäumnisse der bayerischen Soko »Bosporus«.

6. Juni: Bei einer Razzia in zehn Objekten in Jena, Crawinkel, Saalfeld und Altenburg sucht die Polizei unter anderem nach Waffen. Unter den durchsuchten Gebäuden befindet sich auch das so genannte »Braune Haus« in Jena.

11. Juni: Im NSU-Untersuchungsausschuss des Thüringer Landtags kommt heraus, dass das TLfV in der Region Jena einen weiteren V-Mann führte.

5. Juli: In Bayern konstituiert sich ein weiterer Untersuchungsausschuss zum NSU.

10. September: Bei der Befragung des Thüringer Ex-Geheimdienstchefs Helmut Roewer wird bekannt, dass es keine Dienstvorschriften für die Spitzel des Thüringer Verfassungsschutzes gab. Die Vorschriften seien während seiner gesamten Amtszeit in Ausarbeitung gewesen, jedoch nie fertiggestellt worden.

20. September: Es wird bekannt, dass das BfV jahrelang einen weiteren V-Mann im Umfeld des Terrortrios gehabt hat. Der Neonazi Thomas R. soll von 1997 bis 2007 unter dem Namen »Corelli« geführt worden sein.

7. November: Die Bundesanwaltschaft erhebt Anklage gegen Beate Zschäpe und vier weitere Tatverdächtige. Zu den vier weiteren Beschuldigten zählt der mutmaßliche NSU-Unterstützer Ralf Wohlleben. Weiterhin wurde Anklage erhoben gegen Carsten S., André E. und Holger K.

2013

17. Januar: Die Zeugenbefragung im Thüringer NSU-Untersuchungssausschuss deckt auf, dass das TLfV offenbar überlegt hatte, 1997 Zschäpe anzuwerben. Allerdings sei der Plan nicht umgesetzt worden, weil Zschäpe laut Verfassungsschutz Drogen genommen haben soll.

28. Januar: Es wird gegen den mutmaßlichen Unterstützer der Terrorzelle André K. ein Ermittlungsverfahren eingeleitet. Es wird davon ausgegangen, dass der Jenaer Neonazi, die NSU-Mitglieder Böhnhardt und Mundlos zu dem Banküberfall am 4. November 2011 in Eisenach begleitet hat.

31. Januar: Die Anklage der Bundesanwaltschaft gegen Zschäpe wird zugelassen.

28. Februar: Der Thüringer Untersuchungsausschuss verabschiedet einen öffentlichen, mehr als 550 Seiten starken Zwischenbericht und zieht eine erste Bilanz. DIE LINKE enthält sich der Stimme und legt ein ergänzendes Sondervotum ab.

1. März: Eine neue Ermittlungspanne kommt ans Licht. Das BKA und das Thüringer LKA haben 1998 bei der Suche nach den untergetauchten Terroristen versäumt, mehrere Adresslisten auszuwerten, die sich aus heutiger Sicht wie ein Personen- und Telefonverzeichnis der Beschuldigten und Unterstützer des Nationalsozialistischen Untergrundes lesen.

11. März: der Thüringer Untersuchungsausschuss stellt seinen Zwischenbericht vor. Heftig in der Kritik steht der Verfassungsschutz und dessen Praxis der V-Leute-Führung. Weiterhin werden Ermittlungsfehler dargestellt und die Auflösung der gegen Rechtsextremismus gerichteten Polizeisondereinheit »Soko-Rex« 1997 kritisiert.

17. März: Es wird bekannt, dass zwischen 2005 und 2006 in Jena ein Neonazi als »Vertrauens-Person« (VP) angeworben worden ist.

NSU

Beate Zschäpe   Uwe Böhnhardt   Uwe Mundlos

WEITERE ANGEKLAGTE

Holger G.   André E.   Ralf Wohlleben   Carsten S.

WEITERE UNTERSTÜTZER

Mandy S.   Jan Botho W.   Antje P.   Thomas R. (Corelli)★
Thomas S.★   Susann E.   André K.   Tino B. (Otto)★
Carsten S. (Piatto)★   Max Florian B.   Matthias D.

WEITERES UMFELD

Steffen R.   Mario B.   Stefan A.   Kai D.★
Marcel D. (Hagel)★   Thorsten H.   David P.   Ralf M. (Primus)★
Thomas D. (Küche)★   Maik E.

ORGANISATIONEN

Blood & Honour   Chemnitz Concerts 88
Anti-Antifa Ostthüringen   Thüringer Heimatschutz
Hammerskins   Weiße Arische Bruderschaft Erzgebirge
Ku Klux Klan Deutschland

★ V-Person eines Landeskriminalamtes oder vom Verfassungsschutz

Weitere Infos zu den Personen & Organisationen gibt es unter www.haskala.de

Die Autorinnen und Autoren

Moritz Assall ist wissenschaftlicher Mitarbeiter des Mitgliedes der Hamburgischen Bürgerschaft Christiane Schneider (DIE LINKE).

David Begrich ist Mitarbeiter bei »Miteinander e.V. – Netzwerk für Demokratie und Weltoffenheit in Sachsen-Anhalt«.

Sabine Berninger ist Sprecherin für Justiz-, Migrations- und Integrationspolitik der Fraktion DIE LINKE im Thüringer Landtag.

Friedrich Burschel ist Referent zum Schwerpunkt Neonazismus und Strukturen/Ideologien der Ungleichwertigkeit bei der Akademie für Politische Bildung der »Rosa Luxemburg Stiftung« in Berlin.

Murat Çakir ist Geschäftsführer der »Rosa-Luxemburg-Stiftung Hessen«.

Jan Dirac ist freier Journalist.

Steffen Dittes ist wissenschaftlicher Mitarbeiter der Fraktion DIE LINKE im Thüringer Landtag.

Marcel Eilenstein studierte Geschichte und Sozialwissenschaft in Jena und beschäftigt sich seit 1998 mit Rassismus, Neofaschismus und Neonazismus.

Sören Frerks ist Soziologe, Autor und schreibt unter anderem für das antifaschistische Fachblatt »der rechte rand«.

Adrian Gabriel ist Referent der Fraktion DIE LINKE im Hessischen Landtag und war maßgeblich an der Studie »Braunes Erbe – Die NS-Vergangenheit hessischer Landtagsabgeordneter« beteiligt.

Gamma ist ein antifaschistischer Newsflyer und informiert über Nazi-Strukturen und -Aktionen in Sachsen. Die Redaktion berichtet unter http://gamma.noblogs.org

Rolf Gössner ist Anwalt, Publizist und Vizepräsident der »Internationalen Liga für Menschenrechte«, stellvertretender Richter am Bremer Staatsgerichtshof, Mitglied der Deputation für Inneres der Bremischen Bürgerschaft sowie Mitherausgeber des jährlich erscheinenden »Grundrechte-Reports« und Autor zahlreicher Bücher zum Thema Demokratie, Innere Sicherheit und Bürgerrechte.

Gregor Gysi ist Vorsitzender der Fraktion DIE LINKE im Deutschen Bundestag.

René Heilig ist Journalist bei der Tageszeitung »neues deutschland«. Er recherchiert unter anderem zu rechtem Terror und begleitet die Arbeit der NSU-Untersuchungsausschüsse.

Kerstin Köditz ist Abgeordnete der Fraktion DIE LINKE im Sächsischen Landtag, Sprecherin der Fraktion für antifaschistische Politik und Obfrau ihrer Fraktion im Sächsischen NSU-Untersuchungsausschuss.

Katharina König ist Abgeordnete im Thüringer Landtag, Sprecherin der Fraktion DIE LINKE für Jugendpolitik, Netzpolitik und Antifaschismus sowie Mitglied im Thüringer Untersuchungsausschuss 5/1 zum NSU und rechten Terror.

Felix Korsch ist freier Journalist in Leipzig und wissenschaftlicher Mitarbeiter. Für die Fraktion DIE LINKE im Sächsischen Landtag begleitet er den NSU-Untersuchungsausschuss.

LOTTA ist eine antifaschistische Zeitschrift aus Nordrheinwestfalen, Rheinland-Pfalz und Hessen. Das Redaktionskollektiv betreibt auch den Blog »NRW rechtsaußen«.

Lisa Lührs ist Juristin in Hamburg.

Yavuz Selim Narin ist Rechtsanwalt in München und vertritt die Familie und Angehörigen des NSU-Opfers Theodoros Boulgarides, als Nebenkläger im Prozess gegen Beate Zschäpe.

Petra Pau ist Vizepräsidentin des Deutschen Bundestages und für DIE LINKE Mitglied im 2. Parlamentarischen Untersuchungsausschuss des Bundestags (»Terrorgruppe nationalsozialistischer Untergrund«).

Jens Petermann ist Mitglied des Deutschen Bundestages für DIE LINKE und gehört dem Rechtsausschuss, dem Sportausschuss und dem Untersuchungsausschuss »Terrorgruppe nationalsozialistischer Untergrund« an. Vorher war er als Richter in der Thüringer Justiz tätig.

Bodo Ramelow ist Vorsitzender der Fraktion DIE LINKE im Thüringer Landtag und Vorstandsmitglied der »Rosa-Luxemburg-Stiftung« sowie Mitglied im Untersuchungsausschuss 5/2 »V-Leute gegen Abgeordnete«.

Martina Renner ist stellvertretende Vorsitzende der Fraktion DIE LINKE im Thüringer Landtag, innenpolitische Sprecherin der Fraktion und Mitglied im Thüringer Untersuchungsausschuss 5/1 zum NSU und rechten Terror.

Peter Ritter ist parlamentarischer Geschäftsführer der Fraktion DIE LINKE im Landtag von Mecklenburg-Vorpommern und Sprecher für Friedens- und Innenpolitik, Antifaschismus, Gender Mainstreaming, Gleichstellung und Datenschutz der Fraktion.

Eike Sanders ist Mitarbeiterin des »antifaschistischen Pressearchivs und Bildungszentrum« (apabiz e.V.) in Berlin und engagiert sich unter anderem im »Forschungsnetzwerk Frauen und Rechtsextremismus«.

Christian Schaft studiert an der Universität Erfurt Kommunikationsforschung mit dem Schwerpunkt politische Kommunikation.

Hermann Schaus ist Sekretär der Gewerkschaft ver.di. Er ist innen-, kommunal- und gewerkschaftspolitischer Sprecher der Fraktion DIE LINKE im Hessischen Landtag und deren Parlamentarischer Geschäftsführer.

Thumilan Selvakumaran schreibt vor allem für das »Haller Tagblatt« und die »Südwest Presse«.

Kevin Stützel promoviert zu Jugendarbeit mit neonazistisch orientierten Jugendlichen und arbeitet zu den Themen Neonazismus, Gender und Rassismus.

Steffen Trostorff ist Jurist und wissenschaftlicher Mitarbeiter der Fraktion DIE LINKE im Thüringer Landtag zur Begleitung des Untersuchungsausschusses 5/1 zum NSU und rechten Terror.

Klara Tymanova beschäftigt sich hauptsächlich mit dem historischen Nationalsozialismus und aktueller Gedenkpolitik.

Philipp Vergin ist wissenschaftlicher Mitarbeiter im Büro des Bundestagsabgeordneten der Fraktion DIE LINKE Jan Korte.

Paul Wellsow ist wissenschaftlicher Mitarbeiter der Fraktion DIE LINKE im Thüringer Landtag, Mitarbeiter im Untersuchungsausschuss 5/2 »V-Leute gegen Abgeordnete« und schreibt unter anderem für das antifaschistische Fachblatt »der rechte rand«.

Gerd Wiegel ist Referent zu den Themen Rechtsextremismus und Antifaschismus der Fraktion DIE LINKE im Bundestag und Mitarbeiter im NSU-Untersuchungsausschuss.

Stefan Wogawa ist Internet-Redakteur der Fraktion DIE LINKE im Thüringer Landtag.